古典文獻研究輯刊

三十編

潘美月・杜潔祥 主編

第 **14** 冊

小學文獻學視野下的毛氏汲古閣本《說文》研究

張 憲 榮 著

國家圖書館出版品預行編目資料

小學文獻學視野下的毛氏汲古閣本《說文》研究／張憲榮 著——
初版 — 新北市：花木蘭文化事業有限公司，2020〔民 109〕
目 2+224 面；19×26 公分
（古典文獻研究輯刊 三十編；第 14 冊）
ISBN 978-986-518-099-7（精裝）
1. 說文解字 2. 研究考訂
011.08   109000661

ISBN-978-986-518-099-7

古典文獻研究輯刊
三十編 第十四冊   ISBN：978-986-518-099-7

小學文獻學視野下的毛氏汲古閣本《說文》研究

作　　者　張憲榮
主　　編　潘美月　杜潔祥
總 編 輯　杜潔祥
副總編輯　楊嘉樂
編　　輯　許郁翎、張雅淋　美術編輯　陳逸婷
出　　版　花木蘭文化事業有限公司
發 行 人　高小娟
聯絡地址　235 新北市中和區中安街七二號十三樓
　　　　　電話：02-2923-1455／傳真：02-2923-1452
網　　址　http://www.huamulan.tw 信箱 hml810518@gmail.com
印　　刷　普羅文化出版廣告事業
初　　版　2020 年 3 月
全書字數　171875 字
定　　價　三十編 18 冊（精裝）新台幣 40,000 元　　　版權所有・請勿翻印

小學文獻學視野下的毛氏汲古閣本《說文》研究

張憲榮　著

作者簡介

張憲榮（1984～），男，山西大學文學院講師，北京師範大學文學博士。主要研究小學文獻學、文字學、詩經學等。在《文獻》《中國典籍與文化》《書目季刊》等上發表論文 20 餘篇。出版著作《英國曼徹斯特大學約翰・賴蘭茲圖書館中文古籍目錄》（中華書局 2018 年版，合著）1 部。目前承擔山西省高等學校哲學社科研究一般項目「耿文光《目錄學》的整理與研究」（已結項，項目編號「2016215」）和國家社科基金青年項目「小學文獻學研究」（項目編號「16CTQ012」）。

提　　要

　　本書以毛氏汲古閣本《說文》爲研究對象，從小學文獻學的角度對之進行較爲全面的研究。正文共五章，每章皆圍繞一個主題展開，但各章之間又彼此有聯繫。第一章探討的是毛氏汲古閣本所據之底本。筆者根據存世的宋刻元修本《說文》並結合相關材料，認爲毛晉在明末清初刊刻《說文》時所用的底本爲今藏於國家圖書館的丁晏跋本。康熙年間，其子毛扆重校舊版時，又參用了其新收的宋本《說文》，此本今藏湖南圖書館。第二章梳理的是汲古閣本的刊印源流。筆者認爲，汲古閣本在清代一共刊印了四次，每次都是在不同的學術背景下進行的，所謂剜改本中的錯誤基本上是不同時代不同人在刊印過程中累加上去的，所以應該將汲古閣本看作一個動態的版本系統，而不是一個固定的版本。第三、四章分別收集和整理了存世的所謂「初印本」和批校題跋本，並結合相關資料對之進行考證。第五章探討的是第一部對毛氏汲古閣本進行校勘的著作《汲古閣說文訂》的校勘特點和學術價值等。以上章節分別從所據底本、版本源流、版本考證及版本校勘等方面對汲古閣本進行了較爲詳細的探討，同時還試圖結合學術史挖掘隱藏在版本刊印背後的深層原因。可以說，從小學文獻學的角度並結合學術史研究是本書研究的一大特色。

國家社科基金青年項目「小學文獻學研究」
（16CTQ012）的階段性成果

目次

緒　論

　　明末清初，虞山汲古閣主人毛晉購得宋刻大徐《說文解字》，因嫌其字小，欲以大字翻刻。生前正文書版已經刻成，但未及覆校和刊印。卒後版歸其五子毛扆，宋本則歸其四子毛表。康熙中期以後，毛扆在與朱彝尊、張士俊等學者的交往的過程中，受當時刊印小學著作熱潮的影響，重拾所分《說文》舊版，據諸書校訛糾謬，刊行於世，是爲汲古閣本《說文》的第一次刊印，也是始一終亥《說文》在清代的第一個刻本。自此本刊印之後，又經歷了多次印刷（見本書第二章），數百年間流傳不息，即便嘉慶以後大量學者多加斥責，且有數次重新據宋本刊印《說文》的情況〔註1〕，但仍然無法阻止此本的流行，可見其通行之廣，影響之大。

　　自乾隆中後期以來，學者多從語言文字學的角度對汲古閣本《說文》進行研究，當時學者如顧廣圻、嚴可均、鈕樹玉、桂馥、王筠等皆如此，很少從文獻學尤其是版本學的角度對汲古閣本本身進行專門的研究。有之，也不過如段玉裁《汲古閣說文訂》這樣進行一些刊謬補缺。民國以來，周祖謨、王貴元、潘天禎等學者曾撰文對汲古閣本的底本、刊印源流等相關問題進行過深入探討，但僅涉及其中的某一方面，且其中的一些觀點頗有值得商榷之處。董婧宸博士後出站報告《傳抄、借閱與刊刻：清代〈說文解字〉的流傳與刊刻考》〔註2〕是目前對大徐本和小徐本的版本及其流傳等研究最爲深入

〔註1〕按，大徐本在嘉慶間曾有兩次據宋本刊刻的情況，即清嘉慶十二年額勒布藤花榭刻本和清嘉慶十四年孫星衍平津館刻本。其中前者曾多次據汲古閣本改動其底本，由此亦可見汲古閣本的影響。

〔註2〕董婧宸：《傳抄、借閱與刊刻：清代〈說文解字〉的流傳與刊刻考》，北京師範大學博士後出站報告，2017 年。按，該報告蒙董婧宸慷慨贈予，筆者從中受益頗多，特此感謝。

的著作，其中第五章《校勘的範式——段玉裁〈汲古閣說文訂〉在〈說文〉學史的影響》分六節對汲古閣本的流傳及《汲古閣說文訂》所用校本、誤校與失校、學術影響等方面進行過細緻的討論，其中很多觀點頗有值得參考之處，惜仍不是專門針對汲古閣本的研究。本書在這些學者研究的基礎上，站在小學文獻學的視野下對毛氏汲古閣本進行較為全面的討論，一方面根據新見文獻資料將前人有關汲古閣本的一些爭議加以重新探討，另一方面在探討的過程中糾正清代以來學者對此本的一些偏見和誤解。

「小學文獻學」是筆者在近些年以來一直研究的一個課題。簡單而言，其指運用文獻學的理論和方法對小學文獻進行研究的一門學科或學問，屬於專科文獻學範疇。以往曾有學者對這門學科進行過探討，如楊薇、張志雲《中國傳統語言文獻學》，高尚榘《漢語言文字文獻學》等，但尚不盡如人意。筆者以為，此門學問應該將小學文獻、文獻學及其學術（文化）背景放在同一個層面加以考慮方能真正建構起來。就某一小學文獻而言，研究的重點是其外部形態（如版本等），而不是具體的內容（體例、術語等）。而在具體研究過程中，不僅要考慮到其版本特徵的揭示和版本源流的梳理，更要注意發掘隱藏在版本刊印和流傳背後的內在動因。本書相關章節正是在這一理念的指導下進行撰寫的。

本書正文共五章，每章皆圍繞一個主題展開，但各章之間又彼此有聯繫。第一章探討的是毛氏汲古閣本所據之底本。此當為研究汲古閣本首先要解決的問題。倘若不知毛晉父子依據哪部宋本進行刊印的話，便不知其如何進行校勘，在何處進行過校改，這都會影響對《說文解字》本文和汲古閣本價值的判斷。清代以來學者盡力批判汲古閣「剜改本」之謬誤的現象便是此種情況的最好反映。筆者根據存世的宋刻元修本《說文》並結合材料，對此一問題進行了較為合理的解釋。

第二章梳理的是汲古閣本的刊印源流。知道了毛氏汲古閣是據哪部宋本刊刻的，進而便應該瞭解毛氏是如何刊印的，是在什麼學術背景下出於什麼動機進行刊印的，其在清代一共刊印了幾次，分別由誰來主持。從目前的研究看，學者們一般將汲古閣本視為毛晉父子共同刊刻的，所以剜改本中的所謂「妄改」之處皆由此父子承擔。但據筆者研究，汲古閣本其實一共刊印了四次，每次都是在不同的學術背景下進行刊印的，所謂剜改本中的錯誤基本上是不同時代不同人在刊印過程中累加上去的，所以應該將汲古閣本看作一

個動態的版本系統，而不是一個固定的版本。本章對此進行了詳細的探討，並較為合理的對汲古閣本進行了評價。

第三、四章分別收集和整理了存世的所謂「初印本」和批校題跋本。所謂「初印本」本質上屬於毛扆在刊印汲古閣本過程中的校樣本，它存在於毛氏正式上版印刷至正式發行之間。對汲古閣本的「初印本」進行研究，有利於挖掘汲古閣本在最初刊印過程中對底本的修改情況。本章從諸家書目中收集了存世的相關信息，並通過館藏數據庫和實地考察對之進行一一考論。同時，汲古閣本自正式刊刻之後，很多學者都熱衷於在其上進行批註、校對、題款及作跋，這便是所謂的批校題跋本。對之進行整理，有利於瞭解汲古閣本的流行狀況，也可以從《說文》學專著之外瞭解當時學者對《說文》的研究。本章亦通過相關電子資源和實地調查對之進行詳細揭示。此兩章側重於版本的客觀描述，在獲取資料方面頗為不易，但這類版本的價值亦不菲。

第五章探討的是第一部對毛氏汲古閣本進行校勘的著作《汲古閣說文訂》的校勘特點和學術價值等。是書雖不滿百頁，卻徹底改變了學者對汲古閣本的看法並進而推動了《說文》學的研究。其《序》中提出的「剜改本」「初印本」等概念和文內對汲古閣本的看法，直接影響了汲古閣本的命運。從此毛氏汲古閣本分裂為兩個本子，一個是當時通行的版本，為時人所詬病。一個是為少數藏書家所擁有的初印本，僅為一流學者取資。對《汲古閣說文訂》的校勘特點進行研究，有利於把握當時學者對汲古閣本的利用情況，也可以粗略瞭解汲古閣本刊印過程中出現的校改等問題。同時如何對其價值進行評價，又是一個頗為複雜的學術問題。

以上章節分別從所據底本、版本源流、版本考證及版本校勘等方面對汲古閣本進行了較為詳細的探討，同時還試圖結合學術史挖掘隱藏在版本刊印背後的深層原因。可以說，從小學文獻學的角度進行研究是本書研究的一大特色。

《說文》自古以來被譽為文字學之祖，而毛氏汲古閣本又是清代以來影響最大的《說文》版本之一，盛名之下，反而問題頗多且頗易為人所忽略。鑒於此，筆者選擇其為研究對象，對相關問題進行較為合理的討論，進而以此課題為出發點，為其他小學文獻的研究提供一個新的研究視角。

另外，筆者明知「剜改本」一詞並不妥當，但為論述方便，在行文中勉強用之。同樣，一些書籍若非出自引文，本書一般使用簡稱，具體如下：

（1）毛氏汲古閣本《說文解字》，簡稱「汲古閣本」；

（2）《說文解字繫傳》，簡稱「《繫傳》」；

（3）《說文解字五音韻譜》，簡稱「《五音韻譜》」；

（4）《汲古閣說文訂》，簡稱「段《訂》」或「《訂》」；

（5）《汲古閣說文訂序》，簡稱「段《訂序》」；

（6）《說文解字讀》，簡稱「段《讀》」或「《讀》」；

（7）《說文解字注》，簡稱「段《注》」或「《注》」。

第一章　毛氏汲古閣本《說文》的底本

　　毛氏汲古閣本《說文》自乾隆後期以來開始大行於世，然自段玉裁撰《汲古閣說文訂》之後，學者方知汲古閣本之謬誤不少，故校勘補闕之作相繼而起。其中有些學者在研究過程中對毛氏所據宋本進行過一些討論（見下文），但僅散見於諸序跋中。民國以來，又有一些學者對此問題進行過探討，惜文獻不足，推測之語隨處可見。其實，毛氏汲古閣本的底本問題應該是研究汲古閣本《說文》的首先要解決的問題，如果不弄清其所依據的底本到底是哪個宋本，那麼便不會知道其到底是如何進行刊印的，更不會知道當時是如何據底本進行校勘的。後世依據段玉裁所云，一遇扞格難通之處，便妄加指責爲毛氏所剟改，其實正是不知道其所據宋本亦多有謬誤。本章以汲古閣本所據宋本爲研究對象，在前輩學者研究的基礎上，參照相關資料和所見諸宋本，對之進行較爲詳盡的探討。

第一節　毛氏汲古閣本《說文》所據宋本諸家說辨

　　有關此問題的最早的記載，當屬此本末所附毛扆識語，其云：

　　　　先君購得《說文》眞本，係北宋版，嫌其字小，以大字開雕，
　　未竟而先君謝世。

　　據此可知，汲古閣本《說文》是毛晉根據所購宋本，改用大字翻刻而成的。但何時所購，購自何人，購到幾部在此識語中均未明言。而且所謂「北宋版」云云並不準確，後世對「以大字開雕」一句又有不同的理解，這使得其所據宋本變得撲朔迷離。

關於此問題，清代中期以來便有學者進行過探討。綜合起來，約有以下幾家說法。

（一）所據宋本爲趙靈均抄宋大字本。

段玉裁最早在段《訂序》中提出自己的觀點，其云：「明趙靈均均所鈔宋大字本，即汲古閣所仿刻之本也。」〔註1〕而他在跋趙氏抄本時也說：「宋刻《説文》多小字，獨此本大字。蓋宋刻有此大字本，而趙氏影鈔也。……今按，毛版方幅字數正與此本同。未知毛氏有此槧本，抑或當日趙鈔在子晉家，故仿刻也。」〔註2〕據此，似乎其認爲汲古閣本之底本來自趙靈均所抄宋大字本。後來孫星衍《重刊宋本説文序》〔註3〕、陸心源《北宋槧説文解字跋》〔註4〕等皆從之。今人辛德勇亦根據前面段跋，推測毛氏「更有可能是借趙氏小宛堂鈔本摹寫，而不是直接使用宋刻原本」〔註5〕。

（二）所據宋本爲日本靜嘉堂文庫所藏宋刻元修本（簡稱「青浦王氏藏本」或「皕宋樓藏本」）。此本末附阮元手跋云：「毛晉所刊，即據此本。」丁福保從之〔註6〕。周祖謨通過與諸宋本比較，亦以爲阮氏說「近是」〔註7〕。

（三）所據宋本爲國圖所藏某宋刻本。

李致忠《宋版書敘錄》於「《説文解字》」條下說：「毛氏汲古閣所藏宋槧《説文》不是一種，其所據以重刻而行世者，今北圖亦有收藏。檢出與之〔註8〕相勘，知確非出自此本。」〔註9〕

（四）所據宋本爲國圖所藏宋刻元修本（簡稱「丁晏跋本」或「海源閣

〔註1〕（清）段玉裁撰：《汲古閣説文訂序》，《汲古閣説文訂》，清嘉慶二年袁氏五硯樓刻本。

〔註2〕按，明趙靈均抄本《説文解字》末所附清嘉慶三年段玉裁跋，見日本大谷大學圖書館編集《大谷大學圖書館藏神田鬯博士寄贈圖書善本書影》，日本：京都大谷大學圖書館，1988年，第17頁。

〔註3〕見孫刻《説文解字》，清嘉慶九年刻平津館叢書本。

〔註4〕（清）陸心源撰：《儀顧堂書目題跋彙編》，北京：中華書局，2009年，第299頁。

〔註5〕辛德勇：《也談宋刊〈説文解字〉之大小字本問題》，《書品》，2014年第2期。

〔註6〕丁福保編：《説文解字詁林前編·序跋類一》，北京：中華書局，1988年，第213頁。

〔註7〕周祖謨：《説文解字之宋刻本》，《問學集》，北京：中華書局，1966年，第769頁。

〔註8〕按，即國圖所藏丁晏跋本。

〔註9〕李致忠：《宋版書敘錄》，北京：北京圖書館出版社，1994年，第275頁。

藏本」），潘天禎〔註10〕主此說。

（五）所據宋本爲湖南圖書館所藏宋刻元修本。

丁日昌《豐順丁氏持靜齋書目》於「《說文解字》三十卷」條下云：「宋刊本，即汲古本之所自出。惟表牒在卷首，毛刻則迻在卷後耳。字大寸半有餘，端莊流麗，是爲北宋板最古之本，眞無上上品也。」〔註11〕又葉啓發《華鄂堂讀書小識》云：「書中有『毛扆之印』四字、『斧季』二字朱文對方印，知即毛氏據刻之底本，刊於北宋眞宗時者也。」〔註12〕

以上5說中，惟第（一）說在清代影響最大，因前有段氏開其端，後有孫星衍繼之故也。段、孫二人乃當世小學名家，故學者從焉。然細讀段氏兩跋，可以發現，他只不過是通過對比汲古閣本與趙氏抄本的「方幅字數」，而得出兩個可能的結論：第一，毛氏可能原來便藏有宋大字本，而據之仿刻；第二，毛氏可能原藏有趙氏抄本，而據之仿刻。如果再檢段《訂序》，開篇便有「毛晉子晉及其子毛扆斧季得宋始一終亥小字本，以大字開雕」一句，則其實際上已經否定了第一說，而對其第二說亦是疑信參半。孫星衍則直接謂毛氏底本爲宋大字本，實際上是肯定了段氏所否定的第一說，可謂誤讀。陸心源又云「以今證之，似以孫說爲是」，如何「以今證之」並未說明，可謂無據。

再來看辛德勇的觀點，可以發現亦不過是進一步肯定了段氏的第二說。他與段氏一樣，也是通過對比汲古閣本與趙氏抄本的「方幅字數」而進行推斷的。但筆者認爲，兩本是否如段氏所云的「方幅字數」相同，一翻正文即可一目了然。今檢《標目》首頁，二本確實如出一轍，辛氏之文亦是據此來肯定段氏之說的。但是其似乎隱瞞了另一個事實，即此本卷十五末之雍熙三年牒文那頁，卻與汲古閣本相差甚遠（見下圖）。如果毛氏眞的是據趙氏抄本仿刻的話，怎麼會有如此大的差距呢？同時，段《訂序》中固然有云「趙氏所鈔異處校多，稍遜於小字本」，但是與宋本等諸本異者，也未必盡與汲

〔註10〕潘天禎：《汲古閣本〈說文解字〉的刊印源流》，《潘天禎文集》，上海：上海科學技術文獻出版社，2002年，第264頁。按，此處很肯定地說底本即國圖藏本，但潘氏又在《毛扆書跋零拾》（潘天禎：《潘天禎文集》，第289頁）中云：「不知毛晉購得的《說文》眞本，是否即北圖藏本。」這裡又有些不太肯定。

〔註11〕（清）丁日昌：《豐順丁氏持靜齋書目》，清光緒江氏師鄦室刻本。

〔註12〕葉啓發：《華鄂堂讀書小識》卷一，《二葉書錄》，上海：上海古籍出版社，2014年，第196頁。

古閣本相同〔註13〕，所以據此也無法推出其與汲古閣本的直接關係。而且，我們現在知道，趙氏小山堂本來就藏有宋小字本《說文》，今藏北京大學圖書館〔註14〕，很可能便是趙抄之底本。那麼，毛晉爲何不借趙氏所藏宋本刊刻，而偏偏據趙氏抄本呢？

綜上所述，我們認爲，段氏之推測僅僅是推測而已，並無眞憑實據。辛先生也僅是據段說立論的，並未細查原書。所以，所謂毛氏「仿刻」自趙氏抄本之說是不成立的。

| 汲古閣本 | 趙氏抄本 | 明刊《五音韻譜》 |

既然不是仿自趙抄，那麼，毛氏到底是仿刻自何書呢？

筆者認爲，最有可能是《五音韻譜》。從版式上看，汲古閣本半葉七行，行楷體大字十四至十五字，白口，左右雙邊，單黑魚尾，魚尾下記卷次及頁碼。宋刊《五音韻譜》行楷體大字十二至十三字，魚尾上記字數，下書口記刻工，餘皆同汲古閣本。明天啓七年世裕堂刻本《五音韻譜》則無論行字數，還是版框、書口皆同汲古閣本。可見，最接近汲古閣本的版式應該是明刊《五音韻譜》。再從段《訂》中所列諸本看，凡汲古閣本與諸宋本異者，多與明刊《五音韻譜》同，如卷十上火部「烓」字下，諸宋本、宋刊《五音韻譜》

〔註13〕如卷三上謳字下，宋本皆作「低」，趙本作「抵」，汲古閣本作「詆」。
〔註14〕按，此本本共4冊，索書號爲「李9084」，殘存七卷：卷一，八至十三，有抄配。此本有藏印多枚，其中有「吳郡趙宧光家經籍」白文方印，「趙氏凡夫」白文方印等印，可知其曾爲趙氏父子舊藏。

及趙氏抄本皆作「讀若回」，惟汲古閣本同明刊《五音韻譜》作「讀若回」。其他如卷十一上「洗」字，卷十一下「鯛」字下等。由此可見，在段氏等從「方幅字數」方面推測毛本仿自趙抄的同時，我們有更多的證據可以推測毛本仿自明刊《五音韻譜》。其實，趙氏抄本亦有可能仿自此書。因爲從當時的文化背景看，時人皆以始東終甲的《五音韻譜》爲許愼舊本，而作爲明末著名的藏書家兼刻書家的趙氏和毛氏，不可能不會受其影響的。辛德勇說毛扆跋云先君「嫌其字小，以大字開雕」是「爲了誇耀其獨家藏本」，筆者同意其誇耀的說法，但以爲毛晉之所以「以大字開雕」，其實是受了當時流行的《五音韻譜》的版式的影響，而並非眞的是「嫌其字小」。進而言之，毛晉之所以有意刊刻《說文》，可能是受當時好篆好古的風氣影響的。《書林清話》卷七「明刻書用古體之陋」條云：「明中葉以後諸刻稿者，除『七子』及王、唐、羅、歸外，亦頗有可採取者。然多喜用古體字，即如海鹽馮、豐諸人尤甚。」〔註15〕而六書學著作中，《六書精蘊》《六書總要》《六書正義》《說文長箋》《六書長箋》等皆爲明代晚期著作，這說明當時的知識階層（兼出版界）確實有這麼一種尚古傾向的。

綜上所述，筆者以爲，毛氏汲古閣本的刊刻，準確點來說，應該是以家藏宋小字本爲底本，仿照明刊《五音韻譜》版式而翻刻的。關於這個觀點，其實昌彼得早已提及〔註16〕，惜未加詳述。而其刊刻及仿刻的動因，應該與當時的文化背景有莫大關係的。

那麼，第二種說法是否正確呢？

筆者以爲，此本雖爲宋小字本，但是否爲毛氏底本尚需進一步考察。

首先，從鈐印上看，皕宋樓藏本雖朱印燦然，但沒有一個是屬於毛氏汲古閣的。毛氏既然將其所藏之本定爲「北宋版」，應該屬於精品中之精品了。如果皕宋樓藏本屬於毛氏舊藏，不應無此等鈐印。

其次，從內容上看，皕宋樓藏本雖有若干配補之頁，但字跡大多清晰。

〔註15〕葉德輝撰、紫石點校：《書林清話》，北京：北京燕山出版社，1999 年，第 187 頁。

〔註16〕嚴一萍：《跋宋本說文解字》，《大陸雜誌（合訂本）》第十九卷第一期，臺北：大陸雜誌社，1959 年，第 1 頁。按，國圖所藏清同治十三年東吳浦氏刻本《說文》（索書號：善 5281），有吳廣霈跋文多則，其中一跋云：「大字宋本止有李燾《五音韻譜》，即毛氏汲古閣翻印所自出也。」此文較昌彼得所說更早，但以爲仿刻自宋刻《五音韻譜》。

然即便在這種情況下，汲古閣本〔註17〕仍然與之有頗多異處，今試舉幾例如下：

1. 卷二上口部「唬」字下，皕宋樓藏本作「呼許切」，汲古閣本作「呼訐切」。
2. 卷三上言部「譙」字下，皕宋樓藏本作「讀若嘺」，汲古閣本作「讀若嚼」。
3. 卷三下又部「𠬺」字下，皕宋樓藏本作「神也」，汲古閣本作「引也」。
4. 卷六下貝部「賀」字下，皕宋樓藏本作「從禮」，汲古閣本作「以禮」。
5. 卷八上衣部「袤」字下，皕宋樓藏本作「籀文袤」，汲古閣本作「籀文袤」。

以上 5 例中，皕宋樓藏本與汲古閣本,或反切文字有異，或注釋文字不同。爲什麼二者會有如許區別呢？原因可能有二：要麼汲古閣本所據宋本非此皕宋樓藏本，要麼毛氏父子從一開始刊印時便進行了大量修訂。筆者以爲第一個可能性最大。因爲從南京圖書館所藏毛扆手校汲古閣本看，雖然該本在天頭處有一些毛扆批註，文內亦有毛氏朱筆校改，但是對正文文字的改動並不是很多。大量的批校是在指導刻工修訂筆劃，如「鑿粗些」「修細些」，等等。如果結合這些批語和其原刻文字〔註18〕看，毛氏在刊印時雖然參用過《繫傳》《五音韻譜》等文獻，但對《說文》正文並沒有進行太多的改動，由此我們可以推斷皕宋樓本應該不是毛氏刊印時所採用的本子，其所據宋本當另有他本。

至於周祖謨在《說文解字之宋刻本》中所說的「毛氏初印與王氏宋本相合者多」和「以三本互勘，確知毛本與王氏宋本相近」等觀點〔註19〕，筆者以爲由於周先生是參考段《訂》進行推斷的，且僅見皕宋樓藏本〔註20〕這一個宋本，所以這個結論是值得商榷的。

第三種說法僅李致忠有說，但不知其所據爲何。今可見的國圖所藏宋

〔註17〕按，本文所舉汲古閣本的例子皆來自南京圖書館所藏毛扆手校汲古閣本（索書號「GJ/115366」，15 冊），因其更近毛氏原刻。汲古閣本在清代曾數次刊印，有些段氏在《汲古閣說文訂》所指責的謬誤並非來自毛扆，而是另有他人。

〔註18〕按，毛扆校語是手批在汲古閣本天頭和正文處的，而此汲古閣本應該是毛扆據毛晉卒後留下的原書版印刷的，故此處稱之爲「原刻」。

〔註19〕周祖謨：《說文解字之宋刻本》，《問學集》，北京：中華書局，1966 年，第 769 頁。

〔註20〕準確來說，應該是涵芬樓《續古逸叢書》或《四部叢刊》影宋本。

本，除丁晏跋本外，另有二本：一爲黃姬水舊藏，凡 10 冊〔註21〕；一爲周叔弢舊藏，殘存 3 冊。但這兩部皆無毛氏鈐印，故應該也非是，李先生所云蓋爲臆斷之辭。

　　第四種和第五種所據之本皆有毛氏鈐印，故有可能爲汲古閣所據宋本。但到底是哪一本呢，爲何是此本而非彼本呢？潘天禎等學者雖有推斷〔註22〕，但並未展開論述。其實這正是我們下面探討的重點，茲不贅敘。

　　綜上所述，清代以來，雖然學者們都在探討汲古閣本所據宋本問題，並且也提出了一些觀點，但是因爲未進行過詳細的比勘，也不知毛氏到底藏有幾部宋本，故多爲推斷之語。

第二節　毛氏汲古閣本《說文》所據諸宋本考

　　要想弄清汲古閣本《說文》依據哪個宋本刊刻，前提是需要知道毛氏藏了幾部宋本。翁方綱最早在《書宋槧〈說文〉後》一文中，根據其所見鈐有毛氏印的一個宋本推測毛氏所藏「宋版亦非一本」〔註23〕。葉啓發在跋《說文解字》時也根據其藏本說：「毛藏此書，一爲宋槧元明補刻，一爲此宋槧宋本印，原有二部也。」〔註24〕二人皆指出毛氏所藏宋本不止一部。而據筆者調查，毛氏所藏宋本《說文》，存於今者至少有 3 部：

　　（1）藏於國家圖書館的宋刻元修本（即前文所引「丁晏跋本」）。

　　（2）藏於湖南圖書館的宋刻元修本（以下簡稱「湖圖藏本」）。

　　（3）藏於臺灣「國家圖書館」的宋刻元修本（以下簡稱「臺灣藏本」）。

　　目前這三部宋本除有若干文章加以介紹外，尚未進行過較爲系統的研究〔註25〕，今參照相關文獻詳述之。

〔註21〕按，經筆者比勘，此本更接近丁晏跋本，諸多文字皆與之同。

〔註22〕按，觀潘氏之文，似乎其亦未見丁晏跋本，只是據《中國版刻綜錄》所收書影進行了推斷。

〔註23〕（清）翁方綱：《跋宋槧〈說文〉後》，《復初齋文集》卷十六，《續修四庫全書》第 1455 冊，上海：上海古籍出版社，2002 年，第 505 頁。

〔註24〕葉啓發：《華鄂堂讀書小識》卷一，《二葉書錄》，上海：上海古籍出版社，2014年，第 196 頁。

〔註25〕有關第一部宋本較爲詳細的文章見李致忠《宋版書敘錄》（北京：北京圖書館出版社，1994 年，第 272～277 頁）對《說文》的提要，第二部見葉啓勳、葉啓發有關宋本《說文》的題跋（《二葉書錄》，上海：上海古籍出版社，2014年，第 20～23 頁，第 195～197 頁），第三部見嚴一萍《跋宋本〈說文解字〉》

就外部形態而言，三本的版式大致相同，均半葉十行，大小字不等。楷體大字行約十六至十八字，小字雙行同，行約五十四字，篆文一當注文六小字。左右雙邊，白口，單黑魚尾，魚尾上記大小字，下記刻工名。這意味著它們當是據同一書版印刷的。而正文內文字的差異，又暗示了它們是被先後印刷的。同時，三本均有名家鈐印，其中，丁晏跋本鈐有「臣晉」「海虞毛表奏叔圖書記」「御史振宜之印」等多方印章，說明其先後被毛氏父子和季振宜收藏過。臺灣藏本爲殘本，六卷以前均已亡佚。然據卷十五末所附朱筠跋文「安邑宋君葆淳帥初舊得此書，乾隆己亥秋八月持以見示」一語可知，其原爲安邑宋葆淳舊藏。可巧的是，桂馥《說文解字義證》卷五十「附說」正好有相關記載記：「安邑宋君葆淳得《說文解字》小字本，有毛晉印、季振宜印，是元明間坊本，與毛氏刻本間有不同，如水部『洇』字『从因』，音『於眞切』是也。」〔註26〕由此可知，臺灣藏本亦曾經毛晉、季振宜遞相藏弆〔註27〕，而前文中翁方綱在《跋宋槧〈說文〉後》所提及的鈐有毛氏印的宋本〔註28〕應當也指此本〔註29〕。與前兩本相比，湖圖藏本僅有毛扆鈐印

〔註26〕（《大陸雜誌》第十九卷第 1 期）和金祥恒《跋國立中央圖書館藏殘宋本〈說文解字〉——並略談傳世大徐本〈說文解字〉版本》（《大陸雜誌》十八卷第 3 期）及『國家圖書館』善本書志初稿》對此本的提要（臺北：「國家圖書館」編印，1996 年，第 241～242 頁）等。

〔註26〕（清）桂馥：《說文解字義證》，清同治間刻本。董婧宸《傳抄、借閱與刊刻：清代〈說文解字〉的流傳與刊刻考》（北京師範大學博士後研究報告，2017 年，第 56 頁）曾推測桂馥是將丁晏跋本誤當作了此本，乃是晚年誤記，可備一說。然今存此本僅存半部，無法得知全貌。在無明確證據的情況下，筆者仍從桂氏之說。

〔註27〕按，檢（清）季振宜《季滄葦藏書目・延令宋板書目》（清嘉慶十年黃氏士禮居刻本）僅收錄「《說文》六本」一部，而此處卻有兩部，其間原因尚有待探討。

〔註28〕翁氏《跋宋槧〈說文〉後》云：「此本有毛氏印，或疑即汲古閣刻本所從出。然觀其三十卷中『漢太尉祭酒許慎』之名，改『許慎』爲『許氏』者凡是八處，則其爲孝宗以後刻本無疑，非北宋板本矣。又其中與汲古閣刻本不同處，除一二筆劃之誤是剜氏之失，不在所論，至於音訓反切之不同，則竟別是一本，蓋宋版亦非一本。而此版本極爲粗疎，訛誤之多，指不勝屈，則是宋時坊間麻沙板本，毛晉豈以登板？」

〔註29〕按，理由有三：翁氏云其所見之本有毛氏印，且推測爲「宋時坊間麻沙板本」，與桂馥所云同，此其一也；臺灣藏本鈐「長勿相忘」之印，而翁氏亦有一方。今將兩印相比對，竟然一般無二，此其二也；據《郎潛紀聞》卷三稱，翁方綱與張塤、桂馥、朱筠、宋葆淳等交往甚深，在其《復初齋文集》亦存有多篇文章記載其交往的情形，故此本有翁氏、張塤、朱筠等人的鈐印，而翁氏取以校勘作跋也在情理之中，此其三也。

而無其父之印，故筆者推測其當爲毛扆後來所收之本，而其父生前刻版時並沒有參考過它。

綜上所述，汲古閣本之底本應當爲上述第（1）和（3）部中的其中之一，後來毛扆在康熙重校刊印《説文》時則有可能參考過第（2）部。

以下 12 例可以幫助我們進行進一步的推斷：

1. 卷二上口部「唬」字下，汲古閣本作「呼訏切」，丁晏跋本、湖圖藏本皆同。

2. 卷三上言部「譙」字下，汲古閣本作「讀若嚼」，丁晏跋本與之同。湖圖藏本作「讀若噍」。

3. 卷三下又部「㝡」字下，汲古閣本作「引也」，丁晏跋本與之同。湖圖藏本作「神也」。

4. 卷六下貝部「賀」字下，汲古閣本作「以禮」，丁晏跋本、湖圖藏本皆同。

5. 卷八上人部「倪」字下，汲古閣本作「一日聞見」，湖圖藏本、臺灣藏本皆同。丁晏跋本「聞見」之「聞」漫漶不清。

6. 卷八上人部「倪」字下，汲古閣本作「倪天之妹」，湖圖藏本與之同。丁晏跋本、臺灣藏本「妹」字漫漶。

7. 卷八上衣部「裦」字下，汲古閣本作「籀文裦」，丁晏跋本漫漶不清，似裦字，臺灣藏本正作「裦」。湖圖藏本作「籀文表」。

8. 卷八上衣部「襍」字下，汲古閣本作「相合」，湖圖藏本與之同。丁晏跋本、臺灣藏本「合」字漫漶。

9. 卷八上人部「份」之古文「彬」字下，汲古閣本作「臣鉉」，丁晏跋本、湖圖藏本皆同。臺灣藏本作「臣鍇」。

10. 卷十上馬部「駤」字下，汲古閣本作「馬赤色」，丁晏跋本、湖圖藏本皆同。臺灣藏本作「馬亦同」。

11. 卷十上鹿部「鹿」字下，汲古閣本作「凡鹿」，丁晏跋本、湖圖藏本皆同。臺灣藏本作「尺鹿」。

12. 卷十二上手部「摽」字下，汲古閣本作「闊壯」，丁晏跋本雖漫漶，但隱約可見其亦如是作。湖圖藏本、臺灣藏本皆作「門壯」。

13. 卷十二上門部「闔」字下，汲古閣本作「奄闔」，丁晏跋本、湖圖藏本同，皕宋樓藏本抄補作「闔闔」。臺灣藏本殘缺。

由以上數例可以得出以下幾點結論：

第一，三個宋本在文字上有同有異，但整體上與汲古閣本相同處頗多。其中，丁晏跋本更接近汲古閣本。

第二，由第（2）（3）（7）條可知，當湖圖藏本與汲古閣本有異時，丁晏跋本則往往與後者相同。

第三，由第（5）（6）（8）條可知，當丁晏跋本漫漶不清時，湖圖藏本往往可以補其不足，與汲古閣本相同。

第四，由第（9）至（13）條可知，當丁晏跋本、湖圖藏本與汲古閣本相同時，臺灣藏本卻與後者時有不同。

由此可知，明末清初毛晉汲古閣刊刻《說文》時所購宋本應該就是丁晏跋本。此本文字頗多漫漶或墨釘，故毛氏一開始便進行過修訂。臺灣藏本當爲其後來所得，但在生前應已散去，故其卒後未被諸子分得，因此此本也無其諸子的鈐印。康熙中期以後，其子毛扆重拾其父遺留舊版進行刊印時，又據湖圖藏本等多種資料進行過校勘，故或有與丁晏跋本相異之文字。總之，汲古閣本所據宋本有兩部：一部爲毛晉刊刻書版時所據底本，今藏國家圖書館；一部爲毛扆重校舊版時所據參校本，今藏湖南圖書館。值得一提的是，如果我們將後者與苗宋樓本相校的話，可以發現上文它與丁晏跋本相異之文字，正好又與苗宋樓本相同。所以，湖圖藏本是介於丁晏跋本和苗宋樓本之間的一個宋本。正因爲如此，據諸宋本校刻的汲古閣本，其文字雖多與丁晏跋本同，但有時又與苗宋樓本同，這正是爲什麼有些學者一直將苗宋樓本誤當作汲古閣本底本的眞正原因。

第三節　餘　論

由於毛扆跋所說的「先君購得《說文》眞本，係北宋版」云云過於籠統，所以導致了後世學者對毛氏所據宋本產生了種種猜想。又因爲後人未能盡窺毛氏所藏宋本《說文》，而僅據所見之本進行推斷，由此帶來的後果是，不僅不能很好地解決此問題，而且還對毛氏汲古閣本本身產生了種種誤解。

準確來講，毛氏父子刊刻《說文》時是據家藏宋本翻刻的。既云「翻刻」，則其無論行款版式，還是正文文字皆有可能改動。清代學者批駁其妄自剜改，實不明此義。後世學者又盲目遵信乾嘉學者之說（基本上是誤解了段玉裁的說法）而不明毛氏所據宋本的特點，所以長期以來一直延續清人的觀點。其

實，就正文文字來看，毛氏所藏宋本皆屬於所謂「麻沙」宋本（宋本中之劣本），本身便有很多錯誤。如果不加以校正，則會誤上加誤。從這一點上看，毛氏據群書校正底本的做法並沒有錯。有人以爲毛氏刊印有功，但剜改有罪。其實，從目前所見的諸多汲古閣校樣本〔註 30〕看，所謂的「剜改本」之「妄改」並不一定是毛氏初刻時所爲，而是後世重印重刊時他人犯的錯誤。而且那些被指責的剜改之字，有一些其實來源於其所參校的宋本，並非毛氏所改。所以，對於毛氏汲古閣本，我們亟待需要結合存世的諸宋本重新加以審視，而不能再將「剜改」「妄改」一類帶有貶義的詞彙強加給它了。

〔註30〕按，清代自段玉裁《訂》以來一直稱爲「初印本」，今國家圖書館、遼寧圖書館、南京圖書館、湖南圖書館及臺灣「國家」圖書館等皆有收藏。

第二章　毛氏汲古閣本《說文》的
刊印源流

　　作爲清代乾隆以來最爲通行的本子之一，汲古閣本雖然爲清代的一些學者所詬病，但其有功於後學自不言而喻。可惜的是，此本之刊刻源流自今不太明確，同時由於長期受乾、嘉學者的影響而其價值亦漸被湮滅。本章擬通過爬梳所收集的資料較爲清晰地探討有關此本之的一些問題。

　　有關汲古閣本的刊刻情況，前人稍有涉獵。但討論較爲詳細系統的，當屬潘天禎先生所撰《汲古閣本〈說文解字〉的刊印源流》一文了。此文分五部分，依次探討了汲古閣本的刻成經過、南圖所藏的三種汲古閣本初印本的特點、段《訂序》的失誤、淮南書局所刻本中毛扆題字及題識的眞僞及大興朱筠重刊本所據底本等，基本上梳理清楚了汲古閣本的刊刻源流。但是潘氏所說的汲古閣本，無論是毛氏初印，還是後世印本，都指的是添加了附錄（包括毛扆識語和 11 則有關《說文》論述）後的本子〔註 1〕。本章則以爲未添加這些附錄內容的版本才是毛氏汲古閣最早刊印的本子。之所以有如此差異，是因爲潘氏雖然在文中提出了一些頗有價值的觀點，但因對汲古閣本各個階段的刊印原委和版本特徵未及詳加辨析，且有諸多文獻未及參考，故其論證頗有值得商榷之處。其結論亦時有推測之辭，如汲古閣本所據宋本等；有些模糊之處也需進一步明確，如有關祁門馬氏、萃古齋剜改本等；有些未及探

〔註 1〕潘文云：「嚴格說，只有刻印後跋和論述之本，才能算是毛版《說文》全書的初印本。」按，這是根據「剜改本」的特徵推測出的初印本，可稱爲「剜改本」的初印本，並不完全屬於汲古閣本的初印本。

—17—

討之處亦需補充，如大興朱氏重刊本的刊刻過程等。此外，潘先生另有幾篇探討汲古閣初印本的文章及孔毅、楊成凱等對之響應的文章，雖與汲古閣本相關，但是專門針對某一問題展開的，而非專論其刊刻源流，故不一一敍述，而在文內或會有所涉及。

第一節　汲古閣本末附毛扆跋辨

有關汲古閣本刊刻情況的最早也最詳細的記錄，當屬此本末所附毛扆識語〔註2〕，今將其中有關刊刻的部分錄於下：

《説文》自《五音韻譜》盛行於世，而始一終亥眞本遂失其傳。……乃巽岩李氏燾割裂《説文》，依韻重編，起東終甲，分十二卷，名曰「五音韻譜」。扆按，平、上、去、入爲四聲，宮、商、綠、徵、羽爲五音。書中次序皆依四聲而名曰五音，何也？有前後二序，原委頗詳載馬氏《通考》中。今世行本刪去而以《説文》舊序冠之，訛謬甚矣。（1）

先君購得《説文》眞本，係北宋版，嫌其字小，以大字開雕，未竟而先君謝世。扆哀毀之餘，益增痛焉，久欲繼志而力有不逮。今桑榆之景，爲日無多，乃鬻田而刻成之，蓋不忍墮先志也。

叔重偏旁在十五卷，是時未有翻切，但編其次序之先後爾。今卷首《標目》有音釋，乃徐鼎臣所增也。（2）

按，歐陽公《集古錄目》有郭忠恕小字《説文字源》，扆今不得而見。但夢英《篆書偏旁》，延平二年所建者，陝楊流傳甚廣，中有五處次序不侔，始竊疑之。及讀郭恕先忠恕《汗簡》，次序與此悉同，乃知夢英之誤也。即《繫傳·部敍》之次亦有顛倒闕略處，而書中之次與《標目》無二，要必以此爲正也。（3）

扆每讀他書，其有關《説文》者，節錄於後，以備博覽之一助云。汲古後人毛扆謹識。（4）

按，以上節選之跋包含的信息頗多，亦頗有值得辨析之處。今將之分爲四部分詳述之：

〔註 2〕見毛氏汲古閣本《説文解字》卷十五末所附。

第一，關於李燾《五音韻譜》一書，毛扆疑其題名曰「五音」卻依四聲排列，故不知所云。按，關於此，（清）王鳴盛《蛾術編》曾專門辨析之，云：「愚謂宮在上平聲，商在下平聲，徵在上聲，羽在去聲，角在入聲，五音即四聲也。」〔註3〕而方東樹《考盤集文錄》卷五亦有同樣的看法〔註4〕，可見乾、嘉諸老在此問題上看得比較清楚。又，毛氏云此書有前後兩序，據小字注方知其採自《文獻通考》之說，而非真見過李燾原書。又云「今世行本刪去而以《說文》舊序冠之」，則以為其所見之本乃當時人所為，非原本本有。但是今存世之南宋刻本，有毛晉、毛扆父子之鈐印〔註5〕，亦僅有許氏舊序，則刪去兩序非始自明代也。那麼問題就來了，既然毛扆有宋刻《五音韻譜》，為什麼又說出「今世行本刪去」云云這樣的奇怪的話呢？難道刊行《說文》之前他還沒有獲得此本嗎？

第二，跋云「先君購得《說文》真本」，據前面「始一終亥真本遂失其傳」可知，所謂「真本」乃是相對於通行的始東終甲《五音韻譜》而言的，即指始一終亥之大徐本《說文》。其裏封特意題「說文真本」，一方面暗示了當時以李燾本誤作大徐本的現象已經普遍存在〔註6〕，另一方面則起了一種很好的宣傳作用〔註7〕。而其所云「扆哀毀之餘，益增痛焉」，應該是在毛晉卒後不久，即順治十六年前後〔註8〕。此時其家產分與諸子，毛扆分得《說文》版片。按理來說，毛扆若要「繼志」刊刻，應該在此時最為合適〔註9〕，但為何非得偏偏等到「桑榆之景」的晚年，等到「力有不逮」之時方賣田刊刻呢？此處「久欲繼志而力有不逮」是何意？難道非得等到的晚年才力有所逮？筆者以為這些全為套話，並非實際情形。其所謂「力有不逮」之「力」並非真的無力，而是無意！之所以說「無意」，筆者以為應該跟當時的文化

〔註3〕（清）王鳴盛：《蛾術編》卷十八《說字四》，清道光二十一年世楷堂刻本。

〔註4〕（清）方東樹：《考盤集古錄》卷五《書徐氏四聲韻譜後》（清光緒二十年刻本）云：「其曰五音者，即四聲而分上、下平耳，非宮、商五音也。」

〔註5〕按，此本中國書店有藏，12冊2函，有毛晉父子及天祿琳琅等印。該社曾在2012年影印出版。

〔註6〕按，明、清時期這種說法非常流行，不止顧炎武《日知錄》有此看法，明清諸家之藏書目錄亦常有之，如《萬卷堂書目》《絳雲樓書目》等。

〔註7〕下面所云「係北宋版」亦有此種作用。作為一個精於刊刻的世家，其所據底本到底是哪個時代的，粗看版式、避諱等便可知道。

〔註8〕（清）錢謙益：《隱湖毛君墓誌銘》，《牧齋有學集》卷三十一，上海：上海古籍出版社，1996年，第1142頁。

〔註9〕按，毛晉卒時，毛扆二十一歲。此時毛扆剛分得家產，應有餘力刊刻此書。

背景有關。

我們知道，明末清初之時，學者之研究重點並不在文字之學，而是辨明經學（考據辨偽之學）。梁啓超《清代學術概論》在談到當時的學術背景時說到「其時正值晚明王學極盛而敝之後，學者習於『束書不觀，遊談無根』，理學家不復能繫社會之信仰。炎武等乃起而矯之，大倡『捨經學無理學』之說，教學者脫宋明儒羈勒，直接反求之於古經。」〔註10〕所以，在這種學術氛圍下，大量的經學著作開始產生。而作為藏書家兼出版者的毛扆，是不可能主動去刊刻大徐本《說文》的〔註11〕。所以汲古閣本的最後刊刻行世，當另有隱情。

今考朱彝尊《汗簡跋》云：「予僑居吳五載，力贊毛上舍辰刊《說文解字》，張上舍士俊刊《玉篇》《廣韻》，曹通政寅刊丁度《集韻》、司馬光《類篇》。」〔註12〕其中所謂「力贊」是何意？結合前面毛扆跋所說的「久欲繼志而力有不逮」，很容易讓人想到毛扆刊行《說文》是在朱彝尊的幫助下完成的。但是朱氏是如何「力贊」的呢？今雖無明文可考，但結合《玉篇》《廣韻》等的刊刻情況亦可推知。考朱彝尊《重刊玉篇序》云：「予寓居吳下，借得宋槧上元本於毛氏汲古閣，張子士俊請開雕焉。」〔註13〕又《重刊廣韻序》云「吳下張上舍頵三有憂之，訪諸琴川毛氏，得宋時鋟本，證以藏書家所傳抄，務合乎景德、祥符而後已。」〔註14〕又，《合刻集韻類篇跋》云：「既鋟《玉篇》《廣韻》，又求《集韻》《類篇》善本讎勘雕印以行。」〔註15〕據此可知，所謂「力贊」顯然並非出資代刊，而是代為借書（如《玉篇》）或作序（如《廣韻》等三書）等非物質的鼓勵。筆者推斷，毛扆刊刻《說文》，亦當是受到朱彝尊之影響或鼓勵之下進行的。考朱彝尊康熙四十八年跋《字鑒》云：「嗟夫，字學之不講久矣。舉凡《說文》《玉篇》《佩觹》《類篇》諸

〔註10〕 梁啓超：《清代學術概論》，上海：上海古籍出版社，第 4 頁。

〔註11〕 書籍刊印與學術的關係是非常密切的，筆者以為毛晉刊印《說文》也是跟當時的學術背景有關聯的。見本書第一章相關論述。

〔註12〕 （清）朱彝尊：《曝書亭集》卷四十三，《清代詩文集彙編》第 116 冊，上海：上海古籍出版社，2010 年，第 354 頁。

〔註13〕 同上，第 291 頁。

〔註14〕 同上，第 292 頁。按，《廣韻》的刊刻在此條中雖未明言是否亦是朱氏代借，但張氏刊刻此書實受朱氏啓發，考張氏跋此書云：「間從秀水朱先生彝尊遊，先生欲彙鈔前賢聲韻之書，刊示學者。今姑錄宋修《廣韻》，悉仍其故。」

〔註15〕 同上，第 293 頁。

書，俱束諸高閣。習舉子業者，專以梅氏之《字彙》，張氏之《正字通》，奉爲兔園册。飲而忘其源，齊其末而不揣夫本，差繆有難悉數也已。」〔註16〕又，張士俊跋《玉篇》云：「秀水朱先生彝尊，嘗病字學之不講，魯魚亥豕，疑惑舛錯，而俗本所刻，尤乖六書，近鄙別字，流弊學者，數與華亭高君不騫、錢唐汪君泰來、同里毛君令鳳、顧君嗣立往復辯證。」〔註17〕又跋《群經音辨》云：「康熙己卯，始得受教於秀水朱檢討竹垞。先生常稱昌黎之言，凡爲文宜略識字，世儒以爲小學之不講而高文大册多用別字，俗書踵訛襲謬，爲識者嗤笑。」〔註18〕正因爲朱彝尊有感於當時學人不識文字，故力倡字學，所以圍繞在其周圍的張士俊等皆以刊刻字書爲尚。考《竹垞老人晚年手牘》（其二）云：「毛黼老留吳郡，下榻張顥三兄齋，依宋槧刻《玉篇》。相對數晝夜，力懇愚一過汲古閣，許盡出數十年之藏書。」〔註19〕又張士俊跋《群經音辨》云：「虞山毛丈扆攜宋本《玉篇》見過，相與抗論古今篆隸之變，日趨巧便，訛舛滋多，不可究詰。毛丈曰：幸此書之存，去古未遠，猶有可考而知者。子晉不即此以授梓，令學者復見古人眞面目如此也。」〔註20〕此爲筆者所知有關朱氏、毛氏交往最早的記錄。由此可知，毛氏不僅主動借書與朱氏，而且還積極參與了張士俊《玉篇》的刊刻，故張氏跋此書云「其斥訛反正，毛丈之功多。」《玉篇》是張士俊在朱彝尊的影響下刊刻完成的《澤存堂五種》之第一種，其目的是爲了讓當時學人「以識字爲典要」。值得注意的是，當時的學者尚以《玉篇》爲較古老的字書，似乎還沒有人注意到有始一終亥本的大徐本《說文》存世。〔註21〕所以，可以大膽地進行推測一下，毛扆既然能積極協助張士俊刊刻《玉篇》，那麼受其影響，較之更早的《說文》自然更有進行刊刻的可能和必要〔註22〕。筆者以爲，汲古閣本

〔註16〕見張士俊澤存堂本《字鑒》末附跋。

〔註17〕見張士俊澤存堂本《玉篇》末附跋。

〔註18〕見張士俊澤存堂本《群經音辨》末附跋。

〔註19〕按，此條轉引自張宗友：《朱彝尊年譜》卷五，南京：鳳凰出版社，2014年，第489頁。

〔註20〕見張士俊澤存堂本《群經音辨》末附跋。

〔註21〕而事實也如此，考汪立名爲其所刻《汗簡》作的序云：「近從秀水潛采堂朱氏獲見舊抄本凡六卷，後有序目一卷，編次古雅，不改許叔重始一終亥之序。嘗慨近今所行《說文》，從四聲，無復舊本面目。」此序作於清康熙四十二年（癸未1703），僅較張士俊《玉篇》早一年，卻慨然以爲大徐本《說文》舊貌不可得見，可見時人尚以李燾《五音韻譜》爲大徐《說文》。

〔註22〕鄭偉章先生《汲古閣毛氏諸子孫及戚友傳略》（《書志》第一輯，中華書局，

的刊刻時間至少應當在清康熙四十三年之後〔註23〕。

那麼，其究竟在什麼時候呢？

對於此，潘天禎先生曾根據朱彝尊《汗簡跋》中所錄諸書的時間推斷，認爲「最早也當在康熙四十五年」〔註24〕。但筆者以爲尚有值得商榷之處。考此跋云「予僑居吳五載」，則汲古閣本的刊刻當在此五年之中。關鍵是這五年到底是哪五年。

今據張宗友《朱彝尊年譜》的相關記載可知，至少從康熙四十二年二月起〔註25〕，朱氏就寓居吳門，至康熙四十六年年底方歸故里〔註26〕。在此之前、之後雖亦有至吳之行，但多爲遊吳，且所待時間並不長。所以，所謂「寓吳五年」應該即此五年。據前文討論，康熙四十三年春，張士俊刊刻完畢《玉篇》，是年六月朱氏作序；康熙四十六年十月，朱氏爲曹寅所校刻的《類篇》作跋。如果除去其間發行等時間，汲古閣本的初刊至少在康熙四十四年至四十六年這三年之間。更進一步，南京圖書館藏有一部毛扆手批的《説文》校樣本（見後文），其諸卷末有其在康熙四十三年至四十四年之間作的校勘題識，則又可證明其刊印當在康熙四十五至四十六年了。前康熙四十八年朱彝尊跋《字鑒》云：「舉凡《説文》《玉篇》《佩觿》《類篇》諸書，俱束諸高閣。」按，此四書皆是在朱彝尊「力贊」之下所刊行的。此時朱氏既然能這麼隨意地例舉出它們，說明至少在是年前後，汲古閣本《説文》已經流行於世了。需要說明的是，筆者以爲，此時的刊本應該是毛扆據毛晉卒後所分的原版刷印的，故有「有明」二字尚有保留。若依學者所言〔註27〕，原版在毛晉卒時

2017年，第72頁）一文指出毛扆刊刻《説文》的動機有一個大背景，「就是自康熙四十至四十五年間，在朱彝尊等人倡導下，學術界把目光投向『小學』。……就是在這幾年中，毛扆也奮力完成了其父之遺志，終於刻成《説文解字》。」鄭先生注意到了毛扆刊印《説文》的背景，與筆者所論暗合。

〔註23〕張士俊《玉篇》跋云：「始於康熙癸未歲之春二月，訖於明年春而竣」，即成於康熙四十三年（甲辰1704），爲《澤存堂五種》之第一種。

〔註24〕潘天禎：《毛扆第五次校改〈説文〉說的考察》，《潘天禎文集》，第229頁。

〔註25〕張宗友：《朱彝尊年譜》（第489頁）卷五云：「二十三日，在蘇州送駕北返。遂留吳門，仍寓慧慶寺。」

〔註26〕《朱彝尊年譜》（第541頁）卷五康熙四十六年：「歲暮，里居，送張星還吳。」

〔註27〕潘天禎：《毛扆第五次校改〈説文〉說的考察》，《潘天禎文集》，第226頁。潘先生以爲毛扆跋中所言「未竟而先君謝世」之「未竟」指「開雕未竟」。同時又在《汲古閣本〈説文解字〉的刊印源流》（《北京圖書館館刊》，1997年第2期，第52頁）表達了同樣的觀點，又推測其時「上版書稿當已寫完」。按，潘

尚未刊成的話，那麼生活在康熙中後期的毛扆在續刊之時，又何必添加此二字呢？而且毛扆所交往者，皆爲如朱彝尊這樣的達官貴人，又怎能特意強調其明清易代之身份呢？故毛扆跋云「未竟而先君謝世」，所謂「未竟」，當指除去毛扆附錄外，全書十四卷的雕版已成，只是尚待刊印而已。之後毛扆陸續修版校訂，直至康熙五十二年左右即毛扆去世前後，重印的刊本中「有明」二字已經特意被刊去，且添加了毛扆跋及歷代有關《說文》的 11 則論述等，成爲後世所謂「剜改本」之祖本。

但是考慮到當時的文化背景，其所印之本應該很少，流傳亦不廣〔註28〕。故乾隆中期以後小學漸盛之時，學者竟難得一見汲古閣本。詳見下文論述。

第三，跋中提到毛扆曾據大徐本校訂過夢英、郭忠恕、徐鍇之書，表面上看來板上釘釘，其實錯誤頗多。今筆者據夢英《篆書目錄偏旁字源碑》《汗簡》及《繫傳》以校《說文敘目》，〔註29〕發現並非如此，今俱列於下。

a. 其雲夢英《字源》有「五處次序不侔」。

按，此書卷五「會倉」在「亼」之前，卷七「㳄㳄」在「市」之前，卷八「丘北」倒作「北丘」，卷九「包茍」倒作「茍包」，實有四處次序不侔。又，此書卷五無「乀」部，而卷十四則在「子」「了」之間增一「孨」部。

b. 其云：「及讀郭恕先忠恕《汗簡》，次序與此悉同，乃知夢英之誤也。」

按，今檢《汗簡》，卷二有「番」而無「釆」「半」二部，卷三卻又在「焱」增一「半」部；卷四「冓」部在「幺」「叀」之間；卷五「兮」在「桀」後，「血」在「凵」前；卷八無「比」部；卷十一無「炙」部，而置於卷十三「率」部之前；卷十四「了孨」二部倒作「孨了」。據此，《汗簡》之顛倒錯訛處實

先生以爲添加了附錄的本子方是完整的汲古閣本，而傳世的諸多所謂「初印本」皆無這些內容，所以他對「未竟」一詞方有此推論。但如果是這樣的話，真正據上版書稿雕刻版片的人應該是毛扆。而毛氏刊刻此書時已入康熙後期了，倘若此時他再遵循原稿將「有明」等字原樣雕版的話，恐怕不太合理。

〔註28〕 程德洽《說文廣義》十二卷，刊於清康熙五十二年。其不用汲古閣本《說文》，反而使用十二卷本的《五音韻譜》。可見始一終亥的汲古閣本並不通行，當時學人仍然以始東終甲《五音韻譜》爲許氏原書。又，梁啓超《中國近三百年學術史》中說「康熙一朝經學家雖漸多，但對於《說文》並沒有人十分理會。」見梁啓超：《中國近三百年學術史（新校本）》，北京：商務印書館，2011 年，第 252 頁。

〔註29〕 按，釋夢英《篆書目錄偏旁字源碑》據趙力光所編，上海古籍出版社 2012 年影印之本，郭忠恕《汗簡》據《四部叢刊續編》影印馮舒鈔本和汪氏一隅草堂影馮氏本，徐鍇《說文繫傳》據祁寯藻影抄宋本。

甚於《字源》，而此處則據之「知夢英之誤」，不知爲何？

　　c. 其云：「即《繫傳·部敘》之次亦有顛倒闕略處，而書中之次與《標目》無二。」

　　按，今檢《部敘》無「鼻」「囧」「丏」「㲋」四部，「北丘似」倒作「北似丘」，「眚」「㬎」互倒，而末天干地支僅有「甲巳丑庚癸子亥」七部。再檢其《通釋》卷二十九末所附部首，則卷七無「林」部，卷八「臥身𦣻衣」四部在「重」「裘」之間。

　　由此可見，除非毛氏所見之本與今傳本異，否則其所云實頗有商榷之處。

　　第四，據跋稱，此書末所附 11 則有關《說文》的論述乃毛扆自己所加，非其原刻所有，但所添時間則未明言。此 11 則論述始於魏江式《論書表》，終於歐陽修《集古錄》。從時間上看頗有凌亂之處，如李文仲《字鑒》成於元，吳均《增修復古編》成於明，而皆排在晁《志》、陳《解題》兩目之前，而此兩目又在《崇文總目》《集古錄》之前。再從內容上看亦無次序，尤其末《集古錄》一條，只說郭忠恕，而不及《說文》，實爲贅疣。故頗以爲這些論述乃倉促而就，未及整理。

　　總之，此跋漏洞百出，若不是毛扆晚年懶於檢點，疏於讎校所致，那便是一篇十足的僞跋了。但是筆者更傾向於毛扆自跋，因爲這正好體現了其晚年的實際情形。

第二節　汲古閣本歷次刊刻考

　　大徐本《說文》自毛氏汲古閣刊刻之後，後世亦有據之重印或翻刻者，由此出現了「初印」「剜改」等概念，也出現了汲古原本與重印、翻刻本混而爲一之現象。所以，我們不得不詳細加以梳理，以縷清其源流，辨析其異同。

一、明末清初毛晉刻清康熙間毛扆校印本

　　前文已經提及，毛扆在康熙年間刊印之時，曾經多次進行過校勘。但可惜的是，自清代以來尚未見一部據原版印刷的本子。有之，僅僅是幾部毛扆的校樣本而已，亦即清人所稱的「初印本」。其中，最接近毛氏原版的應該是段《訂》所據本之底本，餘皆較之要晚〔註30〕。然此本自嘉慶間段玉裁、

〔註30〕見本書第三章相關內容。

袁廷檮、顧廣圻等少數學者借閱之後便少有人提及了，其大略雖見錄於段《訂》，但錯訛遺漏之處往往有之〔註31〕，故亦不可據爲典要。所幸今日南京圖書館藏有一部毛扆親筆批校的汲古閣本。此本自潘天禎先生多次撰文介紹後〔註32〕，學者才漸漸知道原來世上尚有一部足與段氏參校之本相媲美的本子，故其價值自然不菲。然可惜的是，到目前爲止，學者們僅據潘先生之文瞭解此本，故觀點及資料亦大致延續其說。筆者有幸在諸位師友的幫助下得以觀看此本，並利用一周的時間去細心核對，終於大致弄清了其基本情況。今結合潘文擇要論之，餘皆見本書第三章相關內容。

潘先生稱此本爲「原刻校樣稿」。今觀此本，版式與後世之汲古閣本同，但其天頭及文內有諸多毛扆朱筆批校（偶有藍筆或墨筆），一些批校有「鑿深些」「修細些」「修過再閱」等字樣。除卷一、卷三、卷十三至卷十五外，餘十卷卷末皆有毛扆親筆題跋，主要記錄在康熙四十三年（甲申1704）至四十四年（乙酉1705）之間校過某字等情況。卷十五雍熙三年牒文末原刻「有明後學毛晉從宋本校刊　男扆再校」，今圈去「有明」二字，旁書「鑿深些」。

如果再仔細辨析其天頭批語，可以斷定其應該屬於毛扆第二次校改了，因爲其中有多處塗抹原批校文字的情況。如卷十二下我部義字之「宜奇切」，天頭處原批「疑寄」，後抹去二字而另書「寄」。說明毛扆之前校改時有所懷疑，後確定之後便重新批註了。再從批語內容看，此次主要是根據《玉篇》《廣韻》《類篇》等文獻校改其底本的若干文字的，更多的則是更正筆劃。其校改之字，除潘文據毛扆卷末題識指出的 8 個字外〔註33〕，其實在文內尚有很多。今試舉幾例：

1. 卷三下攴部「攺」字下，原刻作「古亥切」，今圈去「古亥」二字，而在天頭處批：「余止」，並云：「《玉篇》《佩觿》俱作余止切，從攴巳聲。」
2. 卷十下炙部「炙」字下，原刻作「之夜切」，今圈去「夜」字，旁書「石」，而在天頭處批「石」。

〔註31〕關於此，段《訂》袁廷檮跋及淮南書局刻本所附顧廣圻跋文早有提及。筆者亦曾據諸本與之比勘，確實有不少錯誤。
〔註32〕見潘天禎《毛扆第五次校改〈說文〉說的考察》《毛扆四次以前校改〈說文〉的質疑》《汲古閣本〈說文解字〉的刊印源流》《毛扆書跋零拾（附僞跋）》等文，均收入《潘天禎文集》（上海科學技術文獻出版社，2002 年版）。
〔註33〕潘天禎：《汲古閣本〈說文解字〉的刊印源流》，《潘天禎文集》，第 251 頁。

3. 卷十下心部「懟」字下，原刻作「丈淚切」，今圈去「丈」字，旁書「大」，而在天頭處批「大」。

由這些特徵可以推知，此本應該即毛扆初次刊印時的校樣本（以下稱爲「校樣本」），而其底本應該是據其父毛晉卒後留下來的原版刊印的（以下簡稱「原刻本」）〔註34〕。如果不考慮毛扆之朱墨筆校語，我們完全可以推知當年毛晉父子是如何根據其家藏宋本進行翻刻的。今據國圖所藏丁晏跋本及後世流傳汲古閣刻本進行比對，可以發現原刻本有以下幾個特點：

（一）版式已經確定，後世汲古閣本之行款、字數、界欄等皆與之同。

在版式上，無論是原刻本，還是後印本，都是半葉七行，行楷體十四至十五字，小字雙行同，行四十二字。篆字一當楷體小字六。左右雙邊，白口，單黑魚尾，魚尾下題「說文几上／下」及頁碼。卷端題：「說文解字弟一上　漢太尉祭酒許愼記」，次行三行題：「銀青光祿大夫守右散騎常侍上柱國東海縣開國子食邑五百戶臣徐鉉等奉敕校定」。除了無裏封及毛扆跋等外，餘皆同後世汲古閣本。這可以說明，後世的汲古閣本是依照原版刷印的，無論其增改刪並了多少。

（二）正文內沒有旁增小字的情況。

後世的汲古閣本有文內之字旁增一小字的情況，共3處，分別如下：

1. 卷二上小部「小」字下，原刻本作「見而分之」，後增補「八」字於「而」右下角，作「見而八分之」。
2. 卷三上音部「音」字下，原刻本作「宮商角徵羽聲」，後增補「也」字於「聲」字右下角，作「宮商角徵羽聲也」。
3. 卷十二下氏部「氏」字下，原刻本作「氏崩聞數百里」，後增補「聲」字於「崩」字右下角，作「氏崩聲聞數百里」。

以上3條之增字均出現在部首本字下之釋文處，無疑是在重校後修版增補的。考清光緒七年淮南書局刻本之底本爲所謂「第四次樣本」，其書衣題有「若大字內要增者，邊頭增一小字」等字樣，即上述3條所說的情況。而

〔註34〕前文已論及，毛晉生前已將版刻成但未及印行便去世了，毛扆在康熙間據之刊印，故準確一點可稱爲「毛晉刻毛扆印本」，毛扆的批校便是添加在該本上的。又按，原刻本其實在當時並未刊行於世，不過是毛扆據以校改的底本，故本質上屬於一種工作性的本子。

據其卷末題記可知是毛扆在康熙五十二年左右做的校樣本，如果上面書衣題記是毛扆眞蹟的話〔註35〕，那麼可以知道有這種情形的本子至少出現在該年之後了。然檢刊行於康熙五十五年的《康字字典》所引《說文》中皆無此種旁增小字的情況，那麼我們又可將時間推到康熙五十五年之後，其時毛扆早已去世，故有這種情況的本子可以名爲「毛扆校刻某人印本」了。

（三）正文內沒有增加字頭的現象〔註36〕。

後世的汲古閣本正文內有增加字頭或重文的情況，凡4例：

1. 卷三下攴部「」字下增篆字「」，並小字注：「毀也，從攴裏聲，古賣切。」末墨圍陰文云：「在前『敘』字下。」

2. 卷十三上蟲部「」字下增篆字「蜳」，小字注：「古文螽。」末墨圍陰文云：「在第十四葉『螽』字下。」

3. 卷十三下土部「」字下增篆字「」，小字注：「堲或從皀。」末墨圍陰文云：「在第九葉『堲』字下。」

4. 卷十四下酉部「」字下增篆字「」，小字注：「酒味苦也，從酉今聲。咽嗛切。」　末墨圍陰文云：「在第十七葉『』字下。」

以上4條在今存世的《說文》諸校樣本中皆無，《康熙字典》所引《說文》亦無，首次出現在清乾隆三十八年大興朱氏仿刻本中，所以筆者推測後世汲古閣本是受此本的影響進行增補的，或者直接據之翻刻來假充汲古閣本。

（四）很多字已經出現了校改，即不遵從宋本刊刻。

段《訂》云：「四次以前微有校改，至五次則校改特多，往往取諸小徐《繫傳》，亦間用他書。」〔註37〕段氏所說的「四次以前」云云其實是包括原刻本在內的，「五次」即通行的汲古閣本。在這句話裏，其似乎以爲在「五次」校改時主要根據小徐本，但也參考其他書籍。但是根據筆者的比對情況，

〔註35〕按，關於此，潘天禎曾撰文力辨其僞，但其證據不足，故筆者暫不採用。

〔註36〕按，段《訂》中提到很多增篆的情況，如卷三下殳部增「殼」字，卷六上木部增「閖」字，卷十二上手部增「掔」字，等等，筆者以爲這些乃是毛扆在康熙年間初刻之後繼續修訂時所增。此處特指墨圍陰文之篆文，這種陰文篆文應該爲後世修版時增補的，故而與上面的增篆有所區別。

〔註37〕（清）段玉裁：《汲古閣說文訂序》，《汲古閣說文訂》，清同治十一年湖北崇文書局重刻本。

這句話其實說的並不準確。因爲很多所謂「剜改」的文字其實早在毛晉生前據宋本刻版時就出現了，並不非得等到後世通行的汲古閣本才有。據筆者統計，段《訂》所錄 318 個條目中，原刻本之字與後世汲古閣本相同者多達 150 條，占總條目的近一半。如果再據王貴元先生《說文解字校箋》所收條目進行比對，其所佔比例將更多。所以，所謂的「微有校改」之說並不符合事實。

今將段《訂》中相關條目列舉於下：

1. 卷三上言部「諴」字下，原刻本及後世汲古閣本皆作「丕能」，諸宋本則作「不能」。

2. 卷四下歺部「殂」字下，原刻本及後世汲古閣本皆作「放勳乃殂落」，諸宋本則作「勳乃落」。

3. 卷五下食部「饟」字下，原刻本及後世汲古閣本皆作「曰釀」，諸宋本則作「日饟」。（按，此條段《訂》云：「蓋初刻時已誤」。）

4. 卷六上木部「栩」字下，原刻本及後世汲古閣本皆作「其實皁」，諸宋本則作「其皁」。

5. 卷六上木部「粲」字下，原刻本及後世汲古閣本皆作「束交也」，諸宋本則作「束文也」。

6. 卷八上人部「侜」字下，原刻本及後世汲古閣本皆作「備詞」，諸宋本則作「憰詞」。

我們再舉幾例段《訂》以外的例子：

1. 卷一下艸部「藥」字下，原刻本及後世汲古閣本皆作「蘲」，諸宋本則作「累」。

2. 卷三上言部「診」字下，原刻本及後世汲古閣本皆作「之刃切」，諸宋本則作「之忍切」。

3. 卷三下丮部「𥎊」字下，原刻本及後世汲古閣本皆作「魚祭切」，諸宋本則作「育祭切」。

4. 卷七上禾部「機」字下，原刻本及後世汲古閣本皆作「居稀切」，諸宋本作「居狶切」。

5. 卷八上老部「者」字下，原刻本及後世汲古閣本皆作「從老省占聲」，諸宋本作「從老省古聲」。

由上可知，後世所謂的剜改本中文字之謬，其實有一些早在毛晉刻版之時就已經有了。毛扆後來雖然也進行過校改，但「所改多是點畫勾捺，改字

很少」〔註38〕。而通過毛扆的朱筆批註，我們也知道其具體修改了哪些字。所以，如果說所謂的「剟改」是罪過的話，「罪人」並不僅僅是毛扆，還包括毛晉。

（五）卷十五末無附毛扆識語及其輯錄的 11 則有關《說文》的論述。

按，以上 5 個特徵雖然歸屬於原刻本，但是由於毛扆當時以其爲底本進行批改，並據之進行初次刊刻，所以這些特徵其實也是毛扆校印本的特徵，康熙間朱彝尊等見到的應該就是這種版本。

毛扆刊刻完畢之後，並未止息，而是繼續進行增修校訂書版，包括增加一些篆文字頭、修改訓釋等〔註39〕，同時也雕刻了附錄的書版。那麼，這些內容是何時完成的呢？今考存世的清光緒七年淮南書局仿刻本，其底本實際上是一個較南京圖書館藏本略晚的校樣本，該本同樣無旁增小字、另增字頭的情況，而且前文例舉的「改」「炙」諸條皆已據改〔註40〕。其最大的特徵是諸卷末有毛扆手書題識 13 則，時間集中在康熙五十二年三月至五月。其中，卷九上末的其中一條題識云「（四月）十七日，續添《說文》後附錄，未曾開卷」，似乎暗示了後世附有毛扆跋及有關《說文》論述的本子當是在此年以後才出現的。但考慮到毛扆去世於是年九月〔註41〕，而四月之時這些附錄尚未添加完畢，至其添加完畢再寫樣上版尚不知何時方能完成，在這短短的幾個月內要想重新印刷確實有些困難。所以謹慎起見，筆者以爲毛扆的最後所定的這個本子的書版在其生前應該大致已經修改完畢，只是未及付印而已。

二、清乾隆前期祁門馬氏印本

毛扆卒後的刊印情況，據段《訂序》云：「毛氏所刊版，入本朝歸祁門馬氏在揚州者。」〔註42〕而黃丕烈《說文校本跋》亦云：「蓋汲古閣所刊，

〔註38〕潘天禎：《毛扆第五次校改〈說文〉說的考察》，《潘天禎文集》，第 227 頁。
〔註39〕比如前文提及的卷三下殺部增「殺」字，卷六上木部增「閑」字，卷十二上手部增「摰」字，等等，應該是毛扆在康熙年間初刻之後繼續修訂時所增的。
〔註40〕按，潘先生所引 8 字中，除了卷十一上「沺」字下仍作「編水以渡也」外，餘皆已經改正。
〔註41〕南京圖書館藏清抄本《東湖汲古閣毛氏世譜》云毛扆「卒於康熙癸巳九月十七日戌時」。
〔註42〕（清）段玉裁：《汲古閣說文訂序》，《汲古閣說文訂》，清同治十一年湖北崇文書局重刻本。

原係北宋本校刊，而此外間所傳汲古閣本，其版誠爲汲古所刊，但後來曾售於揚州馬氏。」〔註43〕段、黃二家雖不言所據爲何，但可推斷在乾隆末嘉慶初之時，當時的學界應該都是比較清楚毛氏板片的歸屬地的。所謂「祁門馬氏在揚州者」或「揚州馬氏」，即揚州著名的鹽商馬曰琯、馬曰璐兄弟，時稱「揚州二馬」。李斗《揚州畫舫錄》卷四云馬曰琯：「嘗爲朱竹垞刻《經義考》，費千金；爲蔣衡裝潢所寫十三經，又刻許氏《說文》《玉篇》《廣韻》《字鑒》等書，謂之馬板。」〔註44〕這是馬氏刊刻《說文》的明證，其大概即是根據毛氏板片進行重印的。但是毛氏之板何時歸於馬氏，馬氏又是何時進行刊印的，以上資料皆未明言，所以尚需進一步推測。

據南京圖書館所藏《東湖汲古閣毛氏世譜》的記載，毛扆有六子六女〔註45〕，可考者僅其次子毛綏福〔註46〕和三子毛綏德，二者皆爲愛書之人，其中後者曾經還陪侍其父校過《說文》〔註47〕。所以筆者推斷，在這樣一種家世傳統下，至少在毛扆卒後其子輩旋即版售他人的情況是不可能的，而且在當時的文化背景下也沒什麼必要。

考毛扆之諸子中，除了其長子早卒，六子卒於康熙六十一年之外，餘四子的卒年皆不詳，但其生年則記錄得比較清楚：次子綏福生於順治十八年（1661），三子綏德生於康熙四年（1665），四子綏和生於康熙八年（1669），五子綏靜生於康熙三十七年（1698）。如果《說文》版片歸其次子或三子所有的話，依七十歲算，此兩人卒年分別爲雍正八年（1730）〔註48〕和乾隆十三年（1735）。所以筆者以爲，《說文》之版片應該是在乾隆初期轉售於揚州

〔註43〕（清）黃丕烈著，余鳴鴻、占旭東點校：《菦圃藏書題識》卷一《說文校本跋》，《黃丕烈藏書題跋集》，上海：上海古籍出版社，2015年，第50頁。

〔註44〕（清）李斗撰，汪北平、涂雨公點校：《揚州畫舫錄》，北京：中華書局，1960年，第88頁。

〔註45〕按，《東湖汲古閣毛氏世譜》云毛扆：「子六：長綏履，次綏福，三綏德，四綏和（陸出），五綏靜，六綏節。女六：一適張舍美一森，禹思公季子。一受詩氏之聘而殤。一適錢貫之焞，思勖長子。第四女殤。一適蘇郡西城王耕伯於京，受桓長子。一適錢大野，夢弼宜中次子。」

〔註46〕毛綏福見鄭偉章《汲古閣毛氏諸子孫及戚友傳略》，《書志》第一輯，北京：中華書局，2017年，第77～78頁。

〔註47〕南京圖書館所藏毛扆校樣本卷十三下末云：「甲申四月二日，燈下復閱一過。正當戌時立夏之時，德兒侍後。省庵。」

〔註48〕據鄭偉章先生考證，臺灣國圖所藏《說文解字篆韻譜》有毛晉、毛扆、毛綏福的鈐印，《硯史》則有毛綏福雍正八年之跋文，可以推斷，毛綏福在雍正八年尚在世。

馬氏的。但這尚屬推測，更有力的證據出現在姚世鈺《屏守齋遺稿》卷二《馬秋玉佩兮昆季寄齊刀及吳濃張氏雕本〈群經音辨〉〈字鑒〉二書賦此答謝並索其新購常熟毛氏所開〈說文解〉》一詩中。其詩云：「小學人方昧六書，圓法誰曾窮九府。大小二篆俗益訛，眼學惟存永元許。始一終亥最初作，次以四聲非舊部。隱湖鐫本早流傳，棗木欣聞入藏弄。何時濡紙脫其文，鶴背重煩附囊褚。」〔註49〕考姚氏《屏守齋遺稿》卷四云「乾隆乙丑秋，余寓揚州馬氏叢書樓」，乙丑爲乾隆十年，而此詩云「寄」，顯然尚未寓居馬氏之所，故其必爲乾隆十年以前所作。而此詩「隱湖鐫本早流傳，棗木欣聞入藏弄」一句顯然指毛氏版片歸入馬氏的情況，「何時濡紙脫其文，鶴背重煩附囊褚」也暗示了此時馬氏尚未進行重印，據此我們可以進一步確定馬氏購得毛氏書版的時間當在乾隆十年左右〔註50〕。而據《馬曰琯、馬曰璐年譜》一文記載，在這段時間期間，全祖望（雍正八年）、杭世駿（雍正十三年）、盧見曾（乾隆元年）等一批考據學家皆與之交往，而叢書樓所刊諸書中，除了《經義考》《五經文字》《新加九經字樣》〔註51〕可確定刊刻在乾隆間外，《漢隸字源》〔註52〕《干祿字書》《班馬字類》《玉篇》等一批小學著作也有可能皆在此前後刊刻〔註53〕，而這可能成爲馬氏購買《說文》版片並進行刊印的直接動因。

〔註49〕　（清）姚世鈺《屏守齋遺稿》，清乾隆十八年張四科刻本。

〔註50〕　（清）紀昀：《紀文達公遺集》卷十一《書毛氏重刊說文後》云：「琴川毛氏始得舊本重刊之，世病其不便檢閱，亦不甚行，其版近日遂散失。……己卯正月廿五日閱《通考》所載《五音韻譜》。」「己卯」爲乾隆二十四年（1759）。文中所謂「亦不甚行」，筆者以爲當指在全國不甚行，所行者僅在江浙一帶。所謂「其版近日遂散失」中的「近日」不知具體指什麼時候，但聯繫到本文所論，毛氏書版「散失」的時間應該較紀氏作跋時間早一些。

〔註51〕　按，全祖望《新雕五經文字九經字樣題詞》（朱鑄禹匯校集注：《全祖望集匯校集注》卷二十三，上海：上海古籍出版社，2000年，第1184頁）云：「嶰谷昆弟之爲是舉，不可謂非補經苑之憾矣」，嶰谷即馬曰琯。此文不記年月，但據《清全謝山先生祖望年譜》（臺灣商務印書館，1978年，第28～29頁）可知，全氏寓居馬氏余經堂在乾隆六年，而叢書樓本《新加九經字樣》末有清乾隆五年馬曰璐跋，則可知二書皆刊於乾隆五年前後無疑。

〔註52〕　按，全祖望《漢隸字源校本序》乃是據其家藏張弨校本作的序言，不知是否對馬氏叢書樓刻本有所影響。見朱鑄禹匯校集注：《全祖望集匯校集注》卷二十三，上海：上海古籍出版社，2000年，第593頁。

〔註53〕　這些著作無前序後跋，諸書目一般籠統題作康熙間刻本。從吳萍莉、張翔《清乾、嘉時期「揚州二馬」及其刻書》（《史志學刊》2014年第03期）一文所收集的馬氏叢書樓刊刻的諸書看，乾隆前期才是馬氏刊印的高峰時期。該文將《班馬字類》《九經字樣》歸於康熙末年，《玉篇》《廣韻》《字鑒》《說文》皆

今考乾隆中期纂修《四庫全書》時，馬氏後人馬裕所呈送的諸書中，有「《說文》十五卷，漢許慎，六本」的記載〔註54〕，不知此本是否即馬氏重印之本，或是毛氏舊本？但是可以推斷的是，在乾隆三十八年大興朱氏刊印《說文》之前後，世間流行的本子應該屬於馬氏重印之本。

　　證據之一便是《四庫全書》所收錄的《說文》。此本所據底本題爲「通行本」〔註55〕，其《提要》下云：「以篇帙繁重，每卷各分上下，即今所行毛晉刊本是也。」其中的「通行本」，《四庫全書凡例》云：「坊刻之書，不可專題一家者，則注曰『通行本』。」〔註56〕由此可知，乾隆四十六年以前通行的大徐本即毛氏汲古閣刻本〔註57〕，其內容即如《四庫》所著錄之本也。四庫館臣雖然在抄錄時有些校改之字〔註58〕，但大體也能反映其底本的原貌〔註59〕。

　　如果將之與前面提及的毛氏諸刻進行對照，可以發現：

1. 其卷二上「小」字、卷三上「音」字、卷十二下「氏」字下注文已經旁增了小字，顯然其刊刻在淮南書局本所據校樣本之後了。
2. 文內開始出現增加篆文字頭的情況〔註60〕。

　　歸於乾隆年間，不知所據爲何。

〔註54〕吳慰祖校訂：《兩淮商人馬裕家呈送書目》，《四庫採進書目》，北京：商務印書館，1960年，第69頁。

〔註55〕（清）永瑢等撰：《四庫全書總目提要》卷四十一，第9冊，上海：商務印書館，1931年，第2頁。

〔註56〕《四庫全書凡例》：「諸書刊寫之本不一，謹擇其善本錄之。增刪之本亦不一，謹擇其足本錄之。每書目之下，欽遵諭旨，各注某家藏本，以不沒所自。坊刻之書，不可專題一家者，則注曰通行本。」見《四庫全書總目提要》第1冊，上海：商務印書館，1931年，第3頁。

〔註57〕按，《提要》末所署日期爲「乾隆四十六年十一月恭校上」，可知，此本最早是在乾隆四十六年抄錄完畢的，但館臣呈送之年可能在三十七年左右了。

〔註58〕如卷一下艸部「茵」字下，諸本皆作「讀若陸」，後世汲古閣本「陸」字爲墨釘，而此本則作「讀若俠」，乃依小徐本增字也。

〔註59〕吳慰祖所編的《四庫採進書目》中，《兩淮商人馬裕家呈送書目》（第69頁，6本）、《河南省呈送書目》（第156頁，16本）、《補遺·武英殿第一次書目》（第192頁，10本）皆收錄了《說文》，《四庫》本之底本應該屬於武英殿藏本。按，此本應非《康熙字典》所據之本，因爲後者小、音、氏等字下並無旁增小字的情況，前者則有之。

〔註60〕按，《四庫全書總目》卷四十三所收《五音韻譜》之提要云：「《說文》酉部有『酓』字，音『咽嗛切』。」由此可知，「酓」字已經出現在了四庫本《說文》之中了，只不過館臣抄錄時將之遺漏，故而在今天的四庫本《說文》中無法看到此篆。以此類推，剩餘的幾個新增的篆文字頭也應該出現了。

3. 除若干字尚未修改外（如卷十一上水部「沴」字下仍作「編水以渡也」等），大部分文字皆同後世通行之本。

另外，此本卷十五末無毛扆跋及其輯錄的《說文》論述等，蓋四庫館臣故意刪去也。

《四庫全書》所收《說文》向來未引起學界注意，一般學者皆將其底本當作一般通行的汲古閣本看待，故而其價值並未被得到充分揭示。今將之放在整個《說文》版本系統裏進行觀照，可見其實際上也是一個非常重要的版本。

另外，有學者以爲後世通行的汲古閣本（所謂「剜改本」）中的諸多校改文字是祁門馬氏所爲〔註 61〕。但從前文論述可知，其實馬氏只是據舊版重印而已，而其所印之本亦不能與後世傳本劃等號。從揚州二馬的經歷看，其至多是商人兼詩人的身份，與其頻繁交往者有沈德潛、厲鶚等眾多詩壇名家，其流傳下來的詩詞亦多爲酬唱之作〔註 62〕，所以說其校改《說文》實是太高估其這方面的能力了。其刊印《說文》等小學著作的動機，應該是受到全祖望、杭世駿等學者的影響的。

三、清乾隆中期大興朱氏椒華吟舫翻刻本

前文提及，大徐本《說文》在乾隆前期乃至上溯康熙、雍正之時，雖然汲古閣毛氏等有過數次刊印，但並不甚行，甚至出現了版片散失的情況。以下兩個例子可以說明此書在學界的流行狀況。

（1）（清）徐堅《重抄說文繫傳序》〔註 63〕云：

> 淮陰吳山夫玉搢氏，喜習六書學，家貧不能致書，嘗借鈔於諸
> 相識中，寒暑靡間，裒然成帙。人或有過而笑之者，山夫不顧也。

〔註 61〕潘天禎：《汲古閣本〈說文解字〉的刊印源流》，《潘天禎文集》，第 264 頁。

〔註 62〕馬曰琯有《沙河逸老小稿》六卷《嶰谷詞》一卷（《清代詩文集彙編》第 265 冊），馬曰璐有《南齋集》六卷附詞二卷（《清代詩文集彙編》第 276 冊），多爲唱和送別詠物之作。今人對揚州二馬的研究，也多集中在以小玲瓏山館爲中心的詩人群體中，如嚴迪昌《往事驚心叫斷鴻——揚州馬氏小玲瓏山館與雍乾之際廣陵文學集群》（《文學遺產》，2002 年第 4 期），胡祥雲、方盛良《論「小玲瓏山館」爲中心的文學活動》（《安慶師範學院學報（社會科學版）》，2009 年第 7 期），方盛良《「小玲瓏山館」詩人群體考略》（《安慶師範學院學報（社會科學版）》，2005 年第 1 期）等，而很少關注其藏書與出版事業。

〔註 63〕（清）王昶：《湖海文傳》卷二十二序，清道光十七年經訓堂刻本。

予來淮之二年，始得與之交。有厚契，時相過從，間出是書相賞……
予亟假閱，倩人錄成。適得汲古閣所鐫宋本《說文解字》，是真徐所
校本也。相與校勘，字櫛句比，疑竇乃生。闕者補之，訛者正之，
裨益之功，蓋得十之三四。

(2)（清）李文藻《送馮魚山說文記》〔註64〕云：

高郵王懷祖，戴弟子也。己丑冬，遇之京師，屬爲購毛刻北宋
本。適書賈老葦有之，高其直。王時下第，囊空稱貸而買之。王曰：
歸而發明字學，欲作書四種，以配亭林顧氏《音學五書》也。予是
年赴粵，所攜書皆鈔本之稍難得者，謂其易得者可隨處覓之。至則
書肆寥寥，同官及其鄉士大夫家亦無可假是書，僅見萬曆間坊本耳。

以上第（1）則未題撰寫年月，但《小學考》卷十一所引此文末卻有「乾
隆戊午冬十二月」一行，即清乾隆三年（1738）。據此序所云，是年徐堅從
吳玉搢那裡借得所藏《說文繫傳》請人抄錄，又得到了汲古閣本《說文》補
殘校訛。這說明什麼問題呢？筆者以爲，這至少說明汲古閣本《說文》在當
時流傳甚少且研究亦很少。因爲如果當時此本確實很流行的話，王氏就不用
說「是真徐所校本也」這樣驚奇的話了。而且根據後來前嘉學者的研究，大
多據小徐以正大徐，此則以大徐校小徐，顯然並未意識到大徐本，特別是汲
古閣本的一些失誤。這似乎暗示了當時對《說文》的研究尚未展開。

第（2）則中的「己丑」即乾隆三十四年（1769）。是年李文藻與王念孫
相遇於京師。王氏欲買《說文》，賣家居然「高其直」，顯然此書在當時這麼
一個大都市裏流行甚少。而李氏去粵後，不僅書肆寥寥，而且私家所藏亦不
可見，所行者乃《五音韻譜》，更說明在當時整個社會上尚未形成研讀《說
文》的風氣，而像王念孫這樣的少數學者方稍稍有意識地利用此書進行別的
研究〔註65〕。

由此可見，在乾隆前中期，《說文》並不如我們後世想像中那麼流行。相
反，整個社會裏，從學者至書賈，大多並未意識到此書的重要性。正是在這

〔註64〕（清）李文藻：《南澗文集》卷上，清光緒刻功順堂叢書本。
〔註65〕按，「以配亭林顧氏《音學五書》」一語暗示了其是利用《說文》研究古音，
　　　　非專門研究《說文》也。而「僅見萬曆間坊本」一語又暗示了李文藻是將李
　　　　氏《五音韻譜》誤當作了大徐本，顯然至乾隆年間，學者們仍然跟其前輩學
　　　　者顧炎武一樣犯同一錯誤，由此亦可見大徐本《說文》在當時並不流行。這
　　　　是學術風氣使然，並非個人原因。

樣的文化背景下，當朱筠在乾隆三十六年視學安徽，次年以五經本文按試諸
生時，發現當時學子「不明文字本所由生」，「點畫淆亂，音訓泯棼」，於是在
乾隆三十八年「先舉許君《說文解字》舊本重刻周布，俾諸生人人諷之，庶
知爲文自識字始。」〔註66〕是爲大興朱氏椒華吟舫刻本。

　　據上可知，朱氏是根據「舊本」刊行的，但何謂「舊本」呢？《紅豆樹
館詩話》云朱筠「乃出宋版《說文解字》刊布，以詔後學」〔註67〕，姚覲元
《說文解字跋》亦云「大興朱氏視學安徽依宋本重付開雕」〔註68〕，皆以爲
是據宋本刊刻的。但據此本卷十五末下「後學毛晉從宋本校刊 男扆再校」一
行可知，顯然是據毛氏汲古閣本翻刻的，所以也是屬於汲古閣本系統。

　　值得一提的是，此本之底本原來也非朱氏舊藏，而是從別處獲取的，其
尋求的過程也頗爲曲折。李文藻《南澗文集》卷上《送馮魚山說文記》記其
頗詳，今將相關內容轉引如下：

> 壬辰春，予調潮陽，其書院山長鄭君安道爲朱竹君學士，分校
> 會試，所得士銳意窮經，且以教其徒。索《說文》於予，乃爲札求
> 於濟南周林汲。而揭陽鄭運使適自兩淮歸里，專一介問：有此書否？
> 運使實無之，而不遽報。遣健足走揚州，從馬秋玉之子取數部，往
> 返才三閱月，以其二餉予：一插架，一貽鄭進士，進士喜過望。

　　據以上資料可知，乾隆三十七年，朱筠打算刊刻《說文》時，應該是委
託鄭安道訪書的。安道求之於李文藻，文藻先求之於周永年（號林汲山人）
未果，既而從「馬秋玉之子」那裡獲取了兩部。一留己藏，一則歸鄭氏。而
鄭氏所得之本自然是朱氏翻刻時所據底本了。那麼，「馬秋玉之子」是何人
呢？馬秋玉者，即揚州二馬之馬曰琯也。馬氏無子，此處云子者，可能就是
向朝廷進獻書籍的馬裕也〔註69〕。所以答案很清楚了，朱氏刻本之底本不僅
僅是毛氏汲古閣本，更進一步原來是揚州馬氏刊印之本。

　　從版式上看，此本之行款字數與汲古閣本皆同，惟諸卷卷端三行下增「大
興朱筠依宋本重付開雕　宛平徐瀚挍字」。裏封題「乾隆癸巳開雕　說文解

〔註66〕　（清）朱筠：《笥河文集》卷五，清嘉慶二十年椒華吟舫刻本。

〔註67〕　（清）陶梁：《國朝畿輔詩傳》卷四十一（清道光十九年紅豆樹館刻本）「朱
　　　　　筠」條下引《紅豆樹館詩話》。

〔註68〕　丁福保：《說文詁林補遺前編上‧序跋類一》，第8頁。

〔註69〕　明光：《清代揚州「二馬」家世考》，《揚州大學學報（人文社會科學版）》，2007
　　　　　年第2期。

字　文字十三經同異嗣刊　椒華吟舫藏板」。首附清乾隆三十八年大興朱氏《重刻說文解字敘》（按，「敘曰」下諸文實爲王念孫代撰）〔註 70〕。

從內容上看，此本雖然據馬氏印本翻刻，但並非依樣刊印，而是有同有異的。今參照四庫本（按，嚴格地說，當說是四庫本之底本），試述其特點。

1. 四庫本中 3 個字頭下釋文有旁增小字的情況，此本與之同。

2. 此本正文內文字多同四庫本，一些文字的增改並非始於後世通行汲古閣本。今試舉幾例：

（1）卷一上丄部「帝」字下，四庫本作「辛言示」，增一「言」字，此本同。

（2）卷一上玉部「珣」字下，四庫本作「醫無閭之珣玗」，增一「之」字，此本同。

（3）卷二上「唬」字下，四庫本作「呼訝切」，同小徐本，此本與之同。

四庫本由於是抄本，所以存在校改之字。但即便如此，我們也可以從中發現其底本的原貌。如卷一下茻部「茜」字，原刻本作「讀若陸」，惟四庫本作「讀若俠」。按，原刻本從宋本作「陸」，四庫本則改爲「俠」，顯然其底本原爲墨釘，四庫館臣據小徐增補一「俠」字，朱氏本仍作「讀若■」。

3. 與四庫本一樣，有增篆的情況。

4. 此本末有毛扆跋及 11 則有關《說文》的論述。

以上爲與四庫本相同之處，可見此本在刊刻時基本延續了其底本的特徵。但是也有所差異，這主要體現在具體文字上，如卷六下鄄字，四庫本作「垔聲」，此本作「鄄聲」。卷十四下陎字，四庫本作「酒泉天依阪也」，此本「依」作「陎」。

綜上所述，朱氏翻刻時所據底本其實與四庫本是一樣的，皆爲祁門馬氏刊印之本。但是在刊刻過程中，其又在底本的基礎上增加了一些新的文字。同時，由於所用非人（即上文中的徐瀚），故校勘時亦難免有一些失誤。不過，

〔註 70〕按，檢《王石臞文集補編》（《清代詩文集彙編》第 409 冊，第 570～572 頁）收有此文。劉盼遂先生引《朱笥河詩集·乙未送王懷祖詩》云：「我方敍《說文》，資子口存舌。辨體音必兼，音響窮蚊蚋。聲五色亦五，北鴂和南鷟。要令江南士，通經字爲揭。」又引《章實齋遺書九·與沈楓墀論學書》云：「朱竹君先生善古文辭，其於六書未嘗精研而心知其意。王君懷祖固以六書之學專門名家者也。朱先生序刻《說文》中，間辨別六書要旨，皆咨於懷祖而承用其言。僕稱先生諸序，此爲第一。」劉先生推斷此序應屬王念孫代筆。

不可否認的事實是，正是因爲此本的刊行，大徐本很快在社會流行開來了。洪亮吉《書朱學士遺事》云：「先生性寬仁，不能御下，校官輩又藉此抑勒，並於定值外需索，以是不無怨聲，然許氏之學由此大行。」〔註71〕又，馮桂芬《重刻段氏說文解字注序》亦云：「厥後大興朱氏筠視學吾皖，梓舊本《說文》於節署，其書乃大顯。」〔註72〕由此可見朱氏之本在社會上的影響。同時，隨著四庫館開，南北學者漸漸聚集京師，眾多考據學家在相互交流中也客觀上推動了說文學的興盛期的到來。而據筆者統計，清代很多學者大致就是從此時之後開始研究《說文》的，而很多《說文》學著作也是從此時之後開始出現的。故而大興朱氏刻本應該是汲古閣本《說文》系統中非常重要的一個版本〔註73〕。

四、清乾隆末期蘇州錢氏萃古齋校印本

正因爲乾隆後期《說文》學漸漸成爲了一門顯學，諸多學者亦竭力推崇大徐，故汲古閣本亦漸漸受到青睞。（清）王鳴盛《蛾術編》卷十八云：「徐書便檢尋矣而不知部首，李燾以部首分韻編次則又不便檢尋。徐鉉校定原本，常熟汲古閣主人毛鳳苞之子扆依北宋小字板改大字翻刻者，奉爲枕中鴻寶。參之以徐鍇《繫傳》，足矣。汲古閣刻本佈天下，其功之最大者，莫如徐鉉《說文》。至《繫傳》幾百年來無刻本，吾友汪慎儀名啓淑，新安人，兵部職方司郎中刻之，功與毛同。」〔註74〕按，此條王氏未記錄年月，但據汪啓淑刊刻《繫傳》的時間推斷，其當是在清乾隆四十七年（1782）以後被記錄的。由此文可知，曾經被學者推崇爲便於檢尋的李氏《五音韻譜》〔註75〕，至今反而成了「不便檢尋」之書。而曾經幾乎版散的汲古本《說文》反而在此時被

〔註71〕　（清）洪亮吉：《更生齋集·文甲集》卷四，清光緒三年洪氏授經堂增修本。

〔註72〕　（清）馮桂芬：《顯志堂稿》卷一，清光緒二年馮氏校邠廬刻本。

〔註73〕　嚴格地說，此本當爲祁門馬氏印本的一個翻刻本，當合併爲一本。但考慮到其影響，且與馬氏印本亦略有差異，故分列之。

〔註74〕　（清）王鳴盛：《蛾術編》卷十八《說字四》，清道光二十一年世楷堂刻本。

〔註75〕　（清）紀昀《書毛氏重刊〈說文〉後》（《紀文達公遺集·文集卷十一·書後》，清嘉慶十七年紀樹馨刻本）云：「自李燾《說文五音韻譜》行於世，而《說文》舊本遂微。流俗不考，或誤稱爲徐鉉所校許慎書。琴川毛氏始得舊本重刊之，世病其不便檢閱，亦不甚行，其板近日遂散失。然好古之士，固寶貴不置也。」按，此跋無年月，但其另一跋題「己卯正月二十五日」，則兩跋應相距不遠。此爲乾隆二十四年之事也。

奉爲了瑰寶〔註76〕。由此可見學術風氣之變化。

學術風氣的轉向自然逃不出有識商賈的眼睛，所以刊印《說文》在此時也被提上了日程。段《訂序》云：「毛氏所刊版，入本朝歸祁門馬氏在揚州者，近年又歸蘇之書賈錢姓。」顧湘《汲古閣刻板存亡考》亦云：「板向存蘇州錢錦開書坊。」所謂「錢姓」「錢錦開」即乾、嘉時期著名的書賈錢聽默，《藏書紀事詩》卷七有傳〔註77〕，黃丕烈、顧廣圻竭力推崇之。其所開萃古齋書坊，刊印兼銷售古書，最爲知名。據上引段、顧兩說可知，毛氏板片歸揚州馬氏之後，又輾轉歸錢氏所有了。段《序》作於嘉慶二年，其既云「近年」，當然距是年不遠了。今幸好有萃古齋刊印之本存世，故可一識其眞面目。今觀是本，版式、字體及卷端題名與此前毛氏汲古閣本皆同，前有《標目》二卷，末附毛扆跋及 11 則有關《說文》論述。卷十五末有「後學毛晉從宋本校刊 男扆再校」一行。裏封題「北宋本校刊 說文眞本 汲古閣藏板」，而「北宋本校刊」下所鈐「姑蘇萃古齋書坊發兌印」朱文方印可證，其確實爲錢氏萃古齋所刊。

如果僅據以上特徵，的確可以推斷出其是依毛氏舊版刊印的。但是仔細檢其正文諸字，卻並非如此。筆者以爲錢氏在刊印此書之時，肯定是參照朱氏刻本進行修版的。因爲凡朱本與別本有異者，往往與此本相同。如前面所舉卷一「茜」字下，二本皆作「讀若■」；卷二善字下，二本皆作「此義與美同意」；卷八般字下，二本或訛作「比潘切」等。但亦偶有二本相異者，如卷十四下「䦼」字下，朱本「籀文嗌字」，此本則作「隘」，與趙靈均抄本同。同卷「去」字下，朱本作「去如其來如」，此本則作「突如其來如」，與諸宋本同。這說明錢氏在校勘時，除了朱本之外，還參照過別的本子進行

〔註76〕按，同治十一年刻《汲古閣說文訂》在段序末有嘉慶二年袁廷檮跋，云：「段若膺先生云：『今海內承學之士，戶讀毛氏此書而不知其惡。』」段氏之說應該是在嘉慶二年以前說的，也說明當時讀《說文》已成爲一種趨勢了。又，嚴可均在嘉慶五年爲其《說文訂訂》作的序中云：「《汲古閣說文訂》一卷，金壇段君若膺篡。其助之者，吾友又愷袁氏也。段君素以治《說文》有聲於時，嘉慶三年此書流播都下，都下翕然稱之。」區區幾頁《汲古閣說文訂》居然在刊刻的次年就「流播都下」，且爲京師學者「翕然稱之」，這說明了什麼呢？筆者以爲這其實也已經暗示了當時學者已經比較關注《說文》一書，並且《說文》刊行已經非常流行了。否則段氏《訂》不至於產生如此大的轟動的。

〔註77〕葉昌熾：《藏書紀事詩》卷七，北京：北京燕山出版社，1999 年，第 588～589 頁。

校改。考《蕘圃藏書題識》卷一於「說文十五卷　校本」條下云其在乾隆五十五年曾從錢氏那裡借得「手校《說文》善本」〔註78〕，筆者以爲即錢氏萃古齋印本。對於此本，黃氏又云：「今人校書多據宋本，亦有高下之別。即如《說文》，汲古閣校刊據北宋本，而錢君所據以校汲古閣本者，又爲麻沙宋本。是二本安不有瑕瑜耶？金壇段君玉裁爲今之名儒，取錢君校本於宋本之謬者旁抹之，誠爲有識。」〔註79〕據此可知，錢氏在校刊時還參照過宋本《說文》〔註80〕。但黃氏以爲此宋本是「麻沙宋本」，與毛氏所據「北宋本」有高下之別，暗含之義即以爲錢氏參據之本質量並不是很高。今此本與朱本有異者，蓋有據此「麻沙宋本」校改者。

　　錢氏印本後來被段玉裁稱爲「第五次剜改本」。在段《訂》中，段氏雖然對之多加指責〔註81〕，但亦偶有贊同者。後世學者則一概加以否定，直至現在，「剜改本」一詞簡直成了汲古閣本的一個惡名！而且還將校改之字一概歸罪於毛扆，毛扆也成了妄改《說文》的罪魁禍首。但從現在看來，汲古閣版經眾人之手歷次刊印，其間的種種修改顯然並非毛扆一人所爲。我們強加給他的種種「罪行」顯然有失公允。

五、嘉慶以後印本

　　乾隆中期以後，學者所藏多爲大興朱氏刻本。而自錢氏萃古齋印本刊行之後，二本遂並行於世，而後者更有取代前者之勢。特別是嘉慶二年段《訂》刊刻之後，至少在學界已經很少提及大興朱氏刻本了，而「剜改本」則不時出現在諸家的著作中。今存世的在「剜改本」上進行批校題跋的本子，著錄在《中國古籍善本書目》中就多達四十多種〔註82〕。其中既有桂馥、王筠這樣的大家做的批校，也有一些無名氏過錄名家之批語。爲什麼他們喜歡在這

〔註78〕（清）黃丕烈《蕘圃藏書題識》卷一，《黃丕烈藏書題跋集》，第50～51頁。
〔註79〕同上。
〔註80〕按，此本今藏湖南圖書館，有錢氏鈐印，還有毛扆鈐印。筆者推斷毛扆亦曾據此本參校過。
〔註81〕按，黃丕烈《蕘圃藏書題識》稱「金壇段君玉裁爲今之名儒，取錢君校本於宋本之謬者旁抹之，誠爲有識。」據此可知，早在乾隆五十五年，段氏即對此本加以校改了。今《說文解字讀》所存零星校字中所謂「汲古刻大徐本」應即此本，如「後」字條。
〔註82〕按，《中國古籍善本書目》中著錄的《說文》名家批校題跋本有一些可能是汲古閣早期的版本，但大多數都是後世的「剜改本」。其中有一部分校語寥寥，其實並不能稱之爲善本。

種版本上作批註呢？很顯然這種本子已經成爲了當時的通行本了。

錢氏萃古齋印本不知在當時印刷過幾次，但從存世的版本看，很多里封上並無萃古齋發兌的鈐印，而且有些字跡比較模糊，應該屬於後印本了。國圖藏有一本題爲「佚名校，袁廷檮跋」的所謂「初印本」，除了統計卷內篆文（或重文）字數及正文內有若干差異外，餘皆與後世傳本同，這可能就是萃古齋本之初印本〔註83〕。

錢氏的卒年，沈津先生《此調書林今絕響——書估錢聽默與陶正祥》一文推斷是嘉慶六年至七年之間〔註84〕。之後汲古閣板又流於他鄉。顧湘《汲古閣刻板存亡考》云：汲古閣《說文》「板向存蘇州錢錦開書坊，今在揚州，字已漫漶。」〔註85〕按，此書刻於道光二十一年，文內既云「今」，則此時汲古閣版已歸揚州，且字已不清。潘天禎先生據此推斷「不會再印了」〔註86〕，所言甚是，因爲嘉、道之後至少在國內確實幾乎沒有翻刻汲古閣本的活動了〔註87〕。而之前一直默默無聞的大興朱氏刻本則在張之洞的影響下開始流行起來了〔註88〕，如清同治十年刻本、清光緒二年川東官舍刻本等。尤其是前者，裏封既題「北宋本挍刊　說文眞本　汲古閣藏板」，又題「同治辛未年

〔註83〕按，董婧宸《傳抄、借閱與刊刻：清代〈說文解字〉的流傳與刊刻考》（北京師範大學博士後研究報告，第202頁）稱此本爲「汲古閣剜改本的早印本」。本書第三章和第四章相關章節也有相關討論，可參看。
〔註84〕沈津：《此調書林今絕響——書估錢聽默與陶正祥》，見其博客《書叢老蠹魚》http://blog.sina.com.cn/s/blog_4e4a788a0100czsf.html。
〔註85〕（清）鄭德懋編，顧湘校：《汲古閣刻板存亡考》，清道光二十二年顧湘小石山房刻本。
〔註86〕潘天禎：《汲古閣本〈說文解字〉的刊印源流》，《潘天禎文集》，第264頁。
〔註87〕國外則有日本文政九年（1826道光六年）昌平學翻刻本。但翻刻時多有改動，如「茜」字下作「讀若陸」，卷八上裻字下作「裻衣示反古」，凡原本中有空缺者皆已補字。
〔註88〕按，姚覲元《說文解字跋》（《說文詁林補遺·前編上·序跋類一》，第8頁）云：「大興朱氏視學安徽，依宋本重付開雕，較之毛氏頗有訂正。其版完好，至今尚在京師。同治十三年，南皮張太史香濤督學四川，以古學教授博士弟子，一時好學之士群知古籍可貴，互相搜訪。於是成都書賈景朱本重刻一版，合州書賈傚之，亦刻一版。市儈牟利而吝於貲，刻工既劣又不知校讎，顛倒脫亂，至不可卒讀。」又，張之洞《桂氏說文義證序》（《張文襄公古文書札駢文詩集》，民國十七年刻張文襄公全集本）云：「段、桂兩書奧矣，萃矣，許學備矣。特其卷幅並皆縣重，初學者恒苦其難，而貧士每病其費，莫若取大興朱氏仿汲古閣大字本重雕其文，簡其工省，俾求進於此者得之以爲津梁，而更從事於段桂兩家之書以窮其堂奧，小學之興庶有冀乎？」

新鐫　許氏說文　較正無譌」，而開篇即大興朱氏之序。這是否說明當時是掛著汲古閣本的牌子爲大興朱氏本做廣告呢？或者說二本在當時一般的士子中已經難以分辨了〔註89〕。不過筆者在南京圖書館曾見一本（索書號爲「20537」），函套書簽題「仿宋說文解字」，下鈐「書業德新發兌」朱文方印。紙質差等，文字呆滯，顯然爲後世翻刻本。筆者初檢其卷一上卷端題名，以爲是汲古閣本。但翻至卷一下，其第三行卻增加了「大興朱氏依宋本重付開雕」一行，而卷五又無此一行了，以後諸卷亦如是摻雜。據此初步推測其是據朱本翻刻的，然刻印不審，故卷端時有遺漏。可是再檢其正文，卷十四下「𨷾」字下作「隘」，又與汲古閣本同了。這是否說明此本在刊刻時是參合二本而成的呢？不過，從《中國近代古籍出版發行史料》中所收的晚清書坊營業書目看，大興朱氏本與毛氏汲古閣本（題作「說文眞本」）在大徐本《說文》的眾多版本中佔據了很大的比重，甚至超過了依宋本翻刻的孫氏平津館本和額勒布藤花榭本。這也說明了晚清時期二本尙在通行。

　　綜上所述，從毛晉在明末據家藏宋本上版欲刊，至其子毛扆在康熙中後期據原版校勘印行，再至乾隆前期揚州馬氏據毛扆校改版片重印，乾隆中期大興朱氏據揚州馬氏印本修訂翻刻，最後在乾隆末期蘇州錢氏萃古齋依毛氏舊版，參合諸本重校重印，汲古閣本走了一段非常漫長而複雜的路程。在此過程中，如果說毛扆是眞正刊印《說文》的始作俑者，那麼揚州二馬、大興朱氏是推動者，蘇州錢氏則是終結者。幾代人的陸續刊印中，內容的增改刪並是累加上去的，其中既有有意爲之，也有無意之訛，同時還有後世翻刻者新犯的錯誤〔註90〕。故而在探討汲古閣本時，我們不應該如清人那樣一味籠統地批判，而是根據不同版本特徵確定到底時哪個階段的汲古閣本做出的校改。

　　如果再深一層看的話，毛氏汲古閣本在清代的歷次刊印，其實都跟當時的學術背景息息相關的，特別是與小學的興衰最爲密切，這是大徐《說文》之所以被刊行的內在動因。

〔註89〕　按，前引張之洞同治九年《桂氏說文義證序》既云「莫若取大興朱氏仿汲古閣大字本重雕其文，簡其工省」，又云「或謂毛斧季取宋本拓大其字，不守古式，不可用」，似乎其以爲大興朱氏本與毛氏刻本並無二致。

〔註90〕　鈕樹玉在嘉慶十年爲其《說文解字校錄》作的序中云：「惟大徐定本，今流傳最廣者，乃毛氏翻刊本。而毛本又經後人妄下雌黃，率以其所知改所不知，古義微矣。」所謂「後人妄下雌黃」，可知時人已知有些錯誤非始自毛扆。

第三節　汲古閣本的價值

　　自段《訂》出，汲古閣本便受到了嚴厲的批判。特別是「剜改本」這一諢號，不僅使毛扆成爲了毀壞《說文》原貌的千古罪人，而且也使汲古閣本成了《說文》諸本中劣本的代表。雖然所謂的毛氏「初印本」稍稍能緩其罪過，但亦無法抹去這種壞的影響。那麼，毛氏汲古閣本（含毛扆初刻與後世重印諸本）真的就那麼不值一提嗎？筆者以爲並非如此，反而其功勞頗大。至少其有以下幾方面的價值。

　　首先，毛氏汲古閣本是大徐本《說文》在清代出現的第一個刻本。它的刊刻，不僅使湮沒數百年之後的大徐本重見天日，更使世人從此能夠一睹始一終亥本之原貌。

　　我們知道，大徐本《說文》自北宋雍熙年間刊行之後，直至清代之前並無刊本。期間雖經南宋與元陸續有所修版，但所行並不廣。數百年間流行者乃始東終甲的李燾《五音韻譜》，而且在明代幾經翻刻，以至學者長期以來皆以爲大徐原貌即如此。段《訂序》中「自李氏《五音韻譜》出而鉉書又微。前明一代多有刊刻《五音韻譜》者，而刊刻鉉書者絕無。好古如顧亭林，乃云『《說文》原本次第不可見，今以四聲列者，徐鉉等所定也』」說的就是這個事實。而自毛氏汲古閣本刊行以來，學者們「得鉉本謂必勝於《五音韻譜》」，這種獲知《說文》原貌的喜悅自然不可言喻。所以，站在《說文》學史的角度上看，毛氏汲古閣本的刊剜實際上是具有開創之功的。如果沒有它的出現，清代學者的《說文》研究可能會不知滯後多少！正如潘祖蔭《丁刻仿宋本說文解字敘》中所說的「汲古毛氏能於時文帖括叫呼社學之時刊五百冊部之文，復始一終亥之本，勤守宋槧，景寫古文。平心而論，厥功亦偉」。〔註91〕亦如葉德輝在《書林清話》卷七中所說的毛氏「刻《說文解字》一書，使元明兩朝未刻之本，一旦再出人間，其有功於小學，尤非淺鮮」。〔註92〕二人之論出現在乾嘉考據學衰落的清末，代表了時人對毛氏汲古閣本的反思。

　　其次，毛氏汲古閣本對前代有關《說文》之研究進行了總結，使後人可見前人研究概況。

　　傳世的毛氏汲古閣本在卷十五末附有毛扆識和其所輯錄的 11 則有關《說文》的論述，雖然筆者以爲其中頗有錯亂訛誤，但是這種有意識地歸納

〔註91〕丁福保：《說文詁林補遺前編上·敘跋類一》，第 10 頁。
〔註92〕葉德輝：《書林清話》卷七，第 190 頁。

輯錄前人觀點的行爲本身便是難能可貴的。就毛扆跋中觀點而言，開篇即云「《說文》自《五音韻譜》盛行於世而始一終亥眞本遂失其傳」，既而駁斥《五音韻譜》四聲五音不分的說法，與後來清代學者的觀點何其相似？如徐堅《重抄說文繫傳序》云：「至李氏燾乃割取《說文》字，始東終甲，編爲四聲，而名之爲『五音韻譜』，則是四聲五音之不分，其謬已甚。」〔註93〕按，此說簡直是在沿襲毛扆之說。又如大興朱氏重刊本《說文解字敘》云：「自李燾之《五音韻譜》作而部分紛然，自亂其例矣。」又，王筠《復翟文泉書》云：「苟如巽岩之《韻譜》，則不古不今之作也。」〔註94〕大興朱氏之序爲王念孫代擬，王念孫、王筠爲當時《說文》名家，其論及《五音韻譜》則與毛扆觀點相似。毛扆之前，學者少有論及《五音韻譜》之非者，毛扆之後，則駁斥者隨處可見。這是因爲毛扆之前學者未見始一終亥本《說文》，而誤將《五音韻譜》當作《說文》眞本故也。所以，從這角度看，毛扆之跋實是一篇開後世論《五音韻譜》之文也。而其所輯錄的 11 則前人論述，據其云是「以備博覽之一助」，實際上可以說是總結前人研究《說文》的成果。雖收集並不很全，但這一做法在客觀上卻啓發了後人。如桂馥《說文義證》卷五十附錄與附說，王筠《說文句讀》卷三十附錄等，皆在竭力收集歷代有關許愼及《說文》的材料，可謂更加完備。所以從這一點上，毛扆的做法也是開先例的。

第三，毛氏汲古閣本翻刻時對《說文》進行了校勘，其校勘方法則爲後人所承襲。

段《訂序》云：「考毛氏所得小字本與今所見三小字本略同，又參用趙氏大字本。四次以前微有挍改，至五次挍改特多，往往取諸小徐《繫傳》，亦間用他書。」按，段氏所說的「四次以前」云云乃是其猜測之詞，其實其參據的「初印本」已經略晚於南京圖書館所藏毛扆校本了。今參考後者可知，很多被段氏指出的「剜改本」之異文，其實早在毛扆刊刻時就有了，甚至可追溯到毛晉刊板。今舉幾例如下：

1. 卷一下艸部「莀」字下，《訂》云：「宋本銚皆作跳，疑誤。」不云「初印本」如何。今按，毛氏原刻正作「銚弋」，與後世汲古閣本同。

〔註93〕 （清）王昶：《湖海文傳》卷二十二序，清道光十七年經訓堂刻本。

〔註94〕 （清）王筠著，屈萬里、鄭時輯校：《清詒堂文集》，濟南：齊魯書社，1987 年，第 125頁。

2. 卷一下艸部「茗」字下，《訂》云：「宋本牛作井，誤。」亦不云「初印本」如何。今按，毛氏原刻作「牛」，與後世汲古閣本同。

3. 卷三上干部「干」字下，《訂》云：「宋本、葉本如此，趙本《五音韻譜》皆作『讀若飪』，似與下言稍甚也相合。」今按，毛氏原刻作「讀若飪」，與後世汲古閣本同。

以上 3 例中，段氏以爲宋本刊刻有誤，暗含之義即毛氏的校改是正確的。而這種校改，是發生在毛扆刊刻之中的，而非出現在後世「剜改本」。像這種校改，雖然發生在刊刻階段，但稱之爲對《說文》的校勘亦無不可。所以，毛氏父子應該是最早對宋本《說文》進行校勘的人。

更可說明問題的是今存世的南京圖書館所藏毛扆校本，前文已有多處舉例。值得一提的是，此本不僅有直接針對其底本做出的修改校語，更有若干與底本無關的批註。如：

1. 卷三下「改」字，天頭批：「余止，《玉篇》。」
2. 卷八上「徇」字，天頭批：「徽徇受屈也。楚金謂《上林賦》賦文。考《上林賦》無此文,乃是《子虛賦》。二賦相聯，偶誤名。」

以上兩例中第（1）例，毛氏引小徐注明許慎訓詁之出處，又經檢尋而指出小徐所云有誤，顯然並非針對大徐本的。第（2）條引《繫傳》《玉篇》之文，是爲了指出《說文》以外的別家反切，也非對大徐本進行文本校勘。如果不考慮此本中那些「修細些」等修版的提示語的話，簡直與後世的名家批校本一般無二了。所以《中國古籍善本書目》著錄此本爲「清毛扆校」，在這個意義上是合情合理的。

不僅如此，毛扆的校勘方法也是值得探討的。前面所舉幾例中，毛扆所據有小徐本、《玉篇》等，是以小徐校大徐，以《玉篇》等校大徐，而後世中顧廣圻《說文考異》不正是如此嗎？《考異》卷一「一」字下「泰始」：「《繫傳》《韻會》始作『極』，《玉篇》引作『始』，與此同。」又，「福」字下「祐也」：「《繫傳》《韻會》『祐』作『備』。」〔註95〕這些僅引證諸書而不加判斷的文字，與毛扆校勘方法又何其相似！

所以，我們說毛氏是清代校勘《說文》的最早者。而其所用的校勘方法也是與後世學者暗合的。同時，其校勘時並非妄下雌黃的，而是有所依據的。

〔註95〕（清）顧廣圻：《說文考異》卷一，《顧氏說文學兩種》，浙江圖書館藏清潘錫爵抄本。

這一點就連段玉裁不否認，反而有時對之所改之字還加以肯定。

　　綜上所述，我們並不能因汲古閣本有所失誤而盲目批判，甚至忽略了其在《說文》學史上的地位和價值。正如王筠在《復翟文泉書》中所說的「總而論之，汲古初印與藤花、平津多合，然剜補亦多佳處，不得如段茂堂之一概抹殺」〔註96〕一樣，我們也應該平心靜氣地看待毛氏汲古閣本的得與失。

〔註96〕　（清）王筠著，屈萬里、鄭時輯校：《清詒堂文集》，第 125 頁。

第三章　毛氏汲古閣本《說文》現存的「初印本」

　　嘉慶初，段玉裁據兩部宋本、兩部影宋抄本及一本所謂毛扆校改的「初印本」等校通行的汲古閣本，撰《汲古閣說文訂》後，世人方知汲古閣本之謬，而世上另有較之更早的本子存世，於是校勘、研究《說文》的風氣始開。可以說，段氏此書對清代《說文》學的推動是非常大的。在這部著作裏，段氏提出的「初印本」「第五次剜改本」「四次以前」等等概念，不僅由時人及後人競相轉引，而且成為世人對汲古閣本評判的專門詞彙而深入人心，一直影響至今。但是可惜的是，由於在此書中段氏無意間的表述不清，卻留給了後人很多困惑和謎團。其中，爭議最大的就是所謂「初印本」和「四次以前」這兩個詞彙了。對此，清代以來尚爭議不大，但到80、90年代時，潘天禎先生連撰數文進行探討，而孔毅、楊成凱等先生亦先後撰文加以回應，這些問題才又重新回到人們視野。這幾位先生的論述應該是比較深入的，但是由於種種原因，尚有值得商榷之處。筆者擬根據相關資料較為全面地重新加以探討。同時，隨著國內外圖書館所藏古籍漸漸對外開放，獲取資源也相對比較容易，筆者又發現了幾部較早的本子，故一併加以探討。需要說明的是，為了表述清楚些，本章將對一些詞彙加以限定。文中所謂「汲古閣本」即通常所說的「毛氏汲古閣第五次剜改本」；「校樣本」即指早於前者的一些本子。而版本學上所說的汲古閣「初印本」從目前來看並沒有存世，故文內出現的此詞一律加引號。

第一節　段《訂》所記「初印本」

汲古閣說文訂序

說文解字一書自前朱而後有二本一爲徐氏鉉奉勅校定許氏始一終亥原本也一爲李氏燾所撰五音韻譜許氏五百四十部之目以始東終甲爲之先後雖大改許氏之舊而檢閱頗易部分未泯勝於徐氏篆韻譜遠矣自李氏而前有二本一即鉉校定三十卷一爲南唐徐氏鍇說文解字繫傳四十卷自鉉書出而鍇書微自李氏五音韻譜出而鉉書又微前明一代多有刊五音韻譜者而刊刻鉉書者絕無好古如顧亭林乃云說文原本朱第不可見今以四聲列者徐鉉等所定也嘻其亦異矣當明之末年常熟毛晉子晉及其子毛扆斧季得朱始一終亥小字本以大字開雕是亭林時非無鉉本也毛氏所刊版入本朝歸祁門馬氏在揚州者近年又歸蘇之書賈錢姓值至難得近杭州汪部曹啓淑雕版亦盛行今學者得鍇本謂必勝於鉉本得鉉本謂必勝於五音韻譜愚竊謂讀書貴於平心綜覈得其是非不當厭故喜新務以敵見者爲

最早提出汲古閣「初印本」這個詞彙的是段《訂》一書。在其序言中，他在交待了自己參校的幾個本子後說：

> 明經又出汲古閣初印本一，斧季親署云「順治癸巳汲古閣校改第五次本」。卷中旁書朱字，復以藍筆圖之，凡其所圈，一一刓改。考毛氏所得小字本與今所見三小字本略同，又參用趙氏大字本。四次以前微有挍改，至五次挍改特多，往往取諸小徐《繫傳》，亦間用他書。

據此，我們至少可以知道以下幾點：

1. 段氏是將一本有毛扆親署「順治癸巳汲古閣校改第五次本」的本子稱爲「初印本」的。需要注意的是，這是一種特指或專稱，並不是版本學上所說的「初印本」。一般而言，所謂「初印本」是相對後印本而言的，「專指雕版後第一次印刷的書」〔註1〕，「是一書正式發行後最早的印本」〔註2〕。而此本則有毛扆朱藍筆指導刻工改版，顯然尚在修訂，並不屬於這一類。由此可

〔註1〕趙國璋、潘樹廣：《文獻學辭典》，南昌：江西教育出版社，1991年，第473頁。

〔註2〕郭立暄：《中國古籍原刻翻刻與初印後印研究》，復旦大學博士論文，2008年，第37頁。

見，段氏所云的「初印本」帶有明顯的主觀性，並不一定符合實際。

2. 此本的正文有朱藍兩色筆進行批註：旁書朱字，藍筆圈之。這一方面暗示出此本並非最後的定本，另一方面結合「凡其所圈，一一剜改」這句話，似乎暗示了段氏在作《訂》時一定參考過此本上面毛扆的批校痕跡的，否則他怎麼知道「一一剜改」了呢？

3. 此本經段氏校訂後，發現其進行過大量校改。其校改時多據徐鍇《繫傳》之說，亦參用其他書籍。關於這一點，我們不知道是否此本上眞的有毛扆的提示，還是出於段氏自己的推斷。但無論哪個，都可以確定毛扆在校訂時是有理可據的，雖有失誤，但並非如段氏所說的「妄改」。

但是，由此也帶來一些疑問：

1. 據段氏云，「順治癸巳汲古閣校改第五次本」是「毛扆親署」的，他是如何得知的呢？又是如何知道是「順治癸巳」年校改的呢？

2.「五次校改特多」尚可通過毛扆朱藍筆跡看得明白，但是所謂「四次以前」又是什麼意思，段氏又是如何知道「微有校改」的呢？

正是這兩點，學者們才對此本的眞僞展開激烈的爭論的。潘天禎先生最先發問，在其《毛扆第五次校改〈說文〉說的考察》一文中，他根據南京圖書館所藏的一部「毛扆手校樣稿」中的題識和批校，斷定「周錫瓚所藏初印本上的順治癸巳『斧季親署』和朱藍筆校改，乃好事者的僞造，不是毛扆手筆。段玉裁的毛扆第五次校改《說文》說，乃是根據假證據提出的論斷，理當否定。」〔註3〕同時，又在《毛扆四次以前校改〈說文〉說的質疑》一文中進一步認爲「有『斧季親署』的初印本，乃是根據剜改後印本改過的字在書上『旁加朱字，復以藍筆圈之』，以充毛扆校改第五次的僞本。不過作僞者不仔細，漏掉了一些字，段氏發現後，強作解釋，提出『此蓋校改在四次以前者』一類推論，反爲證明作僞提供了佐證，這是段氏所未料到的。」〔註4〕這樣，既否認了段氏所據「五次校改」本的存在，又否認了「四次以前」的說法，批判的很是徹底。而之後的一些學者則並不認爲如此，如楊成凱先生針對潘文認爲段氏序文中所說的「斧季親署」云云是僞跡一說，認爲這段文字屬於間接引語，無法據此確定段氏所見原書「到底寫得是哪幾個字。段氏沒有說毛扆寫得就是這十三個字，而毛扆也不對這幾個字負責。」同時認爲「段

〔註3〕潘天禎：《毛扆第五次校改〈說文〉說的考察》，《潘天禎文集》，第229頁。
〔註4〕潘天禎：《毛扆四次以前校改〈說文〉說的質疑》，《潘天禎文集》，第237頁。

氏所見的毛斧季校改第五次本是第四次修版後的印本。」〔註5〕林宏佳則具體探討了有關段氏「初印本」「四次以前」等說法，認爲「段氏所謂『初印』是相對於剜改本而言的，凡在剜改本以前即視爲初印本」，而「四次以前」校改本則有兩種情形，一爲「初印本」與剜改本不同，但《訂》未明云「初印本如此」者，一爲段氏所據「初印本」沒有朱藍色筆校改，但卻被剜改了〔註6〕。這些觀點都對進一步研究段《訂》提供了很有意義的思路。

　　由上可見，關於以上兩個疑問，潘先生基本上持否定態度的。對於第（1）個疑問，楊先生雖然提出了一個較爲合理的理由，但是也是停留在推測。而林先生則拋開眞僞問題，而從《訂》的內容出發，著重解決第（2）個疑問，這是值得肯定的。

　　筆者以爲，既然段氏所據「初印本」我們無從看到，那麼，所謂「斧季親署」是否是毛扆筆跡的問題再怎麼論證也終究是在推測，而且由此來斷定內容的眞僞也失之於武斷。所以應該暫且擱置。而段氏所謂「初印本」「四次以前」「第五次剜改本」等詞彙由於影響深遠，以至於《訂》刊刻以來，學人幾乎深信不疑，甚至有進而尋找毛氏「三次」「二次」校改本的情況。所以必須加以探討。

　　從《訂》的整體上看，筆者認爲，在段氏眼中，其所謂的「初印本」應該是一個特定的詞彙，即特指有毛扆親筆題署「順治癸巳汲古閣校改第五次本」的那個本子，並非別有他本，所以與我們後世版本學上的「初印本」並不是一個概念。這個概念是相對剜改本出現的，而「蓋剜（挍）改在四次以前者」則是相對「初印本」出現的，二者不能混淆。

　　那麼，這兩個概念時如何被提出來的呢？

　　今觀其序文，蓋段氏以爲，此「初印本「既然題作「挍改第五次本」，那麼其底本應該是毛氏第四次刷印的本子，而據此本上朱筆藍圈批改意見剜改的本子就是當時流傳的「第五次剜改本」。同時，既然此爲第五次校改，那麼之前應該是校改過四次。但是其又未見過四次挍改之本，故在其《訂》裏就相應出現了兩個概念即「初印本」和「蓋剜（挍）改在四次以前者」。後者用「蓋」者，乃謹愼之辭；未明確指明到底是哪次修改，而籠統稱之爲「四次

〔註5〕楊成凱：《汲古閣刻〈說文解字〉版本之疑平議》，《北京高校圖書館學刊》，1998年第4期。
〔註6〕林宏佳：《〈汲古閣說文訂〉寫作模式試探：兼談汲古閣〈說文〉的評價》，《傳統中國研究集刊》第十一輯，2013年。

「以前」者，亦是謹慎之辭。

那麼，段氏是如何處理這兩個概念呢？或者說他是所根據什麼來判斷某字是第幾次剜改的呢？爲論述方便，今將該書有關四次以前剜改的條目列於下：

1. 卷一下「茚」字，段《訂》：「初印本如此。宋本、葉本、趙本、《韻譜》《集韻》《類篇》皆作『云』，獨汲古閣依小徐作『生』，此蓋校改在四次以前者。」

2. 卷一下「荒」字，段《訂》：「初印本如此。今作『掩』，此蓋剜改在四次以前者。」

3. 卷三上「諴」字，段《訂》：「宋本、葉本、趙本、《五音韻譜》《集韻》皆作不能。……今毛本《說文》『不』字作『丕』，蓋初刻時已誤，抑或剜板在四次以前者。」

4. 卷四下「岨」字，段《訂》：「宋本、葉本同。……今毛板有『放落』二字，蓋四次以前依明刊《韻譜》校補。」

5. 卷六上「桼」字，段《訂》：「兩宋本、葉本、趙本皆同。今剜改文字作『交』字，蓋在四次以前。」

6. 卷六上「枛」字，段《訂》：「『柔』，宋本不誤，他本及毛本並誤作『柔』，非也。『其皁』，宋本、葉本、趙本、《五音韻譜》《集韻》《類篇》皆同。今毛本依小徐作『其實皁』，此『實』字乃四次以前增也。」

7. 卷八上「侉」字，段《訂》：「宋本、葉本、趙本、《五音韻譜》《集韻》皆同。惟小徐、《類篇》訛作『備』。今毛本同小徐、《類篇》，蓋四次以前妄改。」

8. 卷八下「覓」字，段《訂》：「宋本、葉本、趙本、《五音韻譜》《集韻》並同，惟《類篇》及小徐『籲』作『尋』，誤。今毛本同小徐，此蓋剜改在四次以前者。」

9. 卷十二上「掖」字，段《訂》：「初印本『掖』後無『揅』，宋本、葉本、趙本皆同。今剜補『揅』篆。解云：『摩也，從手研聲，御堅切』。蓋依小徐校補者，在四次以前。」

以上 9 條中，（1）（2）皆明確云「初印本」、宋本等同，而與剜改本有異，故云「初印本如此」。（3）至（5），（7）(9)等雖然未明確說「初印本」的情況，但是從詞句上推測，應該也同宋本，這是一種情況。（6）條亦未提

及「初印本」，但從其「宋本不誤，他本及毛本並誤」一句推知，「初印本」應該與宋本有異，而同於剜改本，此爲第二種情況。第一種情況下，初印本與宋本等諸本一致，但與剜改本有異。如果翻閱全書，可以發現這種情況比比皆是，如卷一上「帝」「曩」「玉」等，格式皆同之。如此看來，應該也是「初印本如此」才對。但是，段氏卻偏偏在這幾條下認定是「蓋挍改在四次以前」，爲什麼呢？我們推測，最大的可能就是雖然這幾個字在剜改本中被改動過了，但是在段氏所據的「初印本」中，並沒有朱藍色筆的塗改意見。既然剜改本是據此「初印本」印刷的，按理來說，應該二本一致才是。但是情況恰好相反，剜改不在「初印本」，那麼自然而然就是在四次以前了。第二種情況，「初印本」與剜改本一致時，段氏亦認爲四次以前剜改的，這是如何理解的呢？我們認爲，在這種情況下，「初印本」中也一定是沒有朱藍筆塗改意見的。正因爲沒有，所以當與宋本等諸本有異時，既然剜改沒有發生在「初印本」上，那麼也就自然在四次以前了。據此類推，我們認爲，其應該還有屬於「蓋剜（挍）改在四次以前者」的條目，即在沒有朱藍筆塗改意見的情況下（注意這是個大前提），「初印本」或與宋本等同但異於剜改本，或與剜改本同但異於宋本等。如：

1. 卷十上「狐」字下，段《訂》云：「宋本、葉本『大』作『犬』，誤。」

按，考剜改本作「大」。此條段氏未云初印本如何，蓋與剜改本同也。所以其應該屬於「蓋剜（挍）改在四次以前者」。

2. 卷十一上「橫」字，段《訂》云：「宋本、葉本『小』作『水』，誤。」

按，剜改本正作「小」，而此條亦未云初印本如何，故初印本亦與之同，所以應屬於「蓋剜（挍）改在四次以前者」。

此外，筆者又發現一種情況，即「初印本」既異於宋本等，又異於剜改本，這應該也是屬於「蓋剜（挍）改在四次以前者」。

如卷十三上「蟄」字，段《訂》云：「按，宋本如是，初印『蟲』下空一字，後又依趙本補『蟲』字。」

今按，宋本作「蟲行毒也」，無空白。此條所謂「後」云云，蓋指剜改本。所以，這一條之「初印本」既不同於宋本，又不同於剜改本，屬於「蓋剜（挍）改在四次以前者」。

總之，段氏在判斷哪些是「初印本」，哪些是「蓋剜（挍）改在四次以前者」時，應該是參考過「初印本」上的朱藍色筆塗改意見的。可以說此《訂》

是以初印本為底本，參考《說文》諸善本及相關典籍而編纂而成的。所以，此本中「初印本如此」的條目佔據了絕對優勢。但「初印本」有與宋本等本一致而於剜改本有異的時候，有與宋本等本不一致反與剜改本相同的時候，也有與諸本皆不一致的時候，段氏在處理這些情況時，應該是反覆斟酌過「初印本」上的修改意見的，否則無法判斷哪些屬於「蓋剜（挍）改在四次以前者」。正因為如此，他才能夠得出「四次以前微挍改，至五次則挍改特多」的結論。

但是，事實上，如果剜改本真的是據此「初印本」的意見修改而成的，那麼就不應該出現二本不一致的情況。現在出現了，反而讓人懷疑此「初印本」是否即真正的「初印本」了。這便是潘天禎先生最大的一個疑惑。但是他並沒有繼續探討下去，而是一口咬定此是一個偽本，並且還指出作偽的方法〔註7〕。但是豈不知他的解釋反而暴露了其論述的缺陷。我們認為，潘先生的懷疑是值得肯定的，但是正如林宏佳指出的那樣，這未必符合段氏的心理。在段氏心理，顯然並未真正考慮過二者的關係。所以為了彌補這些不相一致的情況，「蓋剜（挍）改在四次以前者」這個詞語也就出現了。這樣我們就可以明白了，世上根本就沒有所謂的「四次以前」挍改的本子，而不過是段氏方便描述一些不容易解釋的情況而使用的一個詞語而已。所以我們也無需找什麼「三次」、「二次」的本子了。而所謂的「第五次挍改本」，從目前來看，其本質上屬於後世通行本刊刻之前的一個校樣本。所以後世的「第五次剜改本」這個詞語是名不副實的，應該予以拋棄（因為通行本並不是據「第五次挍改本」刊刻的），而統一著錄為毛氏汲古閣刻本。

最後，還得需要指出一點，從整體上看，段《訂》主要在於判斷是非，並非校訂異同。所以，我們可以看到，其對於某字的正誤特別在意，有時不

〔註7〕潘天禎《毛扆四次以前校改〈說文〉說的質疑》（《潘天禎文集》，第237頁）云：「有『斧季親署』的初印本，乃是根據剜改後印本改過的字在書上『旁加朱字，復以藍筆圈之』，以充毛扆校改第五次的偽本。」照這麼說，此「偽本」應該出現在剜改本之後（據潘先生云在康熙五十二年之後），嘉慶二年段玉裁撰《訂》之前了。但是從文化背景看，《說文》在當時並不怎麼流行，所以才有了朱筠重刊本。既然這樣，好事者又何必作偽呢？再說，潘先生的這個解釋雖然說明了《訂》中「初印本」與剜改本同而異於宋本等的情況，但是卻忽略了大量的情況是「初印本」同於宋本而異於剜改本，對於此不知潘先生又如何解釋呢？筆者以為，如果出現偽本，也應該是在《訂》刊行之後的事了，此時對《說文》的研究才漸漸興盛。而在此之前則不大可能。

惜數百字反覆證明某字當作某字。而在版本方面相對有些隨意，如卷四上鳥部「焉」字「朋者羽蟲之長」條，《訂》云：「周氏宋本『長』作『屬』，誤」，其實查核一下王氏宋本，也是寫作「屬」字的。而段氏對後者隻字不提，正說明其校勘上的不嚴謹。關於這一點，其實當時顧廣圻便已舉出數例來說明了，並進而云「可訂而未經載入者又往往有」〔註8〕。所以，我們在使用此書時，千萬不能將之奉爲圭臬。

第二節　南京圖書館所藏校樣本

南京圖書館所藏之本共三種，目前僅潘天禎先生一人對之進行專門研究〔註9〕，其他人不過相互轉引而已。在本書第二章，筆者曾經介紹過潘先生所云第一種，可參看。結合潘先生所撰的四篇文章〔註10〕，我們可以大致瞭解

〔註8〕見《說文解字》清光緒七年淮南書局刻本所附顧廣圻識語。

〔註9〕按，郭立暄《中國古籍原刻翻刻與初印後印研究》（中西書局，2015 年，第347～349 頁）、董婧宸《傳抄、借閱與刊刻：清代〈說文解字〉的流傳與刊刻考》（北京師範大學博士後研究報告，第 202 頁）亦有相關介紹和引用，並非專門研究。

〔註10〕即《毛扆第五次校改〈說文〉說的考察》（圖書館學通訊，1985 年第 2 期）、《毛

這三個本子的基本情況。由於三本中第一種情況比較複雜，故今詳述之，餘二種則略之〔註11〕。

　　此本潘先生稱爲「原刻校樣稿」〔註12〕，索書號「GJ115366」，15 冊。凡十五卷，每卷分上下二子卷，版式同常見汲古閣本。但前無裏封，後無毛扆謹識和其節錄 11 則有關《說文》之論述〔註13〕。正文及天頭有朱筆批校，間有藍筆或墨筆。各卷卷末或有毛扆題識，凡 16 則，今依次列於下：

(1) 卷二上末藍筆批：乙酉中秋前一日，早稻登場，塵坌中閱此。扆。

(2) 卷二下末藍筆批：乙酉中秋日，崑山返棹，閱完此卷。毛扆。

(3) 卷五上末朱筆批：甲申三月晦，閱此卷，正一字：說。省庵。

(4) 卷五下末朱筆批：甲申三月晦，閱。省庵。

(5) 卷六下末朱筆批：甲申四月朔，閱此卷。是日西北風，老農占驗，其應必潦，殊有杞人之憂也。省庵。

(6) 卷七上末朱筆批：三月二十六日上午閱。

(7) 卷七下末朱筆批：三月二十六日閱，精神困倦，恐多掛漏。

(8) 卷八上末朱筆批：甲申三月二十五日巳時閱畢。正五字：聞、偷、備、取、厄。省庵記。

(9) 卷九上末朱筆批：甲申三月二十三日，雨窗閱。多所是正。

(10) 卷九下末朱筆批：甲申三月二十四日，閱竟此卷。省庵。

(11) 卷十上末朱筆批：甲申三月二十九日，修過再閱。

(12) 卷十下末朱筆批：甲申三月二十二日，閱此卷。

(13) 卷十一上末朱筆批：甲申三月二十有一日，昳窗閱此卷，正二字：千、木。省庵。

(14) 卷十一下末朱筆批：泊莫閱此卷。省庵。

扆四次以前校改〈說文〉說的質疑》（圖書館學通訊，1986 年第 3 期）、《汲古閣本〈說文〉的刊印源流》（北京圖書館館刊，1997 年第 2 期）、《毛扆書跋拾零（附僞跋）》，分別收錄於《潘天禎文集》第 226〜228；232〜236、244〜245；250〜255、286〜288 頁。

〔註11〕按，據《中國古籍善本書目》和該館書目系統著錄，潘先生所謂「初印甲本」爲（清）孫星衍校並跋、清顧廣圻、洪頤煊校；「初印乙本」爲（清）陳奐跋（6 冊，索書號「GJ/114967」）。

〔註12〕按，郭立暄、董婧宸分別稱此本爲「試印本」「汲古閣本試印本」。本文從潘天禎先生之說而略改之，稱之爲「校樣本」。

〔註13〕按，這些附錄資料不知原書沒有，還是有所散佚，潘文沒有交待。

（15）卷十二上末朱筆批：閱一過。省庵。

（16）卷十三下末墨筆批：甲申四月二日，燈下復閱一過。正當戌時立夏之候，德兒侍後。省庵。

按，諸題記中所正 8 字，正文皆在相應位置上朱筆圈去原字，而在天頭上批之。另外，在文內除了大量的朱筆修正筆劃的批改外，天頭處尚有「修斷」「修細些」等提示及 7 處據《繫傳》《五音韻譜》《玉篇》等校正的批語。卷十五下末所題「有明後學毛晉從宋本校刊 男扆再校」十五字，「有明」二字墨筆圈去，而在天頭處朱筆批「鑿深些」。

根據以上信息，潘先生斷定此本即原刻校樣稿。那麼何謂「原刻校樣稿」呢，據其相關文章推知〔註14〕，就是毛扆在康熙四十三年（1704）、四十四年（1705）的手校樣稿，之後皆據此修版刷印。如果再去掉「有明」兩字，添加毛扆謹識及 11 則論述的話，就變成了汲古閣本的初印了。這樣看來汲古閣初印本與「原刻校樣稿」除了附錄和內容個別字有異外，其他應該沒有什麼差別的。但是，這裡有三個問題值得探討：

（1）此本其實分兩部分：底本和批改題識文字。根據諸卷題識，我們可以知道此本校改的時間，但是其所據底本又是何時刊刻的呢？觀其底本，除了附錄外，內容完整無缺。如果說此本成於康熙四十三年至四十四年，那麼可以推測，在此之前其所據底本肯定已經刻成了。而且毛扆在卷十五末所題的「有明」二字提示「鑿深些」，顯然是出於避諱才要求修版的。而潘先生認為在毛晉卒後，書版雖未完成，但是「上版書稿當已寫完」，同時又說「毛扆分得者乃未刻竣的書版及手寫上版的全書寫樣」〔註15〕，筆者覺得很值得商榷，既然「未刻竣」，那此本之底本何時刻竣的呢？退一步來講，毛晉卒於順治十六年（1659），其時毛扆 20 歲。既然此時上版稿本已經完成，那麼何必等到四十多年後「鬻田而刻成」呢？〔註16〕

（2）潘先生在文中談到其所說的「初印甲本」和「初印乙本」時，僅僅根據毛扆在「原刻校樣稿」中所批的那幾個字是否已被改動便判斷出了三本之間的關係，是否失之武斷呢？如果其中的兩本在其他文字方面仍然有差異的話，那又該如何解釋呢？

〔註14〕見前引潘天禎《汲古閣本〈說文解字〉的刊印源流》一文。

〔註15〕見前引潘天禎《汲古閣本〈說文解字〉的刊印源流》一文。

〔註16〕按，據筆者推測，其刊刻《說文》大概受到了朱彝尊的影響。關於此，見本書第二章相關內容。

（3）潘先生認爲毛扆刊刻時並沒有進行剜改，後世出現的剜改本可能是由祁門馬氏刊印的。那麼，剜改後印本與毛扆初印本之間有何區別呢？目前我們知道的是，上面所舉毛扆批改的那幾個字應該不算剜改。而凡是「邊頭增一小字」的，或者段《訂》中有提示的〔註17〕就是剜改本。但是潘先生已經撰文否認了《訂》所據「初印本」，現在將之拿來作爲判斷是否是剜改本的依據，豈不很矛盾？筆者覺得應該將後世的剜改本與南圖三藏本進行對比才更合理。

據上三問，筆者以爲潘先生所説的「原刻校樣稿」是不成立的，而據以刊印的「初印本」的特點也是推測出來的。爲什麼潘先生要將毛扆刻本與後世剜改後印本進行區分呢？或者説他爲什麼要斷定毛扆不是剜改本的主持者呢？筆者以爲，這是跟他過信毛扆的刻書質量和校勘態度有密切關係的。在他的這些文章裏，他一則説毛扆自稱「余篤好小學」，再則云滎陽悔道人曾贊「斧季精於小學，最知名」，三則引毛扆校《中吳紀聞》《松陵集》的跋語等説明毛扆是一位精於小學且校勘謹慎之人，這是個前提。由此他斷定剜改本並非出自毛扆之手，而是另有其人，這樣的話毛扆初印本當然與剜改後印本有了明確的區分。同時，在沒有進行詳細對比的情況下，貿然據南圖三藏本來否認其他印本的做法也是出於這種心理。

筆者以爲，毛扆是否精於小學不能光看別人評價，只要從「原刻校樣稿」中所錄毛扆的批校語中便可知道。從整體上看，其側重修正底本筆劃，而對於兩本互異之字則頗難取捨，故可稱之爲勤勉的校勘者，不可謂有識之小學家。如「溠，荊州浸也」條批「按，《周禮》『溠，豫州浸也』，作『荊』恐誤。」這是據《周禮‧職方氏》校《説文》，懷疑「荊」是「豫」之誤。但是又藍筆批「《繫傳》亦作荊」，卻陷入了兩難之中了。又如「嬰，陰嬰也」條批「《繫傳》作『婬』，要考。《玉篇》亦作『婬』。」「陰」「婬」二字哪個正確，還需「要考」，始終拿不定注意。可見其批校《説文》僅限於校異同，而難定是非。當然文中也有改動者，如卷八上「𦥔」字下「尼見切」，朱筆改爲「尼厄切」，今存諸宋本皆同原刻，惟《五音韻譜》作「尼𠨍切」，厄、𠨍古通用，是毛扆據此書改原刻也。卷十二下「瓵」字「上封切」，朱筆改爲「與封切」，今存諸宋本及《五音韻譜》皆作「上」，則不知所據也。如果毛扆這樣不算剜改，而非要説後世剜改本才算剜改的話，豈不是強詞奪理？

〔註17〕見本書第二章相關內容。

　　筆者推斷，所謂「原刻校樣稿」之「原刻」應該指其所據底本而言，其本身跟段《訂》所據同樣屬於校樣本之一。別的先不說，單說諸卷末後毛扆題識，雖然潘先生早已發現在時間上是排列混亂的，但是給出的解釋是「所以出現這種情況，只有在刻書過程中才可能有，邊刻邊校，先刻好先校，所以不能循序校閱。」結合前面所引「毛扆分得者乃未刻竣的書版及手寫上版的全書寫樣」這句話，既然毛晉在時書版「未刻竣」，起碼刻完一部分了吧，而「邊刻邊校，先刻好先校」似乎給人一種毛扆方進行刻版的感覺。筆者以爲識語時間上的混亂並不只是體現在刻書過程，還體現在修版校改過程中。從毛扆所列 16 則識語看，其批校應該是隨機的，故非依照卷次逐卷校閱，亦非卷卷都有題識。而且批校時間也不固定，有時一天兩卷，有時數天一卷，甚至半年之後又閱一卷，並非集中校閱。這樣一種校勘態度和方法恐怕並不是發生在刻書過程吧？

　　所以，如果說有「初印本」的話，「原刻校樣稿」的底本近似，因其更接近宋本。此本刊刻後毛扆肯定有過多次修版改訂，潘先生所謂「原刻校樣稿」「初印甲本」「初印乙本」等皆是，而傳世的「剜改本」的底本應該算是最後的定本了，因其有毛扆謹識及所附 11 則論述。但是需要注意的是，同樣的「剜改本」亦有若干差異，這可能就是毛扆卒後書版一再轉手重印造成的。如果沿用舊說將毛扆刻本稱爲「剜改本」的話，那麼，我們可以說其有剜改初印和剜改後印的區別。前者爲毛扆所刻，後者乃別家重印所改也。

　　另外，需要說明的是，潘先生所說的「初印本」的概念，其實是在斟酌南圖藏本與剜改本後才提出來的。因爲「初印甲本」「初印乙本」皆不附毛扆謹識及 11 則論述，而後世剜改本皆有之。而他又不承認毛扆剜改。那麼，如何將毛扆刻本與後世剜改本聯繫在一起呢？只能提出「初印乙本」（毛扆未剜改）＋毛扆謹識和 11 則論述（剜改本所有）＝「初印本」這樣一個模式了。其實，如果從我們上面討論看，早在「原刻校樣稿」中，毛氏就已經有了剜改的情況了（而且改後之字同後世剜改本），只不過潘先生不願承認罷了。今據筆者所見，再舉幾例如下：

1. 卷一上玉部「球」字下，諸宋本作「玉聲也」，此本作「玉磬也」，剜改本與之同。

2. 卷二下辵部「訓」字下，諸宋本作「延行也」，此本作「視行也」，剜改本與之同。

3. 卷三下鼌部「鬼」字下，諸宋本作「从鼌甲」，此本作「从鼌甲聲」，
剜改本與之同。

4. 卷四上鳥部「鳳」字下，諸宋本作「虎背」，此本作「龜背」，剜改本
與之同。

5. 卷七禾部「秄」字下，諸宋本作「續若」，此本作「讀若」，剜改本與
之同。

以上諸字毛扆皆無朱筆批改，說明其認可原版修改之字，故後世汲古閣
本皆如是刻。如果這不算剜改的話，那什麼是剜改呢？

最後，需要補充一點，此本《標目》下有「曾在趙次疢處」白文方印，
潘先生已說明是常熟趙氏舊山樓舊藏。按，今檢趙宗建《舊山樓書目》，有「毛
刻說文解字缺第三本　五本」〔註18〕的記載，不知是否即此本。又書末有顧葆龢
手跋兩則。按，有關顧氏的生平，潘先生似乎失考，故僅云「清末民初常熟
的一位古書愛好者」。今考諸書，乃知其是清末藏書家顧湘之孫，並非一般藏
書愛好者。其《小石山房佚存書錄》便錄有此本及其跋文〔註19〕。據此目首
附自序及葉德輝序可知，葆龢字瀾摯。此本蓋其晚年所收，非承自其祖也。

又，潘先生曾據顧跋，否認此本為「第三次覆勘者」。那麼，顧氏為何有
此一說呢？潘先生推斷說「大致他認為既有『毛斧季五次修改』，又有『斧季
第四次手校樣本』，他所得的『寶貴奇書』，理當是『斧季第三次覆勘者』了」。
雖然推測的有點道理，但為何他不說是第一次、第二次，非要說是第三次覆
勘呢？筆者以為他應該是大致比對過段《訂》和淮南書局本的。三本之中有
同有異，而此本異處更多，故云第三次。今學者有尋找歷次初印本者，如孔
毅先生將四次校改本皆一一落實〔註20〕，看似板上釘釘，實際並未進行詳細
的考察，真是疏忽得厲害。

〔註18〕（清）趙宗建：《舊山樓書目》，上海：古典文學出版社，1957年，第10頁。

〔註19〕（清）顧湘：《小石山房佚存書錄》，國家圖書館編：《國家圖書館藏古籍題跋
叢刊》第23冊，北京：北京圖書館出版社，2002年。該目於其《總目》（第
457頁）著錄為「說文解字三十卷　明汲古閣翻宋本　毛斧季手校」，又於卷
一收錄其跋文（第481～482頁）。

〔註20〕孔毅：《汲古閣刻〈說文解字〉略考——兼與潘天禎先生商榷》，《古籍整理研
究學刊》，1989年第2期。

第三節　清光緒七年淮南書局仿刻所據校樣本

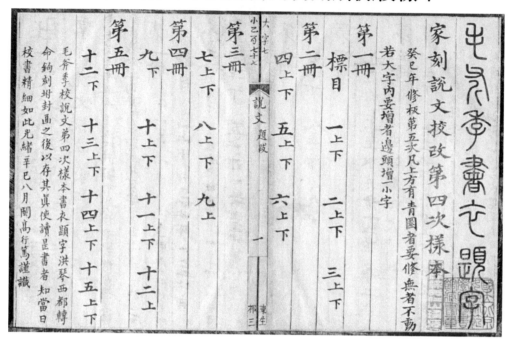

　　此本凡 5 冊。半葉七行，行大字十五字，小字雙行同。上下粗黑口，單黑魚尾，魚尾上記大小字，下書口有刻工名。卷端題「說文解字弟一上　漢太尉祭酒許慎記」，裏封題「說文眞本」，背面牌記題「光緒七年八月淮南書局　翻刊汲古閣弟四次樣本」。卷七至十五末附有毛扆識語 11 則，卷十五下末題：「有明後學毛晉從宋本挍刊　男扆再挍」。據此可知，此本可再準確點題作「清光緒七年淮南書局仿刻本」。

　　此本目錄葉有題字數行，依次爲：

毛斧季書衣題字（首行篆字）

家刻說文挍改第四次樣本（次行楷字）

　　癸巳年修板第五次。凡上方有青圈者要修，無者不動。若大字內要增者，邊頭增一小字（三至四行小字題）

　　又，末一行題：毛斧季校說文弟四次樣本書衣題字，洪琴西都轉命鉤刻，坿封面之後以存其眞，讀是書者知當日校書精細如此。光緒辛巳八月閩高行篤謹識。

　　又，《標目》末題：

　　　　癸巳四月初六日，從郭恕先《汗簡目錄》挍一過，方知徐騎省

之是，夢英石刻之謬也。但恕先亦有倒置處，必以騎省本爲準也。汲古後人毛扆，是年七十有四。

又，所附《校記》前云：

汲古閣《說文》有未改、已改兩本。乾、嘉諸老皆偁未改本爲勝，而未改本傳世絕少，其大略見於段氏《說文訂》中，然亦間有訛漏焉。洪琴西都轉運從荊塘義學假得毛斧季弟四次所校樣本，即段氏所據以訂《說文》者。光緒七年，爰摹刻於淮南書局，而屬行孚取已改本互校異同，彙而錄之，以詒同志。若點畫小譌，如「璧」改作「璧」，虞改作虞，虔改作虔之類，皆略而不著。至其程式絲簡，皆都轉多裁定云。安吉張行孚謹識。

末識云：

按，此後附錄有毛斧季跋一則，江式《論書表》一冊，張懷瓘《書斷》一則，林罕《字源偏旁小說序》一則，徐鉉《說文韻譜序》一則，李文仲《字鑑序》一則，吳均《增補復古編敘》一則，晁公武《郡齋讀書志》一則，陳振孫《直齋書錄解題》一則，《崇文總目》一則，歐公《集古錄》一則，共計十一則，皆順治癸巳四月以後增補，非弟四次樣本所有。行孚又識。

據以上幾則識語可知，此本據洪琴西從荊塘義學所借之題有「家刻說文挍改第四次樣本」翻刻的。考《清史稿·列傳二百三十九》云：「洪汝奎，字琴西，湖北漢陽人。」〔註21〕而《涇舟老人洪琴南先生年譜》則云：「汝奎字蓬舫，號琴西。」〔註22〕二說略不同，但可知洪琴西原名洪汝奎。又《年譜》云，光緒二年，洪氏被任命爲鹽運使〔註23〕，故高氏稱之爲「洪琴西都轉」。而此次刊刻又見《年譜》，云同治八年六月「馬端敏公設書局，提調以先生任其事，局設於冶山飛霞閣」〔註24〕，光緒七年「飭淮南書局仿刊宋本《四書》、宋本《東都事略》及宋張有《復古編》二集。又飭刊元元統本《古今韻會舉要》，翻刻汲古閣第四次樣本《說文解字》，並屬屬吏高龑尹行篤將毛斧季書衣題字鉤刻附封面之後，以存其眞。又飭刊嘉定錢坫《說文解字斠

〔註21〕（民國）趙爾巽：《清史稿》，民國十七年清史館本。

〔註22〕（清）章洪鈞編：《涇舟老人洪琴南先生年譜》，北京圖書館編：《北京圖書館珍本年譜叢刊》第 166 冊，北京：北京圖書館出版社，1999 年，第 369 頁。

〔註23〕同上，第 443 頁。

〔註24〕同上，第 426～427 頁。

詮》、元槧本郎注《陸宣公奏議》。」〔註25〕此條實可與諸題跋相互對應。

據潘天禎先生相關文章考證〔註26〕，此本雖然亦屬於汲古閣《說文》之初印本之一，但並不是「第四次校樣本」，而是「在『初印甲本』〔註27〕上僞加『毛斧季書衣題字』和十二則題識之僞本」〔註28〕。換句話說，此本早於毛氏汲古閣刻本是眞的，內容也是眞的，段、顧二跋未明眞僞，但是書衣題字及諸卷末題識卻是後人僞造的。對於此，孔毅、楊成凱等先生都有專文回應。筆者以爲諸文多致力於「書衣題字」等外部的形式上的辨僞，且推測成分較多，並沒有進行太多的內容上的比對。所以其到底是一個什麼樣的本子，筆者認爲尚需進行進一步研究。

潘先生文章在否認段君所據「汲古閣校改第五次本」非初印本，淮南書局所翻刻「第四次校樣本」有僞的同時，還舉出南京圖書館所藏的三個初印本，分別稱之爲「原刻校樣稿」「初印甲本」「初印乙本」。其中，第一種用朱筆校改極多，間用墨或藍筆，所改多爲筆劃之訛。諸卷末有毛扆識語十六則，天頭亦有朱筆批註。末卷題「有明後學毛晉從宋本校刊 男扆再校」，「有明」兩字用墨筆圈去，天頭朱批云「鑿深些」。第二種依毛扆朱墨筆指示改了其中的大部分文字，但是亦有若干未加改正，末卷中「有明」二字依然保留。第三種「有明」二字已被剜改，餘皆同第二種。但無毛扆跋及歷代論說《說文》十一則。筆者前文已經論及，此三本皆爲毛氏汲古閣本刊印以前的校樣本，並非潘先生所謂的「初印某本」。但是其中的第一種由於更接近原刻本，其中所列舉的毛扆朱筆批改的字可以作爲評定諸本特點的重要標準之一，故而筆者從中摘出其中 10 條〔註29〕，並參考所能見到的國圖所藏丁晏跋本、黃志淳印跡本、靜嘉堂文庫所藏王氏宋本、臺灣國圖殘存的宋本、臺灣國圖配補的校樣本、段《訂》之按語、孫氏平津館叢書本、額勒布刻本、

〔註25〕（清）章洪鈞編：《涇舟老人洪琴南先生年譜》，北京圖書館編：《北京圖書館珍本年譜叢刊》第166冊，北京：北京圖書館出版社，1999年，第461頁。

〔註26〕見潘天禎《毛扆四次以前校改〈說文〉說質疑》《汲古閣本〈說文〉的刊印源流》《毛扆書跋拾零》等文，皆收入《潘天禎文集》。

〔註27〕按，「初印甲本」一詞是潘天禎先生在《汲古閣本〈說文解字〉的刊印源流》一文中提出的。其具有兩個特點，一是已經遵照毛扆意見對其中的某些字進行了剜改；二是剜改並不徹底，仍保留部分原貌，如「有明」二字並非刪除。

〔註28〕潘天禎：《汲古閣本〈說文解字〉的刊印源流》，《潘天禎文集》，第262頁。

〔註29〕其中，該文所列天頭處之卷八上「佪」、卷十一上「溰」、卷十二下「姣」三個字爲毛扆按語，與改動字形無關，故不再羅列。卷九上「頮」字因無法識別，故亦省之。

毛氏第五次剜改本等 9 個本子與此本進行對比〔註30〕，看其具體情況到底如何：

1. 卷五上皿部「盄」字：「盄，仁也。从皿以食囚也。官溥就。」朱筆改「就」爲「說」。

按，「原刻校樣稿」作「就」，國圖兩宋本、王氏宋本，額本、孫本、淮南本、臺灣「國圖」校樣本、剜改本皆作「說」。

2. 卷八上人部：「佻，愉也，从人兆聲。」朱筆改「愉」爲「偷」。

按，「原刻校樣稿」作「愉」，國圖兩宋本、王氏宋本、臺灣「國圖」宋本、額本、孫本同之。淮南本、剜改本作「偷」。段《訂》「愉也」下云：「宋本、葉本、趙本、《五音韻譜》《集韻》《類篇》皆同，小徐亦同，毛本作『偷也』。」

3. 卷八上人部：「俻，憊詞，从人俻聲。」朱筆改「憊」爲「備」。

按，「原刻校樣稿」作「憊」，國圖兩宋本、額本、孫本同之，而王氏宋本、淮南本、剜改本作「備」。臺灣國圖宋本殘闕。考段《訂》「憊詞」下云：「按，宋本、葉本、趙本、《五音韻譜》、《集韻》皆同，惟小徐、《類篇》訛作『備』，今毛本同小徐、《類篇》，蓋四次以前妄改者」。

4. 卷八上匕部：「匕，相與比敘也。从反人。匕亦所以用比匕飯，一名柶，凡匕之屬皆從匕。」朱筆改「匕」爲「取」。

按，國圖兩宋本、王氏宋本、臺灣「國圖」宋本、額本、孫本、淮南本、剜改本皆作「取」。

5. 卷八上臥部：「臋，楚謂小兒懶臋。从臥食。尼見切。」朱筆改「見」爲「厄」。

按，「原刻校樣稿」作「見」，國圖兩宋本、王氏宋本、臺灣「國圖」宋本、額本、孫本同之。淮南本、剜改本作「厄」。

6. 卷十一上水部：「泚，清也，从水此聲。于禮切。」朱筆改「于」爲「千」。

按，「原刻校樣稿」作「于」，國圖兩宋本、王氏宋本、臺灣「國圖」宋本、額本、孫本、淮南本、剜改本皆作「千」。

7. 卷十一上水部：「泭，編水以渡也，从水付聲。芳無切。」朱筆改「水」

〔註30〕按，諸書或有殘缺，故以下諸條並非每本都有。

為「木」。

按，「原刻校樣稿」作「水」，國圖兩宋本、王氏宋本、臺灣「國圖」宋本、孫本、淮南本同之。額本、剜改本改作「木」。

8. 卷十二下女部：「娿，陰娿也，从女阿聲。烏何切。」天頭朱筆批：「陰，《繫傳》作『婑』，要考。《玉篇》亦作『婑』。」

按，「原刻校樣稿」作「陰」，國圖兩宋本、王氏宋本、臺灣「國圖」宋本、孫本同之。額本、淮南本、剜改本作「婑」。

9. 卷十二下我部「義，巳之威儀也，从我羊。臣鉉等曰：此與善同意，故從羊。宜奇切。」朱筆批：「巳」字，朱筆圈斷作「己」；「奇」字上，朱筆加「宀」作「寄」。天頭朱筆批「己、寄。《繫傳》作『魚智反』。」

按，「原刻校樣稿」作「巳」「寄」。王氏宋本、臺灣國圖宋本作「巳」「奇」，國圖兩宋本作「己」「奇」，額本、孫本作「己」「寄」，淮南本、剜改本作「己」「寄」。

10. 卷十二下瓦部「瓨，器也，从瓦容聲。上封切。」朱筆在「上」字上改「與」，天頭上批「『上』應『与』」「《繫傳》作『与』」。

按，「原刻校樣稿」作「上」，國圖兩宋本、王氏宋本、孫本、額本同之。淮南本、剜改本作「与封切」。

我們可以根據將以上 10 條分為三類：第一類包括（1）（4）（6）三條。此類中諸本皆同，惟「原刻校樣稿」與之異，可知毛扆是根據宋本來改正「原刻校樣本」之謬誤的，改正之後又進行了重新印刷，故而後來校樣本及剜改本皆未犯同樣的錯誤。第二類包括（2）（3）（5）（8）（9）（10）六條。此類中「原刻校樣稿」同宋本，而異於淮南本和剜改本，據此可知此類剜改至少發生在淮南本所據「第四次校樣本」之時，並非一開始便有。第三類包括（7）一條。此類中「原刻校樣稿」同宋本及淮南本，而異於剜改本，據此可知，此條剜改至少發生在淮南本所據「第四次校樣本」之後。

由此可見，潘先生所說的「原刻校樣稿」應該是一個相對比較早的校樣本，但是亦有刊刻失誤，說明毛氏一開始翻刻時便有改動底本的行為。淮南本所據底本應該是較之靠後，但比剜改本所據底本要早一些的一個校樣本，故而既有同於前者之處，又有異於後者之處。段玉裁假定其所據本即為第五次剜改本的「初印本」，故在上面無朱藍色筆塗改卻與剜改本同者，其自然

會認為是校改在「四次以前」者，上面第（3）條即是其例。同時，我們也可以看到，毛氏汲古閣刻本所據底本應該是一個接近國圖宋本的一個宋小字本，故而較早的「原刻校樣稿」多與之同。額本翻刻宋小字本時確實有據剜改本改動底本的情況，但是孫本亦有之，並非如其所言「依其舊式，即有譌字，不敢妄改」，（9）即是其證。

為了論述充分一些，我們再舉 5 條潘先生「原刻校樣稿」所未及的條目：

1. 卷一上玉部「球」字，淮南本作「玉磬」，臺灣「國圖」校樣本、鮑本、剜改本與之同，諸宋本、孫本作「玉聲」。

2. 卷一下艸部「莐」字，淮南本作「銚弋」，臺灣「國圖」校樣本、剜改本與之同。諸宋本、孫本、鮑本、段《訂》所據初印本作「跳弋」。

3. 卷二上口部「噴」字，淮南本作「言之」，諸宋本、孫本、鮑本、段《訂》所據「初印本」、臺灣「國圖」校樣本與之同，剜改本作「之言」。

4. 卷二上口部「吠」字，淮南本作「口犬」，鮑本、臺灣「國圖」校樣本、剜改本與之同，諸宋本、孫本作「犬口」。

5. 卷四上「看」字，淮南本作「睎也」，鮑本、臺灣「國圖」校樣本、剜改本與之同，諸宋本、孫本作「睎之」。

以上 5 條，（1）（2）（4）（5）皆與宋本異而與剜改本同，（3）則反之。同樣也可以說明其確實是一個比剜改本所據底本要早一些的校樣本。

楊成凱等先生認為此本為段玉裁所據「初印本」，今考其卷一下「薑」「芋」「蘜」等字，皆與段《訂》所云「初印本」不合，故其說皆非。潘先生承認此本是一個「初印本」，並進而認為其是所謂「初印甲本」加上偽書衣和卷末題識的一個本子。可能是看到了此本與「原刻校樣稿」、剜改本等有同有異，故不敢冒然對內容加以否認，而僅辨題識之真偽。但是潘先生所舉證據由於摻雜了不少主觀臆斷，故其雖言之鑿鑿，但未必令人信服。楊成凱先生逐條對之進行辨析，解釋較之有理。筆者以為，書衣題字本無關大局，故是否真偽實屬其次。筆者主要在意附於卷七至十五卷末的 10 則毛扆識語。

今將之錄於下：

1. 卷七上末：四月十九日，鳩工修葺戈莊丙舍，攜此往按，燈下完此卷。

2. 卷七下末：癸巳四月廿三日，檥至戈莊丙舍，午刻校完此卷。

3. 卷八上末：癸巳三月十一日立夏，是日按八弓上起，直至十三日按完此弓。因有疑難處，遍檢小學諸書以證之，所以若是其遲也。隱湖毛

辰識。昔年七十有四。

4. 卷八下末：四月十四日，聞嚴思菴（筆者按，即嚴虞惇）卒於湖廣貢院，三月廿一日卯時事也〔註31〕。四月初八，家中聞訃。今日爲一七日，余入城往唁之，次日方挍完此卷。

5. 卷九上末：四月十五日止挍半卷，十六日譚道與兄弟叔姪來，留飲，別後擬往戈莊丙舍，雨大而止。十七日，續添《説文》後附錄，未曾開卷，至十八日午後挍完此卷。

6. 卷九下末：癸巳四月二十六日，雨。竈挍完此卷。省菴。

卷十上末：四月廿七日入城，廿八日挍此卷，至十六葉止。四月廿九日，錫山王子任來訪，盤桓竟日，至五月朔挍完此卷。

7. 卷十下末：癸巳五月初三日泊暮，挍完此卷。

8. 卷十一上末：癸巳端午，燈下挍完此卷，時狂風大雨。

9. 卷十一下末：癸巳五月初六日，燈下挍完此卷。

綜合以上記載，可知這些識語所作時間始於康熙五十二年（癸卯）三月十一日，終於五月初六，歷時一個多月。潘天禎先生認爲其皆「不可信」〔註32〕，理由有二：其一，據南京圖書館所藏抄本《東湖汲古閣毛氏世譜》，毛扆「卒於康熙癸卯九月十七日戌時，壽七十有四」，相距此本的完成僅四個多月，毛扆沒必要如段《訂序》所説的那樣進行第五次的大幅度修改。其二，據毛扆對諸書所作跋可知，其校書時較爲謹愼，「以缺疑爲第一要義」，考慮到其時毛氏年世已高，又身患疾病，故而不可能對其書進行大量校補。〔註33〕筆者認爲，潘先生推斷似有道理，但是亦無確證。

首先，潘先生似乎忽略了一個問題，即此本卷六以前並無題識，而卷七以後諸卷題識並非依照時間順序寫的。如卷七上爲四月十九日題的，卷八上則在三月十一日。爲什麼會這樣呢？考潘先生所云「原刻校樣稿」所記題識亦是如此，該怎麼解釋呢？筆者前文已經推測，這種情況除了邊刊邊校的時候可能有外，還發生在修版之時抽樣校改的時候。抽樣校改當然不會依次通

〔註31〕按，（清）楊繩武《皇清誥授中憲大夫太僕寺少卿嚴思庵先生墓表》（《嚴太僕先生集》，《清代詩文集彙編》第 177 冊，第 296 頁）云：「癸巳，復爲湖廣鄉試正主考。……然先生精神心血亦耗且盡矣。在闈中已病，出闈而病增劇，未十日竟不起。」又曰：「先生生於順治庚寅五月二日，卒於康熙癸巳三月二十一日，年六十有四。」嚴氏病逝的時間、地點皆與此識語相吻合。

〔註32〕潘天禎：《汲古閣本〈説文解字〉的刊印源流》，《潘天禎文集》，第 260 頁。

〔註33〕同上，第 261 頁。

校了，只能隨機拿出某卷進行批校，故出現校勘順序不一致的情況也是理所當然的。所以，即便是距毛扆卒前四個多月，爲何不能進行校改呢？同時，潘先生認爲諸題識中所記錄的有關天氣、修葺的事情的眞僞「尚難證明」，但又認爲個別可以證明的事實如嚴虞惇的死訊，作僞者「在常熟不難找到訃告、行述之類作參考」〔註34〕，但是常熟每年每天都會發生諸多事情，爲何偏偏記錄嚴氏之死訊呢？可見，潘先生實際是在強詞奪理。

其次，潘先生一直認爲毛扆之校勘十分謹愼。即便如此，筆者以爲毛氏起碼對此書則並不是如此。今試舉兩例說明：其一，今傳世《說文》末有毛扆謹跋，較爲詳細地介紹了其刊印此書的始末。今按，此跋實有頗多值得商榷之處，如其云：（釋）夢英《篆書偏旁》「中有五處次序不侔」。今考夢英之書，卷五「會倉」在「亼」之前，卷七「苬斎」在「市」之前，卷八「丘北」倒作「北丘」，卷九「包苟」倒作「苟包」，實有四處次序不侔。又如其云：「及讀郭恕先忠恕《汗簡》，次序與此悉同，乃知夢英之誤也。」意謂《汗簡》與《說文》部序一致，然今檢《汗簡》，卷二有「番」而無「采」「半」二部，卷三卻又在「焱」增一「半」部；卷四「冓」部在「丝」「叀」之間；卷五「兮」在「桀」後，「血」在「凵」前；卷八無「比」部；卷十一無「久」部，而置於卷十三「率」部之前；卷十四「了孖」二部倒作「孖了」。據此，《汗簡》之顛倒錯訛處實甚於《字源》，而此處則據之「知夢英之誤」，不知爲何？其二，傳世《說文》末另附有 11 則有關《說文》的論述，始於魏江式《論書表》，終於歐陽修《集古錄》。從時間上看頗有凌亂之處，如李文仲《字鑑》成於元，吳均《增修復古編》成於明而皆在晁《志》、陳《解題》兩目之前。而此兩目又在《崇文總目》《集古錄》之前。再從內容上看亦無次序，尤末《集古錄》一條，只說郭忠恕，而不及《說文》，實爲贅疣。

由此兩點可知，毛扆謹跋與附錄，或校勘失謹，或排列無序，顯然是一些倉促而就，未及整理之內容，而這正是作爲「桑榆之景，爲日無多」的老人應該有的情況。潘先生據別家論說及毛扆自述來證明其校勘謹愼，不肯輕改的態度，並由此說明毛扆不會在晚年大量改動此書。但實際情況是，正是因爲此書是其晚年之作，所以他才需要進行大量校改修版方可令其最終刊行。也正是因爲要在有限的時間內完成刊印，所以才出現一些失誤，如此本卷八上末「癸巳三月十一日立夏」的記載等。

〔註34〕潘天禎：《毛扆四次以前校改〈說文〉說質疑》，《潘天禎文集》，第243頁。

綜上所述，我們認爲在無確證的情況下，寧願相信此些題識即是毛扆所題。

又，此本卷前附清嘉慶二年（丁巳 1797）段玉裁跋，云：

> 《説文》始一終亥之本，亭林未見。毛子晉始得宋本按刊，入本朝，版歸祁門馬氏之在揚州者，近年又歸蘇之書賈錢景開。當小學盛行之時，多印廣售，士林稱幸矣。獨毛本之病，在子晉之子斧季妄改剜版，致爲誤處，則人未之知也。斧季孜孜好學，此書精益求精，筆劃小譌，無不剜改，固其善處。然至順治癸巳已校至第五次，先以朱筆按改，復以藍筆圈之。凡有藍圈者，今版皆已換字，與初印本不合。而所換之字，往往劣於初印本。初印本往往與宋槧本、《五音韻譜》等本相同，勝於今版。雍正乙巳，何小山焯又以朱筆糾正而識之，「勸君愼下雌黃筆，幸勿刊成項宕鄉」，是其一條也。今初學但知得汲古閣本爲善，豈知汲古刊刻有功而剜改有罪哉。向時王光祿跋顧抱沖所藏初印本云：「汲古延一學究按改，至第八卷巳下，學究倦而中輟，故巳下無異同」，此光祿聽錢景開取說，又八卷後未細勘也。此本斧季、小山之親筆具在，非他學究所爲。又，六卷巳下，與今版齟齬尚甚多。嘉慶丁巳，周君漪塘以借閱，宿疑多爲之頓釋，別作摘謬數帋，將以贈今之讀《説文》者。六月廿四日金壇段玉裁跋於下津橋之枝園。鈐「玉裁之印」白文方印、「若膺」朱文方印。

次清嘉慶五年（庚申 1800）顧廣圻識，云：

> 段先生於跋此後一月即成《汲古閣説文訂》刊行，今用此本覆勘《訂》中所稱初印本及剜改，如言部「譶」下一條，叒部「湯谷」一條，水部「淲」下一條，丿部「房密切」一條，甲部「古文」一條，皆不合。又如萑部「舊」字下，羊部「羖」字下，肉部「肐」字下，初印本皆未誤，《訂》亦不明言之，兼可訂而未經載入者又往往有，然則後之讀此本者，無竟以爲得魚之荃可也。嘉慶庚申五月借閱於漪塘周丈，識是以歸之，時在壬洗馬巷黃氏之思適寓齋，元和顧廣圻。鈐「顧廣圻印」白文方印，「千里」朱文方印。

按，此兩跋實可與段《訂序》相互對應，但是其字跡卻與段、顧之筆跡頗爲不類，故筆者懷疑其應該是後人將周氏所藏署有「順治癸卯汲古閣校改第五次本」的二跋過錄到此本上的，故此本襯葉上出現了「家刻説文校改第

四次樣本」「癸巳年修板第五次」這樣看似矛盾的題名，這也正是潘天禎先生指責此本作偽的證據之一，但其內容應該不偽。段氏此跋作於嘉慶二年六月，七月即成《訂》。而後者序僅稱「初印本」有署名為「順治癸巳汲古閣校改第五次本」，此跋則進一步補充其實際上是何焯校之本。而據顧跋可知，段《訂》實有許多訂正有誤和尚未訂正之處，這與嚴氏《訂訂》之說是相吻合的。

段玉裁筆跡〔註35〕

《說文》段玉裁跋

〔註35〕　（清）段玉裁：《論書一則》，中國美術全集編輯委員會：《中國美術全集·書法篆刻編 6·清代書法》，上海：人民美術出版社，1989 年，第 117 頁。

國圖藏元刻本《稼軒長短句》顧廣圻跋

《說文》顧廣圻跋

又按，嚴章福《說文校議議》提到過蔣維培藏有初印本，其卷一下「䉸」字條下云：

> 「筑」，本或作「築」，刊改作「筑」，不誤。《議》依改刻毛本初印，當與宋本略同，故凡篇耑部文都數及部末字數，蔣氏維培所藏本與宋本同而與五次改本異，此最初印本。……若此之類，不勝具舉。蔣氏藏本如此，皆與五次改本異而皆為改刻之不誤。《校議》所據果在蔣氏藏本前，則所據本亦當如此，《校議》何不一言及之？段氏《說文訂》亦未之及，則所據本亦非初印。惟蔣氏藏本「臭」下、「螫」下、「蚌」下、「五」下皆有空白，「洌」字說解中「寒泉」下「食」字，及《後敘》「神明」上「以」字，「左掖門」下「外」字，顯係刊補，此初刻未印時所修補者，必非次印。《校議》所據當是三印，而以為初印遠矣。

今將此條所錄與此本進行核對，卷十上犬部「臭」字下「犬視皃從犬目」與「古闃切」之間，卷十四下五部「五」字下小字「臣鉉等曰二天」及「地也疑古切」之間皆有空白，而卷十三上蟲部「螫」字、卷十三上蟲部「蚌」字則無之。同時，此條云蔣氏藏本「篇端部文都數及部末字數」與宋本同，今檢此本亦如之。此外，嚴氏云蔣氏藏本《標目》前無「漢太尉祭酒許慎記」，

今檢此本亦無之。可見，蔣氏藏本與此本之底本較爲接近。

又按，王先謙《虛受堂文集》卷四《汲古閣說文校勘記序》云〔註36〕：

> 今世所行汲古閣《說文》爲毛斧季五次修改本。以毛氏刻書之精好，斧季之能讀父書，何其無持守與？甚矣，善述之難也！
>
> 洪琴西都轉家藏未刊改《說文》，爲斧季弟四次手校樣本，光緒七年刻於淮南書局，承學之士翕然歸美。
>
> 今秋道揚州，張君乳伯以《說文校勘記》見示，迺知當日刊書時，乳伯在事卽成此《記》。都轉以爲太繁不用，僅坿錄兩本異同於書末。余笑曰：「是鄭人買珠櫝也，都轉奈何而有是？」昔段氏據斧季手校本爲《說文訂》，今刊於湖北書局，人寶愛之。此《記》詳審精密出段氏上，實治《說文》不可少之書也。因從臾乳伯亟鳩貲付刊，俾得與局刻《說文》相輔而行，而序其緣起如此。後之攬斯編者，勿以爲太繁而棄之不觀，斯幸矣。

據此可知，高行篤《說文解字校勘記》在光緒七年附於《說文解字》末刊行之後，又有重刊。

第四節　臺灣「國圖」所藏校樣本

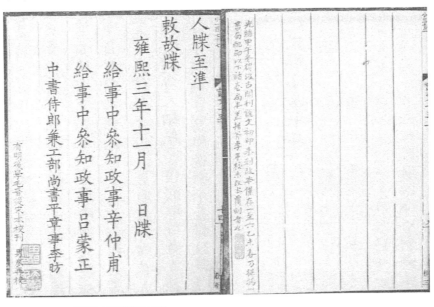

〔註36〕（清）王先謙：《汲古閣說文校勘記序》，《虛受堂文集》卷四，清光緒二十六年刻本。

此本凡 6 冊，臺灣「國家」圖書館藏，索書號為「110.21 00912」。《標目》與前六卷為毛氏汲古閣本：半葉七行，大字約十五字，篆字一當小字六，小字雙行同，左右雙邊，白口，單黑魚尾，魚尾上無大小字，下書口無刻工名。卷七至卷十五配補清光緒七年淮南書局仿刻本，見本章第三節。

此本《標目》首行僅題「說文解字標目」，下依次鈐「殘書萬卷之樓」朱文方印、「莫棠字楚之印」朱文方印、「獨山莫氏收藏經籍記」朱文方印。次行題「銀青光祿大夫守散騎常侍上柱國東海縣開國子食邑五百戶臣徐鉉等奉敕校定」，二、三行騎牆處鈐「田桓印」「天麟所臧」二白文方印。卷端題「說文解字弟一上 漢太尉祭酒許慎記」，天頭鈐「莫氏秘笈」朱文方印，右側版框外鈐「銅井寄盧」「獨山莫氏收藏經籍記」二朱文方印。卷三上、卷五上卷端天頭處鈐「莫氏秘笈」朱文方印，右側版框外鈐「殘書萬卷之樓」朱文方印、「獨山莫氏收藏經籍記」朱文方印，二、三行騎牆處鈐「田桓印」白文方印。卷七上、卷十上右側版框外鈐印與之同。卷十三上右側版框外僅鈐「獨山莫氏收藏經籍記」朱文方印。卷十五下末題「有明後學毛晉從宋本校刊 男扆再校」，下鈐「田桓印」「天麟所臧」二白文方印，左側板框外鈐「殘書萬卷之樓」「獨山莫氏臧書」二朱文方印。據此可知，此本曾經莫棠、田桓先後收藏過。

其裏封襯葉有題識，云：

> 此真汲古閣初印未刓本《說文》也。乾、嘉老輩業以為希有可貴，況今日乎？惜闕七卷以下，余乃至揚州定印書局翻本補之。局刻蓋亦據未刓本，即段氏《說文訂》所據者，仲武兄綜局事時刻。

卷十五上卷末莫棠識云：

> 光緒甲午冬，得汲古閣刊《說文解字》初印未刓改本，僅存一至六。乙未春，乃從揚州書局配印以下諸卷，局本蓋據斧季手校未改本覆刻者也。末鈐「獨山莫棠」朱文方印。

按，以上兩識內容幾乎一致。其所云「光緒甲午」乃光緒二十年（1894），是年莫氏獲得此書，但僅存前六卷。「乙未」乃光緒二十一年（1895），是年春，莫氏依揚州書局本（或「揚州定印書局」）配補後九卷。然檢所配本之版式及卷末題識等，實為清光緒七年淮南書局仿刻本〔註37〕。

〔註37〕按，「國家」圖書館特藏組編《「國家」圖書館善本書志初稿（經部）》（臺北：
　　　　「國家」圖書館，1996 年，第 242 頁）將著錄此本為「明末虞山毛氏汲古閣

又按，上引莫氏跋云此本之前六卷爲「汲古閣刊《說文解字》初印未剜改本」，但所言不詳。前面我們論及淮南書局本時，曾用到過此本。據之可知其亦是一個近於淮南本之底本的一個校樣本。

爲了論述的更詳細點，以下我們再舉幾個例子：

1. 卷一上上部「帝」字，此本作「辛示」，諸宋本、段《訂》所據「初印本」、淮南本皆同，剜改本則作「辛言示」。

2. 卷一上示部「纛」字，此本作「春」，諸宋本、段《訂》所據「初印本」、淮南本皆同，剜改本作「春」。

3. 卷一上玉部「王」字，此本作「專」，段《訂》所據「初印本」、淮南本皆同。剜改本作「專」，與諸宋本同。

4. 卷一下艸部「菨」字，此本作「牛藻也」，段《訂》所據「初印本」、淮南本、剜改本皆同。諸宋本作「井」。

5. 卷二上小部「小」字，此本作「見而分之」，諸宋本、段《訂》所據初印本、淮南本皆同。剜改本作「見而」「分」旁添一「八」字。

6. 卷三上幹部「羊」字，此本作「讀若餂」，剜改本、淮南本皆同。諸宋本、段《訂》所據初印本作「讀若能」。

7. 卷三下鬥部「鬼」字，此本作「執事也」，諸宋本、段《訂》所據初印本、淮南本皆同。剜改本作「執事者」。

8. 卷四上羋部「鳥」字，此本作「龠」，諸宋本、段《訂》所據初印本、淮南本皆同。剜改本作「鷁」。

9. 卷五下食部「餃」字，此本作「喙」，諸宋本、段《訂》所據初印本、淮南本皆同。剜改本作「餘」。

10. 卷六上木部「柳」字，此本作「櫂」，諸宋本、段《訂》所據初印本、淮南本皆同。剜改本作「櫻」。

據以上 10 條可知，此本（1）（2）（5）（7）（8）（9）（10）與宋本同，（4）與剜改本同，（3）與宋本、剜改本皆異，（6）與段《訂》所據初印本異。但無論哪一類，有一個共同點，即與淮南本同。那麼，是否可以說明，此本與淮南本之底本是同一個本子，或者具有原刻、翻刻的關係呢？今再舉兩例：

1. 卷四上皆部「眥」字，此本作「徒結切」，與諸宋本、孫本同。淮南本作「模結切」，與鮑本、剜改本同。

刊未剜本配補揚州局刊本」，其中「揚州局」是依據莫棠跋文著錄的。

2. 卷四下受部「屬」宗，此本作「日日冂」，與諸宋本、孫本、鮑本同。
淮南本作「曰冂」，與剜改本同。

由此可見，此本與淮南本有異時，又與諸宋本同。所以，說的具體點，此本不僅是一個與淮南本之底本接近的校樣本，更是一個較之要早一些的校樣本。

又，《中國書店戊辰年第二期臨時書目》著錄一《說文》，6 冊，題「汲古閣刻未剜本，桃花紙闊大初印，此書第七卷起係配揚州局本者」〔註 38〕，所指當即此本。

第五節　國家圖書館藏袁廷檮跋本

此本 6 冊〔註 39〕，國家圖書館藏，索書號爲「07316」。版式與前同，而

〔註38〕中國書店編：《中國書店戊辰年第二期臨時書目》，徐蜀、宋安莉編著：《中國近代古籍出版發行史料叢刊》第 8 冊，北京：北京圖書館出版社，2003 年，第 190 頁。

〔註39〕按，卷一至卷三爲第 1 冊，卷四至卷五爲第 2 冊，卷六至卷七爲第 3 冊，卷

佚裏封。《標目》首行鈐「涵芬樓」朱文方印、「海鹽張元濟經收」朱文方印。可知其爲涵芬樓舊藏。檢《涵芬樓餘燼書錄》著錄爲「袁綬階、顧千里、楊芸士舊藏」〔註40〕。

其末頁末行下有朱筆跋，云：

> 朱筆依初印本改，無後六葉，全修起弟七卷上。

版框外緊接著又有嘉慶三年袁廷檮墨筆跋云：

> 此《説文解字》乃汲古閣初修印本，同小讀書堆所藏者〔註41〕。

> 較未修初印本已遜，然比時俗印本遠勝也。顧君千里知予重出，以所挍《荀子》易去〔註42〕。

> 時嘉慶戊午季秋既望，袁廷檮記。旁鈐「涵芬樓臧」白文方印。

據此兩跋，再結合正文內容，可知此本其實可以分爲兩部分：底本和朱筆校。其中，朱筆校字來自「初印本」，今正文內或直接改篆字筆劃（或旁書朱字），天頭處或朱筆批註者即是。然袁跋既然稱此本爲「汲古閣初修印本」，爲何還要據「初印本」校改呢？筆者以爲所謂「初印本」應該即指「未修初印本」。跋稱「無後六頁」云云應該也指此，因爲其底本本來便有之。

那麼，此「初印本」所指爲何呢？考袁氏此跋作於嘉慶三年，而其曾經又在嘉慶二年協助段玉裁刊刻過段《訂》，時間相差太近，很容易讓人想到段《訂》所據周錫瓚藏「第五次校樣本」。然今據此本朱筆校字與段《訂》相校，則有此有彼無者，亦有兩本相異者。如卷二下辵部「巡」字，段《訂》於「視行貌」下云「兩宋本、葉本皆作『延』，他本皆作『視』」，則似暗示其所據「初印本」亦作「視」，此本則朱筆改作「延」，同諸宋本。據此，若段《訂》校訂無誤的話〔註43〕，那麼此二本似非一本，故筆者暫不知此「初印本」來自

八至卷十爲第 4 冊，卷十一至卷十三爲第 5 冊，卷十四至卷十五及諸附錄爲第 6 冊。

〔註40〕張元濟：《涵芬樓餘燼書錄》，張人鳳編：《張元濟古籍書目序跋彙編》，北京：商務印書館，2003 年，第 436 頁。

〔註41〕按，「小讀書堆」乃顧之逵藏書之所。考今傳世清光緒七年淮南書局所刊之本，末附段玉裁跋，其云「王光祿跋顧抱沖所藏初印本」，當即此「小讀書堆所藏者」。顧之逵卒於嘉慶二年卒，其本則不知所去。

〔註42〕按，今檢顧氏《顧千里文集》卷十二有關《荀子》的跋文共四篇。最早一篇是嘉慶元年黃丕烈令其校影宋呂夏卿本，其次是嘉慶四年至九年過錄惠棟校本，則所換的《荀子》應該是前者。

〔註43〕淮南書局本末顧廣圻跋云段《訂》有諸多失誤，《汲古閣説文訂》附袁廷檮跋

何方。又，跋中提到顧之逵藏有一本「初修印本」，袁氏自己又有兩本（一本歸顧廣圻），二人又與周錫瓚、段玉裁關係密切，如此多的「初印本」，不知為何偏偏在段《訂》刊刻前後蜂擁而出，這種現象實值得進一步研究。

那麼，文內的那些朱筆校字是否亦是袁氏所書呢？今觀兩跋及正文朱校筆跡略同，似為同一人所書。但校以存世的袁氏筆跡〔註44〕，則與此不類，故頗疑之。《北京圖書館古籍善本書目》《中國古籍善本書目》著錄此本為「清失名校，袁廷檮跋」，實不恰當。

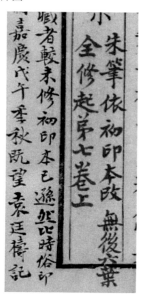

下面我們舉幾例具體看其朱筆所改之字：

1. 卷一上「玉」字，原作「尃」，朱筆旁改為「專」。
2. 卷一上「球」字，原作「玉磬也」，朱筆旁改為「聲」。
3. 卷一上「瑞」字，原作「玉耑」，朱筆旁改為「聲」。
4. 卷一上「瑂」字，原作「瑂彼」，朱筆圈去「瑂」之形符「玉」。
5. 卷一上「堅」字，書籤題：「各本皆作石之次玉者，今改為侶，本小徐」。
6. 卷一上「中」字，原作「和也」，朱筆在其上徑改為「而」。
7. 卷一下「夢」字篆文，朱筆改為「夢」。

亦云刊刻頗有失誤。

〔註44〕 國圖藏有多部袁廷檮跋本，如《班馬字類》《戰國策》《楚辭章句》等，字頗秀氣。

8. 卷八上「俊」字，原作「才過千人」，朱筆在其上徑改爲「材千人也」。

9. 卷八上「佻」字，原作「偷」，朱筆在其上徑改爲「愉」。

10. 卷八上「侉」字，原作「備」，朱筆在其上徑改爲「憊」。

11. 卷十一上「沖」字，原作「中聲」，朱筆在其上徑直抹去「聲」字。

　　以上 11 條，朱筆所改爲袁氏所謂「初印本」的文字。如果我們和今存諸刻本相比較，可知朱筆改後之字多同諸宋本。再檢卷十四下酉部「醋」，原作「省聲」，朱筆圈去「聲」，天頭批「宋無」。難道除了據「初印本」校改外，又據宋本進行校過？或者其直接據宋本校，而並無參校過所謂的「初印本」？又檢卷一下末朱筆題：「癸酉六月廿八日校」，卷三下末題：「甲戌二月廿五日再校」，「卷五下末題：甲戌再校」。按，袁跋之前的「癸酉」「甲戌」有乾隆十八年和十九年，康熙三十二年和三十三年。然考汲古閣本較早的校樣本即南圖所藏「原刻校樣稿」末跋文在康熙四十三年至四十四年，則此處題識所錄時間似乎以前者爲是。但是乾隆的這兩年《說文》學並不甚行〔註45〕，乾、嘉諸老在此時亦多不以此爲業，又如何據「初印本」「宋本」校改呢？所以，筆者以爲乾隆之說亦非。故此校語及題識應該是嘉慶以後某人〔註46〕所作。如果袁氏之原跋文內容不僞的話，那麼這些批校文字當作於此之前。考嘉慶十八年爲癸酉年，次年爲甲戌年。在這段時間前後，《說文》之藤花榭本、平津館本等諸翻刻宋本皆已出現，諸宋本已爲人所熟知，故而

〔註45〕（清）朱筠《重刻說文解字敘》（《說文解字》，清乾隆三十八年大興朱筠椒華吟舫重刻本）云：「大清乾隆三十有六年冬十一月，筠奉使者關防，來安徽視學。明年按試諸府州屬，輒舉五經本文與諸生月日提示講習。病今學者無師法，不明文字本所由生。其狃見尤甚者，至於謠、謟不分，鍛、鍜不辨，據旁著處，適內加商，點畫淆亂，音訓泯棼，是則何以通先聖之經而能言其義邪？既試歲且一周，又明年春用先舉許君《說文解字》舊本重刻周布，俾諸生人人諷之，庶知爲文自識字始。」按，此爲乾隆三十六年左右事也，其時學者已不知文字，故朱氏據汲古閣本翻刻。又，（清）紀昀《書毛氏重刊〈說文〉後》（《紀文達公遺集‧文集卷十一‧書後》，清嘉慶十七年紀樹馨刻本）云：「自李燾《說文五音韻譜》行於世，而《說文》舊本遂微。流俗不考，或誤稱爲徐鉉所校許慎書。琴川毛氏始得舊本重刊之，世病其不便檢閱，亦不甚行，其板近日遂散失。然好古之士，固寶貴不置也。」按，此跋無年月，但其另一跋題「己卯正月二十五日」，則兩跋應相距不遠。此爲乾隆二十四年之事也，其時《說文》已不甚行。

〔註46〕按，蒙董婧宸相告，此人即顧廣圻。她在其博士後研究報告中稱其爲「顧廣圻鑒定」，見其《傳抄、借閱與刊刻：清代〈說文解字〉的流傳與刊刻考》，第 202 頁。

可據此作校。然其跋中所謂「初印本」當亦不可盡信。

進一步，既然我們推測其朱筆校語不足據，那麼除去這部分後的底本又是怎樣一種情況呢？如果初略觀之，很容易被當成通行之汲古閣剜改本。但細心看來，卻頗有異同。

首先，此本卷十五末後附有毛扆謹跋及 11 則有關《說文》的論述，且「有明」二字已經剜改，與後世剜改本在版式上已經一般無二。但不同的是，此本卷十五下自「篆文筆跡相承小異」之後（包括附錄在內）諸頁下書口多題「汲古閣」三字〔註 47〕，後世剜改本則無。

其次，此本諸部或諸卷統計字數和重文數，與諸宋本多同，但也有若干同後世剜改本者。如卷一上第一頁「重八十一」，同諸宋本及校樣本，剜改本則爲「重八十」。而卷六上第十六頁「文四百二十二」，同剜改本，諸宋本及校樣本爲「文四百二十一」。

再次，從內容上看，此本除了個別字外，其多與剜改本同。主要表現在：

1. 兩本皆增篆文字頭及陰文注釋，如卷十二上手部「掔」末增篆文「」，並增「摩也，从手研聲，御堅切」9 字，卷十三上蟲部增篆文「」，並增「古文蝥」三字並增陰文「第十四頁蝥字下」8 字。

2. 兩本皆在注文下增字，如卷十三下二部「二」下，「从偶」增「一」字；土部「土」下，「地之中」下增「丨」字，「地之吐生」下增「萬」字。但偶有未增者，如卷十四上「幵」字末未如剜改本增「文一」2 字等。

3. 兩本改字相同者居多，但亦有不同。今詳述之。

筆者先舉與南圖所藏「原刻校樣稿」所錄的幾例：

（1）卷五上皿部「盄」字，此本作「說」，無校語，諸宋本、剜改本同。南圖藏「原刻校樣稿」作「就」。

（2）卷八上人部「佻」字，此本作「愉」，無校語，諸宋本、南圖藏「原刻校樣稿」同。剜改本作「偷」。

（3）卷八上人部「傍」字，此本作「犕」，無校語，諸宋本、南圖藏「原刻校樣稿」同。王氏宋本、剜改本作「備」。

（4）卷八上匕部「匕」字，此本作「取」，無校語，諸宋本、剜改本同。

〔註 47〕上海圖書館藏有一部佚名過錄本（善 00494），雍熙三年牒文末朱筆題「原板此行小字『有明後學』云之，其十五下之十一至十四此四葉版心末有『汲古閣』字，據此□□是入國朝後其家有改板者耳。」與此本相近。

南圖藏「原刻校樣稿」作「耴」。

（5）卷八上臥部「鬖」字，此本作「尼厄切」，無校語，剜改本同。諸宋本、南圖藏「原刻校樣稿」作「見」。

（6）卷九上頁部「顙」字，此本作「蔽」，無校語。剜改本同。諸宋本、南圖藏「原刻校樣稿」作「薂」。

（7）卷十一上水部「泚」字，此本作「千禮」，無校語，剜改本、諸宋本同。南圖藏「原刻校樣稿」作「于」。

（8）卷十一上水部「泭」字，此本作「木」，無校語，剜改本、諸宋本同。南圖藏「原刻校樣稿」作「水」。

（9）卷十二下女部「婀」字，此本作「婧」，無校語，剜改本同。諸宋本、南圖藏「原刻校樣稿」作「陰」。

（10）卷十二下我部「義」字，此本作「己」「寄」，無校語，剜改本同。王氏宋本、南圖藏「原刻校樣稿」作「巳」「奇」，國圖藏兩宋本作「己」「奇」。

（11）卷十二下瓦部「甌」字，此本作「与」，無校語，剜改本同。諸宋本、南圖藏「原刻校樣稿」作「上」。

以上 11 條，除了（2）（3）兩條外，此本皆與剜改本同，而與諸宋本、南圖藏「原刻校樣稿」等異，可見，其應該是與剜改本非常接近，而離宋本較遠的本子。那麼，它又離剜改本有多近呢？

今再舉幾例潘先生文章所無的若干例子：

（1）卷一上首頁四行，此本作「重八十一」，剜改本作「重八十」。

（2）卷一上上部「帝」字，此本作「辛言示」，剜改本同。段《訂》所據「初印本」、淮南本皆作「辛示」與諸宋本同。

（3）卷一上王部「珣」字，此本作「醫無閭之珣玗琪」，剜改本同。段《訂》所據「初印本」、淮南本皆作「醫無閭珣玗璂」，與諸宋本同。

（4）卷二上首頁四行，此本作「重八十八」，剜改本作「重八十七」。

（5）卷二上小部「小」字，此本在「見而」與「分之」之旁添一「八」字，剜改本同。段《訂》所據「初印本」、淮南本皆作「見而分之」，與諸宋本同。

（6）卷四上首頁四行，此本作「文七百四十八　重百一十二」，剜改本作「文七百四十七　重百一十六」。

（7）卷五下矢部「矣」字，此本作「已」，剜改本同。段《訂》所據「初印本」、淮南本皆作「以」，與諸宋本同。

（8）卷六上首頁四行，此本作「文七百五十三　重六十一」，剜改本作「文七百五十四　重六十」。

（9）卷六上十六頁八行，此本作「四百二十二」，剜改本同。諸宋本、淮南本作「四百二十一」。

（10）卷六下邑部「郝」字，此本作「右扶風鄠鄉盩厔縣」，剜改本同。段《訂》所據「初印本」、淮南本皆作「右扶風鄠盩厔鄉」，與諸宋本同。

（11）卷八上衣部「褧」字，此本作「衣錦褧衣示反古」，諸宋本、段《訂》所據「初印本」、淮南本同。剜改本作「衣錦褧衣　反古」。

以上 11 條中，（1）（4）（6）（8）皆在統計字數，此本與剜改本有異，而與淮南本、諸宋本同。（2）（3）（5）（7）（10）為字句上的差異，此本與剜改本同，而與淮南本、諸宋本異。（9）在統計字數，但與剜改本同；（11）為字句上的差異，又與剜改本異。

綜合以上 22 個條目，再結合全書，可以發現，此本除了在統計正文（或重文）字數時與剜改本有異外（也有若干相同的例子），在具體的字句上則絕大多與剜改本相同，特別是已經在邊頭增加小字了。再結合其卷十五後所附毛扆識及 11 則有關《說文》論述，則此本是目前所知最接近剜改本的一個本子。潘先生在其文章中提到所謂的「初印乙本」時，說其已經改正了所謂「原刻校樣稿」卷末題識中和天頭處指示的字，且剜去了「有明」二字，但不知其他文字尚有沒有改動。如果文字大同剜改本的話，那麼可以稱作「剜改初印甲本」，而此本則可稱作「剜改初印乙本」了（因其尚有部分文字未改）。真正的剜改初印本應該是已經剜改了全部的文字。而後世所傳的剜改本應該屬於剜改後印本，因其中有很多文字已經空缺了（還有一些墨釘）〔註48〕，如（11）條之類。

〔註48〕按，此本也有若干空缺或墨釘，也有如（11）條剜改未盡者。

第六節　湖南圖書館所藏「初印本」

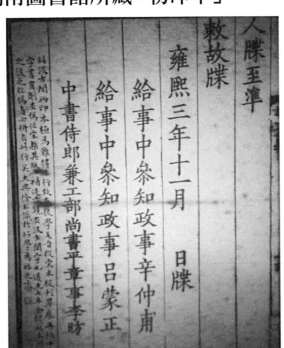

　　此本 10 冊，湖南圖書館藏，索書號「善 193.3/42-3」。版式與前同，亦無裏封。《標目》首行鈐「康矣」朱文方印，「葉啓潘臧」白文方印，「星伯臧書印記」朱文方印，「石樓臧本」朱文方印。

　　此本雍熙三年牒文末行有徐松跋文，云：

　　　　此汲古閣初印本極爲難得，末行故有「後學毛晉從宋本校刊
　　　男扆再校」十三字，書賈削去，偽作宋槧，其版心補痕跡亦鑱去「汲
　　　古閣」字也。道光七年，余得此本，因記之。後之作偽者必併去此
　　　行矣。大興徐松識於好學爲福之齋。鈐「星伯」朱文方印。

　　又，卷末襯葉格紙有葉啓勳跋（右側版框外題「《拾經樓》〔註49〕著錄」），云：

〔註49〕按，此《拾經樓》即葉啓勳《拾經樓紬書錄》，與此跋相校，頗有不同。如此跋「《五音韻譜》等本」，《書錄》脱「等」字；「晉子扆」，《書錄》作「其子扆」；「諸儒皆稱」，《書錄》「皆」作「均」；「此爲大興」，《書錄》脱「爲」字；「讀者珍之」，《書錄》作「觸目可珍」；「舛漏」，《書錄》作「舛誤」；「載宋刊小字本阮氏手跋」，《書錄》作「《説文》『説文』十五卷，宋刊小字本」，阮氏手跋」；「刻書之難矣」，《書錄》「矣」作「也」。而相接一跋及外封之跋，《書錄》皆無。由此可見，此跋實可補《書錄》之不足。

　　明毛晉汲古閣刊《説文》始一終亥之本，初印本極善，以其往往〔註50〕與北宋本、《五音韻譜》等本相同，無改竄也。檢金壇段大令《汲古閣説文訂》，知此書後經晉子扆以小徐《繫傳》羼入，剜改至五次，盡失大徐眞面，故乾、嘉諸儒均稱初印本之難得。此爲大興徐星伯學使松舊臧。徐手跋云：「此汲古閣初印本極爲難得，末行故有『後學毛晉從宋本校刊　男扆再校』十三字，書估削去，僞作宋槧，其版心補痕跡亦鑱去『汲古閣』字也。道光七年，余得此本，因記之，後之作僞者必並去此行矣。大興徐松識於好學爲福之齋。」下鈐「星伯」朱文小方印。余從道州何氏得之。

　　考明季臧書家，以常熟毛氏汲古閣爲最著，而其刊刻古籍，傳播士林，觀於顧湘《汲古閣板本考》琳琅祕笈，讀者珍之，誠前古所未有也。即其傳刻此書，使元、明兩朝不傳之本一旦復見於人間，其有功於小學，尤非淺鮮。顧不盡據所臧宋、元舊本，校勘亦多舛漏，貽後來佞宋者之口實也。

　　此書本從北宋小字本以大字開雕。考歸安陸觀察《皕宋樓臧書志》載宋刊小字本阮氏手跋曰：「嘉慶二年夏五月，阮元用此校汲古閣本於杭州學署。毛晉所刻，即據此本。凡有舛異，皆毛扆妄改」云云。又考嘉定錢宮詹《養心錄》〔註51〕云：「《説文》連上篆文爲句」：「人部『佺』字下云：『偓佺，仙人也。』『偓』字下云：『佺也。』宋槧本不疊『偓』字，汲古閣本初印猶仍其舊，而斧季輒增入『偓』字，古書之面目失矣」，云云。扆，字斧季，精於小學，晉子最知名者。是此書毛晉有校刊之功，斧季有竄改之罪。何小山煌曾有校本以糾其謬而譏之云：「勸君愼下雌黃筆，幸勿刊成項宕鄉。」信乎，校書、刻書之難矣。

　　戊辰仲夏，葉啓勳誌。鈐「定矦寀定」朱文方印。庚午補印。

又有葉啓勳一跋，云：

　　越月晨起，覆閱前跋，八行「閣」下多一三字，九行「作」下脫「僞」字，可見謄寫書亦不易也。定侯。鈐「葉啓勳」白文方印。補印。

〔註50〕按，此字原爲重疊符號，今補完全字。
〔註51〕按，此處所引來自錢大昕《十駕齋養新錄》卷四「説文連上篆字爲句」條。

又，外封有葉啓勳跋，云：

> 土部「聖」引《書》「鮌聖洪水」，陽湖從刻之宋本作「穌聖洪
> 水」，此本同，余藏宋小字本「穌」作「鮌」。余前跋謂此本與陽湖
> 所舉不同者，自是補版之異文，於此蓋可徵信矣。

> 辛未八月初五日，更生。鈐「葉定矦」白文方印。

又，裏封襯葉有葉啓發跋〔註52〕（首行右上角鈐「花鄂堂」朱文方印，
右下角亦鈐一白文方印，不識），云：

> 明虞山毛晉得北宋小字本《說文解字》，改作大字刊行，世頗
> 稱善，惜經其子斧季剟改五次，羼入小徐《繫傳》之文，使大徐眞
> 面盡失，遂爲乾、嘉諸儒所詬病。金壇段玉裁且撰《汲古閣說文訂》
> 以糾其謬，於是毛本爲人所輕視矣。然其初印本則源於宋槧，毫無
> 竄易，固不愧虎賁中郎，且極希見也。

> 此大興徐星伯太史松所藏汲古初印本，有太史印記及手跋三
> 行，後歸道州何子貞學使紹基，輾轉而歸於余者。

> 檢金壇《說文解字注》水部：「洇，洇水也，從水因聲。此字
> 《玉篇》及小徐皆作『洇，困聲』，《廣韻》『洇』『洇』並收，《集韻》
> 《類篇》引《說文》互異，而今存宋本皆作『洇，因聲，於眞切』，
> 毛斧季改爲『困聲，苦頓切』，非是。」又檢桂未谷明經馥《說文解
> 字義證》水部「洇，水也，從水困聲，苦頓切」云：「『困聲』也，
> 初印本作『因聲，於眞切』，宋本、小字本、李燾本並同，《集韻》
> 『洇，伊眞切，《說文》水名』云。」核之此本，「洇」字注作「從
> 水因聲，於眞切」，知爲汲古閣初印未經剟改之本，與桂氏所見初印
> 本同。而段氏初所見者則爲剟改之本，故謂斧季非是也。

> 繼檢陽湖孫淵如糧儲星衍《平津館鑒藏書籍記續編》「寫本」
> 「《說文解字》十五卷」云：「此王蘭泉少寇所藏，余影寫得之。其

〔註52〕按，此跋又見葉啓發《華鄂堂讀書小識》，兩文相校，亦有異同。如此跋「此
大興徐星伯太史松所藏汲古初印本」，《小識》脫「汲古初印本」五字；「桂未
谷」前，《小識》有「曲阜」二字；桂氏所引《集韻》「伊眞切」，《小識》作
「於眞切」；「毛本一曰器玉」，《小識》「器玉」倒；「又可知孫氏」，《小識》「知」
作「見」；「張石舟」，《小識》「舟」作「州」；「許學之書」，《小識》「學」作
「氏」。

與毛本異者，玉部『珣』字注，毛本『一曰器玉』，此本作『一曰器』；牛部『牿』字注，毛本『《周書》曰：「今惟淫舍牿牛馬」』，此本作『《周書》曰：「今惟牿牛馬」』，云云。檢此本玉部「珣」字注，牛部「牿」字注，與孫氏所見毛本不同，而與孫藏影寫宋本相合，又可知孫氏所見毛刻亦爲已經剜改之本，不如此初印之同於宋本者之可貴也。

毛氏所從出之北宋刻本，余亦有之。段《注》則有大興手錄仁和龔定盦禮部自珍批本及先族祖調笙公評本，桂《證》則有靈石楊氏連筠移原刻本，安邱王籙友筠《釋例》則有其寫定付刻稿本經平定張石舟大令穆及道州評語者。許學之書，粗備翰墨，書緣不可謂淺。愧余無學，不能研讀，插架塵封，徒飽蟫腹，自幸亦自哂爾。

庚午七月，秋燥灼人，有如酷暑，東明揮汗書。

鈐「啓發小印」朱白陰陽印，「洞庭山西洞庭湖南人」白文方印。

綜合以上數跋可知，此本先於道光七年爲徐松所得，繼歸何紹基，終歸葉啓勳、葉啓發兄弟。據徐跋可知，此本雍熙三年牒文末無毛晉父子校勘一語，所以無從得知其原本題作「後學」二字，還是「有明後學」四字。不過，從葉啓發所錄諸字看，如玉部「珣」字作「一曰器」，牛部「牿」字作「今惟牿牛馬」，水部「洇」字作「从水因聲，於眞切」，皆與宋本、淮南本等合，而國圖藏本皆已剜改（其中「洇」字作「从水因聲，苦頓切」，今剜去一半），則其出現當較此早些〔註53〕。

再舉幾例於下：

1. 卷一上部「帝」字下，此本作「辛示」。
2. 卷一示部「纛」字下，此本作「春」。
3. 卷一玉部「玉」字下，此本作「專」。
4. 卷一玉部「璱」字下，此本作「璱」。

以上 4 例，此本皆與段《訂》所據「初印本」、淮南本等同，而國圖藏本於第（4）條已經改作了「瑟」，這也證明了上面的推論。

〔註53〕按，該館著錄爲「清初毛氏汲古閣刻本，葉啓勳題識、葉啓發題識」。

第七節　遼寧圖書館所藏「初印本」

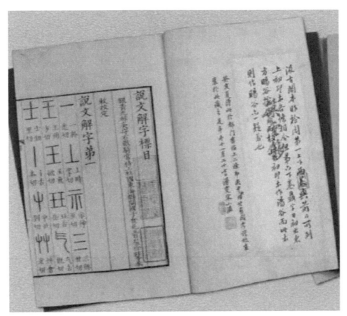

此本 8 冊，遼寧圖書館藏，索書號「善 22009」〔註54〕。版式與前同。《標目》首行鈐「安樂堂藏書記」「明善堂珍藏書畫印記」等朱文方印，雍熙三年牒文末題「有明後學毛晉從宋本校刊　男扆再校」。

筆者未見此本全書，今據劉冰《汲古閣本〈說文解字〉》〔註55〕和康爾琴《毛氏汲古閣刻本特色及其價值考述》〔註56〕等文介紹將所記跋文錄於下：

其裏封襯葉有涵芬樓墨筆書籤跋，云：

　　汲古《說文》為初印本，殊不易得，宋本殘葉中頗有異同，借

　去一觀，校畢即奉繳。

襯葉背面亦有墨筆書籤跋，云：

　　汲古閣本昨檢閱第一上、下兩卷，與前日所列上初印本各條相

　合。但第六下卷「叒」字「日初出東方暘谷」，據鈕匪石《校錄》云：

〔註54〕見《全國古籍普查登記基本數據庫》：http://202.96.31.78/xlsworkbench/publish
advancedConditionString=%5B%7B%22conditionValue%22%3A%22YU%22%
2C%22queryValue%22%3A%22E5%AE%8B%E5%B0%8F%E6%BF%82%22
%2C%22queryConditionField%22%3A%22PIJIAOTIBA%22%7D%5D&orderPr
operty=PU_CHA_BIAN_HAO&orderWay=asc

〔註55〕劉冰：《汲古閣本〈說文解字〉》，《圖書館學研究》，2010 年第 3 期。

〔註56〕康爾琴：《毛氏汲古閣刻本特色及其價值考述》，《圖書館學研究》，2010 年第
16 期。

「初印本作『湯谷』」，而此□則作「暘谷」，亦一疑□也。

旁有民國十二年宋小濂跋，云：

> 癸亥夏，得此於都門書□上二條，即□□□□有□考□，故□
> □於此識之。□□年十一月二十七日□□，宋小濂。

卷末有民國十二年崇彝跋，云：

> 《說文解字》自宋分大小字二本，此毛氏汲古閣精摹宋大字本
> 最初印本。

又崇彝跋，云：

> 癸亥夏，聚珍書坊得此見示，喜其完美而斥望之奢也……爲宋
> 君鐵梅所獲……鐵翁寶此，終世傳書。鈐「崇彝信記」「頲盦」等印記。

據此可知，此本曾爲怡府舊藏，民國十二年爲宋小濂所得。據涵芬樓跋文可知，此本於卷六「皍」字作「日初出東方暘谷」，這與淮南書局本、臺灣「國圖」藏本、剜改本相同，而與段《訂》所據「初印本」、國圖藏本有異，故筆者以爲其應當是較晚的初印本了。惜未窺全書，不知詳情，今暫列於此，以待日後再考。

以上我們較爲詳細地介紹了 7 部所謂的毛氏汲古閣「初印本」。其實，據前引國圖所藏袁廷檮跋本可知，清代還有顧之逵和顧廣圻所藏的「初印本」，今皆不得見。

此外，王欣夫先生《蛾術軒篋存善本書錄》著錄了「毛氏汲古閣二次校改本，無名氏臨清獨山莫友芝校本」〔註57〕。觀其解題，有莫友芝據「毛氏初印本」校剜改本的一條記錄，則莫氏當有一部毛氏汲古閣初印本。然檢《邵亭知見傳本書目》卷三「說文解字三十卷」條〔註58〕，有「汲古閣大字本」，未云是初印本。又，《京都大學人文科學研究所漢籍目錄》著錄了「虞山毛氏汲古閣刊第四次修改本」，凡 8 冊，索書號爲「東方　經-X-2-2」〔註59〕。既然云「第四次修改本」，則亦爲剜改本之前的本子。以上兩部筆者亦未親睹，不知是否如其所說，並附記於此。

〔註57〕王欣夫撰，鮑正鵠、徐鵬標點整理：《蛾術軒篋存善本書錄》「辛壬稿」卷一，上海：上海古籍出版社，2002 年，第 432 頁。按，此本 4 冊 1 函，今藏復旦大學圖書館（索書號「善 3408」）。

〔註58〕（清）莫友芝：《邵亭知見傳本書目》卷三，清同治十二年莫繩孫刻本。

〔註59〕京都大學人文科學研究所編：《京都大學人文科學研究所漢籍目錄》，同朋舍，第 53 頁。

　　附：為了梳理得更清楚些，筆者做了以下一個有關汲古閣「初印本」的關係圖：

　　其根據有三：（1）凡附有毛扆謹識和 11 則有關《說文》論述的版本應出現較晚。（2）凡有「有明」二字者，應該屬於早期校樣本。（3）根據諸本與宋本和剜改本之間關係的密切程度，凡是與諸宋本文字多同者應屬於早期版本。反之，與剜改本多同者則出現較晚。

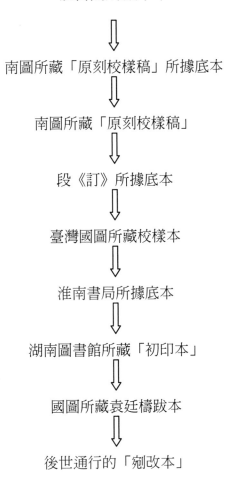

汲古閣所藏宋本

⇩

南圖所藏「原刻校樣稿」所據底本

⇩

南圖所藏「原刻校樣稿」

⇩

段《訂》所據底本

⇩

臺灣國圖所藏校樣本

⇩

淮南書局所據底本

⇩

湖南圖書館所藏「初印本」

⇩

國圖所藏袁廷檮跋本

⇩

後世通行的「剜改本」

第四章　毛氏汲古閣本《說文》現存批校題跋本

　　宋太宗雍熙三年（丙戌 986）徐鉉、勾中正奉敕修訂《說文》並刊行於世，世稱之爲「大徐本」，以與徐鍇《繫傳》相別也。南宋至元，此本屢經修版刊行，但存世無多。入明之後其版則漸被銷毀，當時所行乃李燾《五音韻譜》耳，故時人不知有大徐本在，就連清初大學者顧炎武亦不免將李書誤作大徐本〔註1〕。然自明末清初毛氏汲古閣依其所藏宋刻元修本翻刻之後，乾、嘉諸老方知世間尚存有始一終亥本之《說文》；而自段玉裁依諸本校訂汲古閣本，作《訂》之後，當時學者方知汲古閣本《說文》並非遵照原書刊刻，尚有剜改之謬，故對之進行研究的各種著作漸漸增多，同時，重刻、翻刻《說文》的活動也逐漸提上了日程。在這些文獻中，除了獨立著作外，一些批校題跋本引起了筆者的興趣。

　　所謂批校題跋本，是批校本和題跋本的合稱。其中，批校本又分爲批本和校本兩種。「批本是批評文章，是對某書的某篇或某個段落或者是某句話甚至某個詞、字的評價。而校本是正其謬誤，是對於一書的眞僞、字句的正確與否及有關該書包括書名、作者、版本、內容等一切問題進行澄清。題跋本是對一書的綜合評價，甚至包括作者何時購此書、當時的天氣情況、寫此

〔註1〕（清）顧炎武著，黃汝成集釋，欒保群、呂宗力校點：《日知錄集釋》卷二十一，上海：上海古籍出版社，2006年，第1207頁。其云：「《說文》原本次第不可見，今以四聲列者，徐鉉等所定也。」按，所謂「四聲列者」即（宋）李燾所編《五音韻譜》，「徐鉉等所定」其實是始一終亥本的大徐本。

題跋時的心情等。」〔註2〕理論上，這幾類本子可以進行如此明確界定的。但實際上，具體到所批校題跋的某一版本時，它們往往是並存的，很難進行截然區分，尤其是批本和校本。所以爲論述方便，我們只能籠統地稱之爲批校題跋本，且在具體探討時根據版本的內容大致著錄爲某某批校，某某跋，等等。基於此，所謂汲古閣本《說文》的批校題跋本，指在大徐本《說文》汲古閣系統的各個版本上由當時的學者依照各種資料所做的批校文字或者題跋諸文。如果將這些內容摘抄下來，便是一部獨立的研究性著作了〔註3〕。這些文字由於是在原本上進行批註或題跋的，所以顯得較爲零散，甚至有些潦草。同時，這類版本由於向來爲各大圖書館視爲善本而秘不視人，故學者很少對之進行整理。近年來隨著大型圖書館（如國圖、上圖等）館藏古籍的不斷對外開放和古籍數位化的不斷發展，這類版本也漸漸可以進行閱覽，這是一種幸事，但仍然研究者較少。而專業人士又大多關注其內容而忽略其版本，故亦對之不甚注目。其實，這種本子尚有諸多用處。今就所知所見〔註4〕，對之進行較爲詳細的著錄。而對其中可疑的批校題跋，我們也儘量參照相關資料進行考證。

第一節　汲古閣本之批校題跋本

　　毛氏汲古閣本《說文》在乾、嘉時期流行甚廣，容易獲取，故學者們每於其上進行批校題跋，今存世者亦最多。此本半葉七行，大小字不等，大字篆字行七字，楷字行十五字，小字雙行同，行四十二字。左右雙邊，白口，單黑魚尾，魚尾下題「說文几上／下」及葉碼。卷端題「說文解字弟一上　漢太尉祭酒許慎記」「銀青光祿大夫右散騎常侍上柱國東海縣開國子食邑五百戶臣徐鉉等奉敕挍定」，裏封題「北宋本挍刊　說文眞本　汲古閣藏板」。首《標目》一卷，卷十五末題「後學毛晉從宋本挍刊　男扆再挍」，末附毛扆識與其

〔註2〕章力：《批校本》，蘇州：江蘇古籍出版社，2003年，第3頁。

〔註3〕按，這種工作其實古人早已開展過，如《惠氏讀說文記》，是清代學者惠棟在汲古閣本《說文》上進行批校而由其弟子江聲將這些批校文字輯錄而成的一部著作。《席氏讀說文記》亦是如此成書的。

〔註4〕按，《中國古籍善本書目》共錄大徐本《說文》批校題跋本凡52種，而據筆者調查，至少有81種。其中，國家圖書館所藏最多。而筆者所見，不及四分之一，甚爲遺憾。

所輯 11 則有關《說文》論述。

以下所錄諸本版式皆同，故略之。

1、說文解字十五卷，標目一卷，（清）嚴蔚校並跋

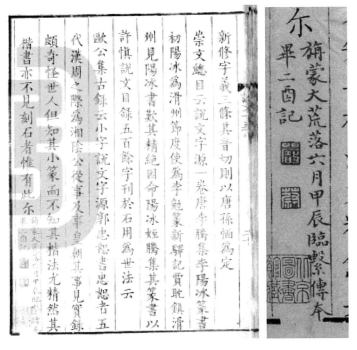

國家圖書館藏，5 冊，索書號為「11780」。

此本天頭處有朱墨筆批校，文內有朱筆圈點和校改。其末葉題：「旃蒙大荒落六月甲辰臨《繫傳》本畢，二酉記。」下鈐「嚴」「蔚」二白文連珠印。

按，嚴蔚，字豹人，「元和國子生，著有《詩考異》《春秋內傳古注輯存》，盧抱經、王西沚亟稱之。」〔註 5〕其生卒年不詳，從鄭偉章先生《文獻家通考》〔註 6〕所輯資料看，其當生活在乾、嘉時期。據此，跋文中「旃蒙大荒落」（即「乙巳」）當為乾隆五十年。而據跋文和正文批校語可知，其所錄為小徐《繫傳》，但亦有《釋文》等語。其批校多為出異文，且校語不太多。

2、說文解字十五卷，標目一卷，（清）賈崧校跋並過錄惠士奇、惠棟、王念孫、段玉裁、江聲等校

〔註 5〕（清）楊鍾羲：《雪橋詩話續集》卷五，民國間求恕齋叢書本。

〔註 6〕鄭偉章：《文獻家通考》，北京：中華書局，1999 年，第 279～280 頁。

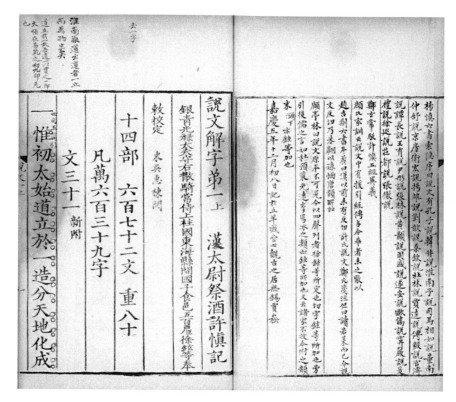

國家圖書館藏，6冊，索書號為「04667」。

此本裏封有「虎邱萃古齋　書坊發兌印」朱文戳記。《標目》據《汗簡》校，其末則有清嘉慶五年賈崧跋文，乃抄錄名家諸跋而成，今依次錄於下：

其一朱筆抄錄毛扆跋：

> 癸巳四月初六日，從郭恕先《汗簡》目錄校一過，方知徐騎省之是，夢英石刻之謬。但恕先亦有倒置處，必以騎省本為準也。汲古後人毛扆，時年七十有四。

其二墨筆抄錄《六書索隱序》《六書本義》及顧炎武諸說：

> 楊慎《六書索隱序》曰：《說文》有孔子說、韓非說、淮南子說、司馬相如說、董〔註7〕南、董仲舒說、京房、衛宏說、揚雄說、劉歆說、桑欽說、杜林說、賈逵說、傅毅說、官溥說、譚長說、王育說、尹彤說、張林說、黃顥說、周盛說、遂安說、歐僑說、寧嚴說、爰禮說、徐巡說、莊都說、張徹說。

> 鄭玄常駁許慎《五經異義》。

〔註7〕按，後一「董」字原附在此字後，是重文符號，今補全移於後。

趙古則《六書本義》曰：漢以前未有反切，許氏《説文》、鄭氏箋注但曰「讀若某」而已，今《説文》反切乃朱翱以孫愐《唐韻》所加。

顧亭林曰：《説文》原本不可見，今以四聲列者，徐鉉等所加也。旁引後儒之言，如杜預、裴光遠、李陽冰之類，亦鉉等所加也。又云：諸家不收，今附之韻末「灠」下，亦鉉等加也。

嘉慶五年十二月初八日記於五羊城坣心覵古之居，無錫賈崧。

此本卷一下卷末有朱筆跋云：葉本校一過，半農。

又，其正文首葉第三行有「東吳惠棟閲」朱筆字樣，天頭、地腳及正文內有朱墨筆批校，或有書籤朱墨筆批校。今檢其校語，有引王念孫（墨筆）〔註8〕、錢坫（墨筆）、江聲（墨筆）之説，有轉引段《訂》者（朱筆），有過錄惠《記》之文〔註9〕，朱墨燦然，圈點滿紙。就此本所錄惠氏校語而言，雖沒有對惠氏父子的校語進行具體的區分，但結合前面的墨莊氏過錄二惠校之本看，可知此本凡惠士奇校用墨筆，惠棟校用朱筆。從朱墨筆批校次序看，似乎是先墨筆批校後，又進行朱筆修改。如卷十四下「阬」字，天頭墨筆批「《玉篇》云：『阬』〔註10〕即崔嵬之『崗』，則非兀聲矣。」旁朱筆改「嵬」為「崗」。

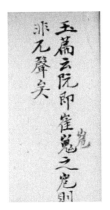

以下我們具體舉幾例進行説明：

〔註8〕按，此本所引王念孫之説概與桂馥所錄王念孫《説文解字校勘記》同出一源，今將二本相校，一一吻合，惜此本過錄不全。

〔註9〕也有據之逕改者，如卷十五惠《記》云「『貫』讀為『冠』，『敱』作『遬』，『申』作『信』」等，此本皆直接在本字上改之。

〔註10〕按，原作「阬」，蓋傳抄之訛。

（1）卷一上「元」字，天頭墨筆批：「王念孫曰：徐鍇以爲『元』字不
當从兀聲，故云『聲』字人妄加也。今攷《說文》『髡』，从髟兀
聲，或从元聲作『髠』。又『輐』，从車元聲，音輓，即『小車無軔』
之軔。蓋元與兀本一聲之轉，故元从兀聲，而从元之字可以从兀，
从兀之字可以从元也。又攷唐元度《九經字樣》皆奉《說文》，其
『元』字注亦云『从一兀聲』，則《說文》作『从一兀聲』明甚。
鍇不得其解而削去『聲』，鉉又改爲『从一从兀』，益非。」

（2）卷一上「珣」字下注「醫無閭之珣玗琪」，天頭朱筆批：「一本作『醫
無閭之珣玗琪』，一本『一曰』下有『玉』字。」

（3）卷十四下「𨷻」字下注「一名梟羊」，旁圈「羊」改作「陽」，又與
天處朱筆批：「初刊本作『梟陽』。按，他書俱作『陽』，惟《尔疋》
作『羊』，疑毛氏誤改。」

（4）卷十四下「㜽」下注「效也」，天頭朱筆批：「『效』，初刊本作『放』，
毛氏誤改。」

（5）卷十五上「察而可見」，天頭墨筆批：「錢坫曰：《漢書・埶文志》
作『察而見意』，與收上叶。」

（6）卷九上「縣」字，天頭墨筆批：（惠《記》）「《廣韻》云『縣』本作
『寰』而《說文》無『寰』字，似『寰』即『縣』，然謂『楚莊王
滅陳爲縣，〟名自此始』曷謂？《周禮》作『縣』不作『寰』，改
『寰』爲『縣』始於楚莊王，又何據也？」「聲按，《汗簡》有『寰』
字注『音縣』，則《廣韻》爲縣始楚莊，雖不可信，其以『寰』爲
古『縣』字當有據也。」

又，卷十五上「漢興有艸書」下注「張芝」，天頭墨筆批：「江聲曰：
宋本『張芝』作『張竝』。」

（7）卷二上「踵」字注「跟也」，天頭朱筆批：「『跟』，《玉篇》从止作
『㾤』，《說文》無『㾤』字，當从足。」旁書籤朱筆批：「頴案，
眉批《說文》無『㾤』字，疑有訛錯。『㾤』字見後足部第十一頁
後一行。『㾤』，『跟』或从止。」

（8）卷八上「儋」字下注「何也」，天頭朱筆批：「成按，『何』字既作
『儋何』解，應作去聲。」

（9）卷十二下「弦」字，天頭朱筆批：「宸按，《廣韻》三十二『霰』中
　　『絃』與『絇』同，乃『絇』字別體書。細揣其義，從系玄聲確係
　　『絇』字，故《説文》《玉篇》系部並不收此字。」

以上9條，第（1）條爲王念孫之説，第（2）至（4）條轉引自段《訂》，
第（5）條爲錢坫之説，第（6）條爲江聲之説，第（8）至（9）條分別有「穎
案」「成按」「宸按」字樣，暫不知爲何人所批。總而言之，此本之批校語是
非常豐富的。

另外一些校語也值得注意：
（1）卷一下「蘇」字注「蘇」，文內朱筆夾批：「『蘇』，北宋本誤『鯥』」
（2）同卷「茜」字注「讀若■」，天頭朱筆批：「楚金作『俠』亦非，
　　疑『住』字之悮。」
（3）卷二上「㕭」字注「讀若蘗」，文內朱筆夾批：「北宋本脱『若』
　　字。」

以上3例，第（1）（3）條提到的「北宋本」尚待進一步考察，第（2）
條所疑亦可備一説。

又，此本《北京圖書館古籍善本書目》《中國古籍善本書目》皆著錄爲「佚
名校注」，然據《標目》跋及文內批註，可知應爲「（清）賈崧校跋並過錄惠
士奇、惠棟、王念孫、段玉裁、江聲等校」。

又，上海圖書館亦藏有題作「賈崧跋並錄惠棟校」的一個汲古閣本，索
書號爲「線善789892-97」，6冊。裏封亦有「姑蘇萃古齋書坊發兌印」朱文
戳記。《標目》首行鈐「曾爲徐紫珊所藏」朱文方印，可知曾爲徐渭仁所藏。
今將二本相校，可知兩本中賈崧所抄錄諸文皆同，文內批校圈點文字亦多相
同。除某些校語和校語的位置略有出入外，訛誤之處亦相同。如卷六上「纍」
字，此本天頭墨筆批：「棟按，『纍』疑『沮』字，見《周書·文酌》篇極有
七字之一。今《周書》『纍』誤『聚』，宋刻亦然。宋人不識字，類《説文》
校正。今宋本《説文》亦缺此字，惟《玉篇》所載無缺。南唐二徐學問不廣，
故加『缺』字。先君添入『纍』字，以《玉篇》增也。」上圖本於此條「今
《周書》『纍』」後有「字」，餘皆相同。若將此條與惠《記》相校，可知「『沮』
字」「七字」之「字」乃「事」之誤，「類」爲「賴」之誤。由此可見，兩本
應該是相繼抄錄而成的。其筆跡頗有不同，與傳世的賈崧墨寶相校，此本似
乎較上圖本更接近賈氏手筆。

3、說文解字十五卷，標目一卷，（清）吳騫校

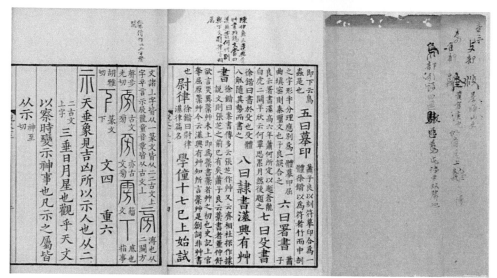

國家圖書館藏，8 冊，索書號爲「09908」。

此本《標目》首葉天頭鈐「密均樓」朱文方印，下鈐「拜經樓吳氏臧書」「烏程蔣祖詒讀書記」朱文方印，末葉鈐「咸豐庚巳後收藏」「烏程蔣維基記」「淡泉」三朱文方印。卷一卷端第三行鈐「維基私印」「蔣氏子垕」「馬仲韓」三朱文方印，卷二下末葉末兩行鈐「千元十駕人家臧本」白文方印，卷三上卷端首行鈐「徐貞」白文方印，卷九上卷端三行鈐「祝淵印信」「靚士」二白文方印，卷十五上卷端首行鈐「眞率會」白文方印，部首首行鈐「王乳山旁」朱文方印，末葉鈐「子═孫═用之勿□」白文方印。卷十五下卷端首行鈐「□」朱文小方印。雍熙三年牒文末行「後學毛晉從宋本校刊　男扆再校」旁鈐「蔣」朱文圓印，「子垕收藏」「儷籯館」二朱文方印。末葉末行鈐「古曲江燕中人」白文方印。由此可知，此本原爲吳騫舊藏〔註11〕，後歸入蔣維基儷籯館、蔣祖詒密韻樓等。但檢王國維《傳書堂藏善本書志》收錄了《說文》凡 6 本〔註12〕，卻未見此本，故頗疑蔣維基書散之後落入他人之手，後蔣祖詒又重獲之。其間曾爲徐貞、祝淵等人收藏過。

〔註11〕（清）吳騫所編《拜經樓書目》（臺灣「國家」圖書館藏逸園抄本）著錄「徐鉉許氏《說文》八本」，不知是否指此本。

〔註12〕王國維著，房鑫亮校點，崔文印復校：《傳書堂藏善本書志》，房鑫亮分卷主編：《王國維全集》第九卷，杭州：浙江教育出版社，2010 年，第 110～112 頁。

此本有朱筆校語十多條，今依次錄於下：

（1）卷一上「旁」字，天頭批：「《繫傳》作『从二方聲，闕』。」

（2）卷二下「蹭」字，天頭批：「前『趡』字又引《詩》曰：『謂地蓋厚，不敢不趡。』」

（3）卷三上「卅」字，天頭批：「『卅』，《隸辨》《廣韻》引《說文》云『數名』，今本《說文》無此字，豈古有之而今逸之耶？」

（4）卷四上「盼」字，天頭批：「『盼』不解字，豈有脫乎？」

（5）卷四上「羌」字，文內原作「西戎从」，朱筆改「从」爲「牧」。

（6）卷四下「剝」字，天頭批：「《周書》當作《夏書》，《繫傳》與此同誤。」

（7）卷七上「冪」字，天頭批：「孫頤谷云：『《說文》原有「冪」字，今篆文脫去，而以注移於「冪」字之下。』」

（8）卷八上「祕」字，天頭批：「『玄服』，《繫傳》作『袪服』，引『鄒陽袪服叢臺』之語。」

（9）卷十一上「洹」字，天頭批：「洹水，經注引《說文》在晉、魯之間，此作『齊』訛。」

（10）卷十四下「醬」字，天頭批：「按，『監』一作『醯』，蓋訛爲『監』耳。『爿』上疑脫『从酉』二字，《五音韻譜》同。《繫傳》『爿』上有『引』字，亦誤。」

（11）卷十五上「漢興有艸書」，天頭批：「陳仲魚云：『漢興有艸書，□譌文，當曰『漢興，蕭何艸』，則與下文「尉律」字相屬。』」

（12）卷十五上「達神恉」下小注，天頭處批：「此注疑當在『前聖人之微恉』下。」

（13）卷十五下「朔日甲申」，天頭書籤批：「『朔日甲申』，《繫傳》作『甲子』（墨筆），依韻當以『申』爲正。（朱筆）」

此外，卷五上第 8-9 葉有一紙，墨筆批：「卷三攴部舲，秦峰山文。」「卷四隹部雝，黃倉庚也。似當連上雝字讀。」「冪部引《詩》曰：『匪鱟匪鳶』。此《詩》中雙聲也。」

據此可見，此本或據《繫傳》進行校勘，如第（1）（6）（8）（10）（13）條。或引名家之語進行辨正，如第（7）條引孫志祖之語，第（11）條引陳鱣之語等。或引群書進行批校，如第（3）（9）條。整體上是對汲古閣本進

行刊謬補脫的。

　　另外，此書並未明確說是吳騫所校，而《北京圖書館古籍善本書目》《中國古籍善本書目》並著錄爲「（清）吳騫校」，今存疑，故將此本之部分校語列於下，以求教於方家。另附芝蘭齋所藏吳氏跋文〔註13〕一則進行對比。

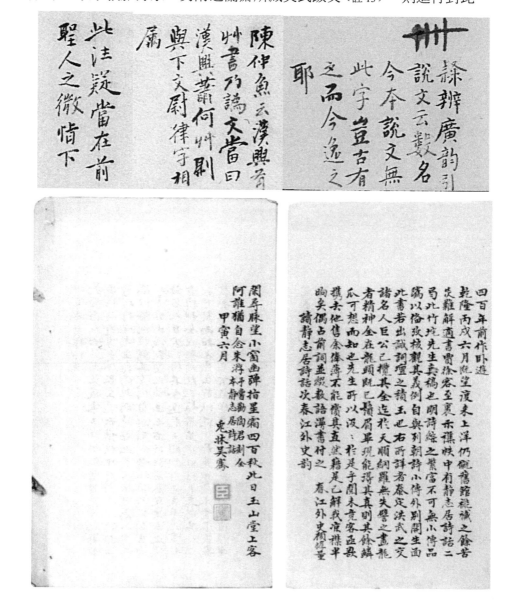

〔註13〕　按，《靜志居詩話》八卷，（清）朱彝尊撰，清吳騫乾隆五十八年抄本並跋，過雲樓舊藏，今藏芝蘭齋。圖片見韋力：《芝蘭齋初跋》，第34頁。

4、說文解字十五卷，標目一卷，（清）佚名校並過錄袁廷檮跋

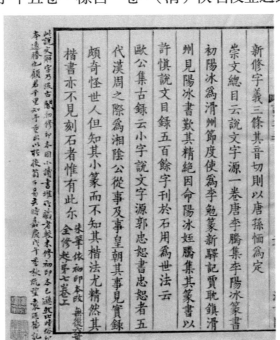

按，此本的情況詳見本書第三章第六節，此處僅錄較爲重要的批校凡 50 條以供參考。又此本末葉朱筆跋云「全修起弟七卷上」，故以下所錄皆摘自第七卷之後。

（1）卷七上「康」字，原作「从米康聲」，朱筆改「康」爲「庚」。

（2）同卷「秅」字，原作「二十斤」「十六斤」，朱筆改「斤」爲「升」。

（3）同卷「糦」字，原作「麮」，朱筆改爲「麷」。

（4）卷七下「宕」字，原作「有項宕鄉」，朱筆「有項」二字倒。

（5）同卷「窋」字，原作「从穴出聲」，朱筆於「穴」旁增「中」字，且劃去「聲」字。

（6）同卷「疒」字，原作「皆疒」，朱筆於「皆」旁增「从」字。

（7）同卷「疻」字，原作「痕」，朱筆改作「瑕」。

（8）同卷「𦳫」字，原作「艸莓之莓」，朱筆劃去「之」字。

（9）同卷「帶」字，原作「男子鞶革婦人鞶絲」，朱筆改「革」和第二個「鞶」爲「帶」。

（10）卷八上「保」字，原作「古文禾」，朱筆改「禾」爲「呆」。

（11）同卷「俊」字，原作「才過千人也」，朱筆改作「材千人也」。

（12）同卷「俴」字，原作「方鳩」，朱筆改作「旁救」。

（13）同卷「幾」字，原作「歲將」，朱筆改「歲」爲「數」。

（14）同卷「佻」字，原作「偷也」，朱筆改「偷」爲「愉」。

（15）同卷「侉」字，原作「備詞」，朱筆改「備」爲「憊」。

（16）同卷「俘」字，原作「俘馘」，朱筆改「馘」爲「職」。

（17）同卷「眾」字，原作「曰」，朱筆改作「云」。

（18）同卷「褧」字，原「褧衣」下闕一字，朱筆補「示」字。

（19）同卷「複」字，原作「重衣也」，朱筆改「也」爲「皃」。

（20）卷八下「覍」字，原作「般曰尋」，朱筆改「尋」爲「籲」。

（21）同卷「先」字，原作「之在人上」，朱筆劃去「在」字。

（22）同卷「歃」字，原作「歃歃」，朱筆改作「絫絫」。

（23）同卷「欪」字，原作「讀若屮」，朱筆改「屮」爲「黜」。

（24）卷九上「頂」字之或體，原作「丁」，朱筆改作「作」。

（25）同卷「頰」之籀文，原作「从貧」，朱筆改「从」爲「頰」，並圈去「貧」字。

（26）同卷「煩」字，原作「項煩也」，朱筆改「煩」爲「枕」。

（27）同卷「顡」字，原作「伺人也」，朱筆改「伺」爲「司」。

（28）同卷「顲」字，原作「咸聲」，朱筆改「咸」爲「感」。

（29）同卷「顫」字，原作「面顲」，朱筆改「顲」爲「顙」。

（30）同卷「鬄」字，原作「剔聲」，朱筆改「剔」爲「易」。

（31）同卷「髳」字，原作「小兒」，朱筆改「兒」爲「人」。

（32）同卷「髼」字，原作「鬆」，朱筆改作「鬊」

（33）同卷「鬆」字，原作「彔聲彔」，朱筆改兩「彔」爲「录」。

（34）同卷髟部末「重七」，朱筆改作「重六」。

（35）卷十上「駗」字，原作「難行也」，朱筆劃去「行」字。

（36）卷十下「圁」字，原作「圂圁」，朱筆改「圂」爲「圁」。

（37）同卷「塼」字，原作「肇」，朱筆改作「肇」

（38）同卷「竭」字，原作「或從舒」，朱筆於「舒」下增「聲」字。

（39）同卷「愾」字，原作「太息也」，朱筆圈去「太」下一點。

（40）卷十一上「瀶」字，原作「灞」，朱筆改作「霸」。

（41）同卷「潕」字，原作「舞陰」，朱筆改「陰」爲「陽」。

（42）同卷「涃」字，原作「苦頓」，朱筆改作「於眞」。

（43）同卷「澥」字，原作「勃澥」，朱筆改「勃」爲「郭」。原作「別名也」，朱筆劃去「名」字。

（44）同卷「濱」字，原作「濱濱然」，朱筆圈去「然」字。

（45）同卷「滃」字，原作「雲氣起也」，朱筆改「也」爲「山」。

（46）同卷「澋」字，原作「澋沛」，朱筆改作「沛之」。

（47）同卷「潯」字，原作「巽倦」，朱筆改作「衫洽」。

（48）同卷「淋」字，原作「以水沃也」，朱筆改「沃」爲「茇」。

（49）卷十一下「鰥」字，原作「鰻」，朱筆圈去形符「魚」。

（50）卷十二上「耿」字，原作「炯省」，朱筆改「炯」爲「烓」。

5、說文解字十五卷，標目一卷，（清）桂馥校，孟廣均跋

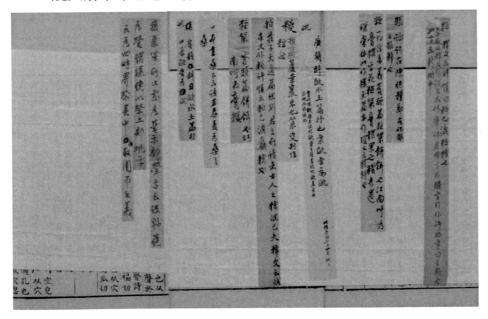

國家圖書館藏，6 冊，索書號爲「02093」。

此本《標目》首行鈐「翰林博士孟廣均誃」朱文方印，二至六行騎墻處又有「學部圖書之印」漢滿朱文大方印。第 3 冊襯葉鈐「□卷齋藏書印」白文方印。

此本末佚毛氏所輯 11 則有關《說文》之說，其雍熙三年牒文後有清道光二十八年（戊申）孟廣均隸書跋文，云：

　　桂未谷先生名馥，一時名下，博極羣書，而唯嗜金石。夫討論

金石者，率以銘刻爲證據，銘刻則自唐、虞迄漢，無所謂行、楷也。凡雲龍、龜穗、蝌蚪、岣嶁，靡非篆、隸，炳炳麟麟，古香古色。於是漢太尉祭酒許公袞輯歷古篆法，彙爲一編，名曰《説文》，則凡古篆、籀篆、大篆，以及習俗相沿，因革損益，各體燦然大備，可謂簡而賅，詳而盡矣。

　　桂未谷先生之得是書也，復將字之有關經典者，條分縷析，粘列於上，共計籤出四百八十九條。援引確鑿，觸類旁通，莫不根據六經，發明注釋。而其書濃之蒼健秀媚，尤爲可寶也。既經手注，凡字之有詮解者，一展冊兼採，令人豁然於心目間，則先生攷核之功爲，何如之精深廣博哉！夫人往鳳微，正殷欽企，而吉光片羽，足寄遐思矣。

　　時道光箸雍涒灘之歲壯月中秋前五日余得之，爲忻愒者累日，遂什襲而藏諸賜書樓。

古邾孟廣均謹跋。鈐「臣廣均印」白文小方印，「翰林博士」朱文方印。按，《聖門十六弟子書·孟子書》卷七云：「孟廣均，字精華，又字胥霑。戊子科舉人。道光十三年承襲翰林院五經博士，主奉祀事。子昭銓。」〔註14〕據此可知，「翰林博士」一印即是因其承襲官職而刻的。

　　按，此跋内容實價值不大，我們主要關注的是此本文内桂馥的書籤朱墨筆批校。據此跋統計，此本批校凡489條。以下試舉幾例具體加以說明。

（1）卷一上「一」字，書籤墨筆批：「『一』，錢氏大昭曰：『『一』之爲字，取類甚多。古文以爲上，見帝字注，不部以爲天，玉部以爲地，甘部以爲道，雨部以爲陽，隨文立義，言各有當。』」

（2）卷一上「一」字，書籤墨筆批：「『一』，戴侗《六書故》曰：『衡一於上者，若天、若雨、若丌、若不、若末，皆指其在上之象。衡一於下者，若土、若丘、若旦、若至、若皿、若豆、若本、若氏，皆指其在下之象。衡一於中者，若母、若王、若朱，皆指其在中之象也。』」

（3）卷一上「元」字，書籤墨筆批：「『元』，《論語》『小車無軏』，車部作『軏』。」

〔註14〕　（清）馮云鵷輯：《聖門十六弟子書·孟子書》，清道光刻本。

（4）卷一上「丕」字，書籤墨筆批：「『丕』，《禹貢》『三苗丕敘』，《史記・夏本紀》作『大敘』。」

（5）卷一上「吏」字，書籤墨筆批：「『吏』，顏師古注《漢書》：『吏，理也。』唐諱『治』，改爲『理』。」

（6）卷一上『帝』字，書籤墨筆批：「『帝』，《呂氏春秋・慎大覽》：『帝也者，天下之適也。』高注：『適，主也。』」

（7）卷十三上「蜼」字，書籤墨筆批：「蜼，揚雄《蜀都賦》『獑胡蜼玃』，『雖』當作此『蜼』。」

（8）卷十四上「鉅」字，書籤朱筆批：「《淮南》注」，又墨筆批：「服虔《史記》注引許慎曰：『鉅，鹿水之大橋也，有槽粟也。』」

（9）卷十四下「嘼」字，書籤墨筆批：「嘼，錢氏大昭曰：《廣雅》有《釋嘼》，〃即畜也。《爾雅》有《釋畜》，《釋文》云：『『畜』，本又作「嘼」，音同。』《字林》云：『嘼，產也。』是古本《爾雅》有作『釋嘼』者，故《廣雅》與之同也。《說文》：『嘼，㹌也。』『㹌，畜牲也。』以其蓄於家者，故謂之畜；在野者，則謂之獸矣。」

（10）卷十四下「醫」字，書籤墨筆批：「醫，醫酒。」

以上 10 條中，桂氏多引諸家及羣書說而不自下斷語，如第（1）（2）引錢大昭、戴侗之說，第（5）條引顏師古《漢書》注，第（6）條引《呂氏春秋》說，等等。如果再擴大到其他批校，凡《廣韻》《釋名》《爾雅》等典籍皆有所引。但亦有不注明出處者，如第（10）條，其他如「禘」字批「五歲一禘」，「祫」字批「三歲一祫」，等等。引用時或出異文以溝通字際關係，如第（3）（4）（5）條；或引申發揮其意義，如第（1）（2）條等。整體上看，此本中這類批語佔據多數，其體例與其《說文解字義證》近似。但二書對具體某字字義的解釋和材料的引用上卻有所不同。

此外，此本還有另一些批語值得注意：

（1）卷七上「昌」字籀文，書籤墨筆批：「『𠻝』，初印本作『籀文昌』，宋本、李本並同。」

（2）卷七上「旟」字，書籤墨筆批：「『旟』，初印本作『旟〃眾也』。」

（3）卷七上「游」字，書籤墨筆批：「『游』，初印本作『流』，宋本、李

本並同。」

（4）卷七下「宕」字，書籤墨筆批：「『宕』，初印本作『汝南項有宕鄉』。」

（5）卷七下「疻」字，書籤墨筆批：「『疻』，初印本、宋本、李本並作『瑕也』，謂有赤黑子。」

按，以上 5 條皆來自段《訂》，此外尚有幾處明確提及「段君玉裁曰」者，皆指此《訂》〔註15〕。由此可見段《訂》對桂氏在研究《說文》過程中的影響。

6、說文解字十五卷，標目一卷，（清）孫星衍、顧廣圻跋，孫星衍、顧廣圻、洪頤煊校

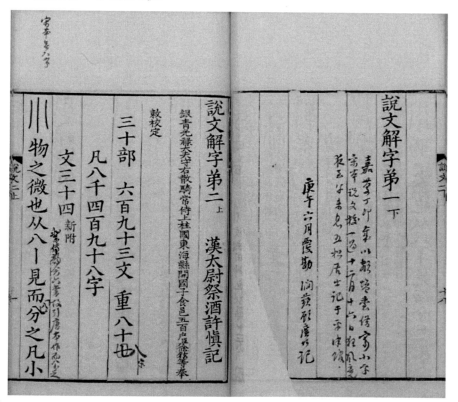

國家圖書館藏，12 冊，索書號為「07315」。

此本《標目》首行鈐「恆齋」朱文方印，「葉鳳毛印」白文方印，「王穉之印」白文方印。三行鈐「南石」白文方印，「王岡印」朱文方印，「海鹽張

〔註15〕有時桂氏還在段氏的基礎上提出自己的看法，如卷八上「侜」字，書籤墨筆批：「『侜』，初印本作『旁救侜功』，宋本、李本並同。馥謂『救』借字。」

元濟經收」朱文方印，「涵芬樓」朱文方印。卷十五末葉末行鈐「涵芬樓臧」白文方印。由此可知，此本先後爲葉鳳毛、王罔等所藏，後歸入涵芬樓。

　　整體上看，在文內批校語上，此本天頭、地腳及文內皆有孫星衍和顧廣圻的朱墨筆批校。但有時顧氏也會在孫氏校語上直接增補和塗改。在批校內容上，孫氏有其自校語，亦有引嚴可均、鈕樹玉等之語，其初校時據《繫傳》《玉篇》《韻會》等書，再校時據小字宋本對勘。顧氏屬於覆校，或引諸書補孫氏之失〔註16〕，或據眾籍正孫校之誤〔註17〕，尤其是對孫氏過錄嚴氏之語頗有微詞。

　　除正文批校語外，此本另有書籤若干，計顧廣圻墨筆批校四，洪頤煊批校一。分別如下：

　　（1）卷一上「璠」字，孫氏朱筆夾批：「定五年《左傳釋文》『璵』，本又作『與』。《事類賦・玉》〔註18〕注引『孔子』上有『逸論語』三字。」

　　　　顧氏書籤墨筆批：「查《事類賦》此條並不引《説文》也。《賦》云：『魯之璠璵』。注曰：『《逸論語》曰：「璠璵，魯之寶也。」孔子曰：「美哉璠璵」』，云云。嚴孝廉之校語，可謂孟浪矣。𠂤以《説文》之『璵璠』，與吳𣇛之『璠璵』亦不𤕫耶？」小字注：「又言『引』，一誤；言在『孔子上』，二誤。」

　　（2）卷一下「菀」字，孫氏朱筆夾批：「『茈』，《玉篇》作『紫』。」

　　　　顧氏書籤墨筆批：「《玉篇》『菀』下不云《説文》，或汻自用『茈』字。《本艸》作『紫』，與《玉篇》同。徐鍇引《本艸》。」

　　（3）卷二下「龠」字，孫氏朱筆夾批：「《史記・司馬相如傳》《正義》引《説文》云：『籥，三孔籥也。』疑此當有『籥』字。」

　　　　顧氏地腳墨筆批：「《玉篇》引無『籥』字。」

　　　　又書籤墨筆批：「攷竹部『籥，三孔籥也』，張守節蓋引彼文，傳寫者因習寫賦無籥，故倒之耳。不知唐人作注有此例，非所𢌭

〔註16〕如卷二上「赳」字，孫氏朱筆夾批：「《爾雅・釋訓》《釋文》引無『力』字。」顧氏墨筆點出「才」「讀若」，於天頭墨筆批：「《繫傳》少三字。」

〔註17〕如卷二下「道」，孫氏朱筆夾批：「《玉篇》《韻會》引作『辵道也』。」顧氏天頭墨筆批：「《廣韻》，非《韻會》。」

〔註18〕按，此條見《事類賦》卷九「寶貨部・玉」之「魯之璠璵」條。

也。」

（4）卷三下「殿」字，孫氏天頭朱筆批：「《御覽》百七十五引云：『殿，堂之高大者也。』疑『屍聲』下有『一曰』云云。」

顧氏書籤墨筆批：「考古質疑，引『殿，堂之高大者也』。」小字注：「同《御覽》。」

（5）卷九下「豨」字，洪氏書籤墨筆批：「頤煊案，《說文》無『希』字，此即『希』字也。《淮南·本經訓》高誘注：『楚人謂豕為豨。』」

又此本除卷一上、卷十五上外，餘諸卷卷末有孫星衍、顧廣圻跋語（孫跋朱筆，顧跋墨筆），今依次錄於下：

（1）卷一下：

嘉慶丁卯歲，以額鹽臺借寄小字宋本《說文》校一過。十二月十六日，狂風竟夜，至早未息。五松居士記於平津館。（朱筆）

庚午六月覆勘，澗蘋顧廣圻記。（墨筆）

（2）卷二上：

丁卯年二月初十日，校於安德謙棗軒，孫星衍。（朱筆）

是年十二月十六，校小字宋本。「犉」「麰」切音與此互易，宋本是也。（朱筆）

庚午七月，顧廣圻覆校；癸巳七月，再校。（墨筆）

（3）卷二下：

丁卯歲十二月十七日，校宋本。（朱筆）

（4）卷三上：

丁卯歲十二月十七日，校宋本。（朱筆）

（5）卷三下：二月十三日閱。（朱筆）

丁卯歲十二月十八日，校小字宋本於安德平津館。（朱筆）

（6）卷四上：

嘉慶丁卯歲十二月十八日，校小字宋本。（朱筆）

（7）卷四下：

嘉慶十二年二月十三日，大風夕止，校於南松軒之燭下，時漏三下。（朱筆）

十二年十二月十九日，校宋本。（朱筆）

顧廣圻覆校，辛未閏月。（墨筆）

（8）卷五上：

　　　丁卯歲十二月廿一日，校小字宋本。（朱筆）

（9）卷五下：

　　　丁卯年十二月廿二日，校小字宋本。（朱筆）

　　　二月十四日，讀於安德南枝書屋。（朱筆）

　　　廿六日，又校《玉篇》。（朱筆）

　　　顧廣圻覆校。（墨筆）

（10）卷六上：

　　　丁卯歲十二月廿二日，校宋本。（朱筆）

（11）卷六下：

　　　二月十六日校。（朱筆）

　　　嘉慶十二年十二月廿二日，校小字宋本於平津館。（朱筆）

（12）卷七上：

　　　丁卯年十二月廿三日，校宋本。（朱筆）

（13）卷七下：

　　　丁卯年二月十九日，校於安德道署，時兩日大風，晦冥，向日
　然燭，體重不適，五松居士記。（朱筆）

　　　卅日，舟移東光境中，又校。（朱筆）

　　　是年十二月廿三日，校小字宋本。（朱筆）

　　　辛未六月，顧廣圻覆勘。（墨筆）

（14）卷八上：

　　　嘉慶十二年嘉平月廿日，校小字宋本。（朱筆）

（15）卷八下：

　　　丁卯年十二月廿四日，校宋本。（朱筆）

（16）卷九上：

　　　丁卯二月廿二日，大風揚沙，校至此。卅日，舟行東光道中，
　又校。（朱筆）

　　　是年十二月廿四日，校宋本。（朱筆）

　　　辛未八月，顧廣圻再勘畢。（墨筆）

（17）卷九下：

　　　丁卯年十二月廿四日，校宋本。（朱筆）

（18）卷十上：

　　　丁卯年十二月廿六日，曉起，校宋本。（朱筆）

（19）卷十下：

　　　丁卯二月廿三日，校於平津館。三月一日，舟行東光河中校。

　（朱筆）

　　　丁卯年十二月廿七日，校小字宋本。（朱筆）

（20）卷十一上：

　　　嘉慶十二年十二月廿八日，校小字宋本於平津館。（朱筆）

（21）卷十一下：

　　　嘉慶十二年十二月廿八日，校小字宋本。（朱筆）

（22）卷十二上：

　　　丁卯二月廿四日校，大風後，春寒倍甚。（朱筆）

　　　三月一日，東光舟中，又大風。（朱筆）

　　　嘉慶十二年十二月卅日，校小字宋本。（朱筆）

（23）卷十二下：

　　　丁卯歲十二月廿九日，校宋本。（朱筆）

（24）卷十三上：

　　　嘉慶十二年十二月卅日，校小字宋本。（朱筆）

（25）卷十三下：

　　　丁卯二月廿四日，校於安德平津館。（朱筆）

　　　戊辰正月一日，校小字宋本。（朱筆）

（26）卷十四上：

　　　嘉慶十三年正月初四日，校小字宋本。（朱筆）

（27）卷十四下：

　　　丁卯二月廿四日，校於燭下。三月一日，舟行東光河中。大風，

　閱竟。（朱筆）

　　　戊辰正月四日，校小字宋本完，時在安德平津館。五松居士記。

　（朱筆）

（28）卷十五下許沖進表末「召上書者汝南許沖」句天頭：嘉慶十二年二

　　　月廿四日，鼓二下校，在南枝書屋。（朱筆）

（29）卷十五下雍熙三年牒文末，「後學毛晉」上方：嘉慶十三年正月四
日，校完小字宋本於安德道署之平津館。（朱筆）

以上時間錯綜複雜，如果不仔細檢點，很難梳理清楚孫氏與顧氏的校勘
時間，今細讀之，乃知孫氏對此本分別校勘過兩次，顧氏亦然，但時間晚些。
據以上諸跋，孫氏在未借得小字宋本前校過一次，時間在嘉慶十二年（丁卯
1807）初十至三月一日之間，今此本據《繫傳》《玉篇》《一切經音義》等校
的批語大概在此時完成。同年十二月，其借得小字宋本，又進行第二次校勘，
時間在十二月十六日至嘉慶十三年（戊辰1808）正月初四左右，此本中云「宋
本作某」者，蓋是此次所批。

顧氏覆校則在嘉慶十五年（庚午1810）六月〔註19〕至十六年（辛未1811）
八月之間，道光十三年（癸巳1833）七月又校勘了一遍。

如果再結合文內一些批語末所題時間，我們又可以對以上做出進一步的
補充：

（1）卷一上「珍」字，孫氏朱筆夾批：「《御覽》八百二引作『琛，寶也』，
草書『珍』作 ，『琛』作 ，相似故誤爲『琛』。」
天頭墨筆批：「考《御覽》八百二：『《說文》曰：「琛，寶也。」
犍爲舍人曰：「美寶爲琛。」』最爲大誤。《說文》那得有犍爲舍人
注耶？必是《爾雅》無疑。類書之難引如此。癸酉六月書。」

（2）卷一上「墊」字，原作 ，天頭墨筆批：「 」，小注：宋《五
音韻譜》。癸酉再校。毛依小徐。

（3）卷一下「挲」字，孫氏朱筆夾批：「《一切經音義》二十一引作『莘
挲』，髮亂也。疑非此文。」
文內墨筆劃去以上諸字，又在天頭墨筆批：「元應引《說文》作『莘
挲』（止此），下文『同，仕行反，下女庚反。髮亂也』乃元應語。
嚴孝廉摠以爲《說文》誤矣。伯淵觀察云『疑非此文』，最爲卓識。
癸酉再校。」

（4）卷四上「瞤」字，孫氏於文內朱筆改「眠」爲「眄」，又於天頭朱

〔註19〕按，文中校語中亦有明確記錄此年月者，如卷一下「荽」字天頭顧氏墨筆批：
「十行閩、監本《毛詩正義》作『綏』，毛本誤作『葰』。又『綏』亦非也，
即『矮』之譌。歺部『矮，病也』，若作『綏』，《正義》及此皆不可解。庚午
六月潤蘋記。」

筆批：「宋『晒』。」

天頭墨筆批：「初印本亦作『晒』，《五音韻譜》同《繫傳》『晒』

作『眠』。臣鍇曰：『眠，古視字』。今按，此與『睎』下『海岱之

間謂晒曰睎』，『晒』下云『一曰衰視也，秦語』，『䀩』下云『晒

也』，『睇』下云『南林之謂晒曰睇』互見。《方言》曰『睶、睇、

睎、䀩，晒也』最爲可證。鍇誤『眠』，鉉已改正，毛斧季又依鍇

改鉉，可謂誤之甚矣。甲戌二月校後，此條添入《考異》。」

（5）卷五下「頵」字，孫氏天頭朱筆批：「宋本作『頃聲』，汲古亦有（初

印）。《五音韻譜》亦有。」

天頭墨筆批：「《繫傳》無，此所謂毛依小徐改者也。訂《說文》者

未及此。甲戌再讀。」

以上校語中，第（1）（2）（3）條所題「癸酉」當爲嘉慶十八年，第（4）

（5）條所題「甲戌」爲嘉慶十九年。審其筆墨，當是顧廣圻所爲。據此可

知，在嘉慶十八年至十九年之間，顧廣圻又進行過一次校勘，故或有「再校」

字樣。

此外，此本天頭處還有幾條朱筆批註值得注意：

（1）《標目》第 1 葉後半版天頭朱筆批：「依宋本小字板校」。

（2）卷一上「一」字批：「凡兩可之字不必更正，止於卷末載其異同。」

（3）卷一上「元」字批：「兀聲。凡更正補入之字用黑刻白文別之，反

切及徐氏語用圈隔開，所有本於他書更正之說載於每卷之末。」

（4）卷一上「禮」字批：「凡『當爲某』之字並無各書引用本文實據，

亦不必更正，止於卷末載明。」

以上第（1）條所云「宋本小字板」，據諸卷末題識可知即借自額勒布者，

而額本即今藏於國圖的丁晏跋本。關於此本，前面我們在第一章已有提及。

其他如董婧宸博士後研究報告相關章節也有詳細介紹，可參看。第（2）至

（4）條從此本正文批校看，似乎不是針對此本而發的。考孫刻《說文》之

序文云：「以傳注所引文字異同別爲條記，附書而行。」而以上幾條凡「兩

可之語」「更正之說」「當爲某之字」皆附在卷末，與孫序「別爲條記，附書

而行」的說法類似，所以筆者以爲這大概是孫星衍囑託某人謄錄此本校語時

做出的一個凡例。董婧宸通過將此本校語與存藏在國圖的潘錫爵手抄本《說

文考異》細心比對，認爲《說文考異》「是由顧廣圻在嚴可均、孫星衍校語基礎上校訂後謄出的清稿，……實質當時孫星衍原擬『附書刊行』的校記殘稿」〔註20〕。換句話說，即此本之校語其實就是《說文考異》的原稿，《說文考異》是從中過錄出的本子，也是孫刻《說文》的部分校記。

又，此本爲涵芬樓舊物，今檢張元濟《涵芬樓燼餘書錄》著錄爲「嚴鐵橋、孫淵如、顧千里、洪筠軒校」〔註21〕，其提要云：「今觀是本，乃知是雷氏（雷浚）所指，初由嚴氏校改，孫氏從而審之。繼得小字宋本，又校一過，而顧氏最後爲之抉擇者也。嚴氏所校，孫氏間有商榷之詞，而顧氏乃嚴加駁詰，語不少遜。至洪氏頤煊，則僅承師命，偶參末議而已。雷氏又言茂才於《校議》中，摘尤不可從者三十四條，欲加辨正，至二十條而病卒。今雷氏所刊二十條，如『玉』『坴』『蒐』『葶』『薕』『菩『噭』『叾』『叴』『喝』『玨』『䚏』『夬』等字，大意已見是本評注之中。其他有目無辨者十四條，如『睍』『鴑』『鶷』『鵠』『爭』『舂』『鑵』『蕩』『豐』『虎』等字，是本亦均有疑辭。且『噭』『叾』『喝』三字，顧氏旁注『予別有說』，『今入《考異》』，或『予別有辨』等語，是顧氏校閱之時已有別著一書與《校議》相辨之意。迨著述時，始將應辨之字重加甄錄，故雷本所舉之字，是本有未加可否者。」按，張氏題作「嚴鐵橋」校語，實來自孫星衍所引，非嚴氏手校也。孫氏其實批校時引諸家說頗多，非止嚴氏一人之語也。故張氏著錄實不妥。另外，《北京圖書館古籍善本書目》《中國古籍善本書目》等則皆著錄爲「孫星衍、顧廣圻校並跋」，實際忽略了洪頤煊的一條校語，亦有失誤。今據實著錄如前。

又，董婧宸在其博士後研究報告中介紹，南京圖書館藏有一部孫毓修過錄孫星衍、顧廣圻校跋本，15冊，索書號爲「GJ117527」。文內有「顧廣圻手校浮籤八紙，孫星衍錄嚴可均浮籤五紙，並洪頤煊手校浮籤九紙」〔註22〕。經董氏推測，這些書籤應該是孫氏從國圖藏本中移過來的。所以，國圖藏本之書籤應該算上這22個方成完璧。

〔註20〕董婧宸：《傳抄、借閱與刊刻：清代〈說文解字〉的流傳與刊刻考》，第157頁。

〔註21〕張元濟：《涵芬樓燼餘書錄》，張人鳳編：《張元濟古籍書目序跋彙編》中冊，第435頁。

〔註22〕董婧宸：《傳抄、借閱與刊刻：清代〈說文解字〉的流傳與刊刻考》，第143頁腳注③。

7、說文解字十五卷，標目一卷，(清) 王筠校並跋

國家圖書館藏，8 冊，索書號為「11491」。

此本《標目》首行鈐「一樓月色江聲」白文橢圓印，「東廬圖書」白文方印，三行下鈐「景礼王筠收藏印」朱文圓印。余每冊首葉皆鈐「東廬圖書」白文方印。卷端前三行下鈐「王筠」朱文方印，「菉友」陰陽方印。

此本天頭處有王筠跋，云：

> 余初閱平津館本，見其篆文多與注合，勝他本，疑所據之本勝也。及詳其《序》，乃知由於改定。凡可以用心之間隙，遂泯然無迹可尋，甚非缺疑之法，恐再誤後人，故記於此。
>
> 凡直添直改，不加區別者皆初印本也。筠記。

按，此文第一段收錄王筠《清詒堂文集》，題名《跋孫淵如重刊宋小字本〈說文〉》〔註23〕，則此跋原寫在孫本上，此本所錄乃過錄之語也。

又，此本正文天頭處有諸多批語，或逕直批於其上，或以書籤為之，所據除孫本外，尚引小徐《繫傳》、段《訂》、鮑本等，如：

（1）卷一上「禬」字下「《周禮》曰」，天頭批云：「小徐無『曰』。」

〔註23〕（清）王筠著，屈萬里、鄭時輯校：《清詒堂文集》，第 84 頁。

（2）同卷「玉」字「專以遠文」之「專」旁注「専」，天頭處批云：「段
茂堂曰：《管子・水地篇》說：『玉云其音清摶徹遠，純而不殺。』
『摶』，古書多用爲專壹字，與《說文》正合。今依小徐剜改作『専』。
専者，布也，与上文『舒揚』複。」

（3）同卷「珣」字「醫無閭之珣玗琪」，抹去「之」字，又於天頭處批
云：「琪，鮑本作『璂』。」

（4）同卷「瑂」字「《詩》曰：瑂彼玉瓚」，天頭處批云：「瑂，宋本、
葉本作『瑟』。」

其正文於字旁亦有批校，如卷一上「銀青光祿大夫守散騎常侍」，於「散」
旁批「散孫本」，「奉敕挍定」旁批「挍孫本」。

今將此本與《說文句讀》相對照，兩書皆不類，但後者顯然更系統，知
此本蓋爲《句讀》之前的原始資料〔註24〕。但二書有一相同點，皆據小徐本、
孫本、鮑本等進行批校〔註25〕。

8、說文解字十五卷，標目一卷，（清）佚名校並過錄紀昀跋

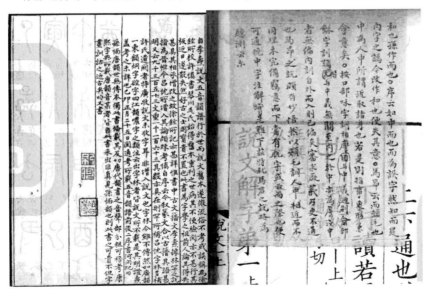

〔註24〕按，王筠《說文釋例》卷十八云：「段氏嘗作《汲古閣說文訂》矣。」小字注：
　　　　「吾向見之，今無此書。」可證王筠見到段《訂》的時間早於其作《釋例》。
〔註25〕按，《句讀・凡例》云：「所據之《說文》本，大徐則毛氏本（異於見行本，
　　　　似是剜改一二次者）、鮑本（誤字多，然無妄改）、孫本（誤字少，然序言顧
　　　　千里改其篆文，則不可據），小徐則汪氏本、馬氏袖珍本、朱文藻《攷異》本、
　　　　祁刻顧氏景宋鈔本……」

國家圖書館藏，5 冊，索書號爲「17469」。

此本裏封佚。《標目》首行鈐「瀛海紀氏閱微草堂藏書之印」朱文方印，《標目》末葉有紀昀兩跋〔註 26〕，今錄於下：

其一云：

自李燾《說文五音韻譜》行於世而《說文》舊本遂微，流俗不考，或誤稱爲徐鉉所校許愼書。琴川毛氏始得舊本重刊之，世病其不便檢閱，亦不甚行，其板近日遂散失，然好古之士固寶貴不置也。此書爲字學之祖，前人論其得失甚具，其相承增改之故，徐鉉所記亦甚詳，惟書中古文、籒文，李燾據林罕之説指爲晉㤝令吕忱所增入，其論頗踈考。愼《自序》云：「今敘篆文，合以古籒」，其語甚明。又云：「九千三百五十三文，重一百六十三」，其數亦具在，則罕所稱吕忱《字林》多補許氏遺闕者，特廣搜《說文》未收字耳，非增入《說文》也。《字林》今雖不傳，然如《廣韻》一東韻「炯」字、「箜」字，四江韻「噥」字之類，注云出《字林》者，皆《說文》所不載，是其明證，燾蓋考之未詳也。

己卯正月五日，閱《通考》所載《五音韻譜》前後二序書，河間紀昀。

其二云：

孫愐《唐韻》世無傳本，獨此書備載其反切，唐代韻書之音韻，部分粗可稽考。《康熙字典》所載「《唐韻》音某」者，皆自此書來出，非眞見孫愐《韻》也，則此書之可貴，不但字畫訓詁之近古矣。紀昀又書。

末鈐「紀」「昀」白文連珠印，「曉嵐氏」朱文方印。

此本天頭處有墨筆書籤批校，因校語不太多，今依次錄於下：

（1）卷一上「祧」字書籤云：「今本《繫傳》示部新附字併入，又多一『禮』字。」

（2）同卷「王」字書籤云：「撓，孫本从木，是。○橈，曲木也。与不折義合。撓，擾也，義別。按，『橈』，俗皆誤『撓』。」

〔註 26〕按，兩跋並見《紀文達公遺集》（《清代詩文集彙編》第 354 冊，第 355 頁）卷十一「書後」，又見《紀曉嵐文集》（孫致中、吳恩揚、王沛霖、韓嘉祥校點：《紀曉嵐文集》第 1 冊，石家莊：河北教育出版社，1995 年，第 246 頁）卷十一「書後」，惟缺「河間紀昀」「紀昀又書」諸字。

（3）同卷「珣」字書籤云：「『珣玗琪』，額作『璂』○『琪』字闕。」

（4）同卷「堅」字書籤云：「『臤』字缺。」

（5）同卷「壯」字書籤云：「『爿』字闕。」

（6）同卷「中」字書籤云：「『和也』，孫作『而也』○《序》云：『如「中，而也」，「而」爲誤字，然知「而」是誤「内」字之譌。今改作「和也」，便失其意。』」○馬昂云：『而，煩毛也。中爲人中，所謂「近取諸身也」。』若是，則指事、象形兼會意矣。○按，口部『呋』字訓『相譍』〔註27〕，龠部『龢』字訓『調』，皆〔註28〕與中義無關。至内之於中，亦爲膚淺。中者，無偏内，訓自外而入則已偏矣。審求厥義，乃更不通也。馬昂之説，頗有妙悟。然以煩毛訓人中，相近而不同理未完備。竊意『而』下當有脱字。或云：『而至際也，便可通曉「中」字。』注解實是難下，兹特就馬君之説略爲臆測云爾。」

（7）卷一下「藝」字書籤云：「『婺聲』誤『務』○按，『藝』『荔』明是兩字，而《廣韻》《集韻》並以『荔』爲毒草，殊爲失考。《康熙字典》兩字並收，更以『藝』爲毒艸，而『荔』字下仍存毒草之釋。」

（8）同卷「菨」字書籤云：「『牛藻也』，額作『井藻』」，小注：「非是。『威』字不與切合，未詳。」

（9）同卷「蕞」字書籤云：「『冣』似當作『最』。額本作『寂』，按，下有『寂』字，則此自當作『最』。『寂』『最』字聲皆相近而字體不與『叔』相似。鼎臣謂是『寂』字之省而聲不相近，未解』。」「『最』『祖外切』，與『蕞』音近。」

（10）同卷「菉」字書籤云：「『裏如表者』，孫《序》注云『裏如裘也，見《爾疋·釋草〔註29〕》』。」

（11）同卷「荒」字書籤云：「『艸掩地也』，額『掩』作『淹』。」

（12）同卷「藪」字書籤云：「『圃田』，額作『莆田』。」

（13）同卷「麗」字書籤云：「『附麗』『麗』字，額不加『艸』。『麗於土』『土』〔註30〕作『地』。」

〔註27〕按，此字後原有「固與中義迥別」六字，批校者已圈去，今不入正文。
〔註28〕按，「皆」字原爲旁注，本作「尤」，批校者將之圈去，今據此改作「皆」。
〔註29〕按，孫《序》「草」作「文」。
〔註30〕此「土」及上面第二個「麗」字，原批語爲重文符號。

（14）同卷「葿」字書籤云：「『㕟也』，額作『刷』。」
（15）同卷「藍」字書籤云：「『藍』，小徐云應作濫聲，傳寫之譌，否則與前染青之藍無別，楚金說是。」
（16）同卷「莔」字書籤云：「額本『讀若陸』。」
（17）同卷「莎」字書籤云：「額本作『鍋侯』，疑。孫與此本同。亦疑《繫傳》本葉闕。按，《尔疋．釋草》『薃侯莎』，本書『薃』字闕。」
（18）同卷「蒙」字書籤云：「『王女』，額本作『玉女』，是。」小注：「與《尔疋．釋草》合注『女蘿』別名。」
（19）同卷「葑」字書籤云：「《繫傳》：『按，莊子曰「草木之倒殖者半」，謂已耕發過雨復倒生也。』」
（20）卷二上「喤」字書籤云：「『喤，小兒聲』，『聲』上應有『泣』字。」
（21）同卷「單」字書籤云：「『從吅𠀠』，孫作『𠀠』，是。」
（22）卷二下「遏」字書籤云：「『微止』，孫本同，小徐曰：『繳繞使止也。』據此，『微』字當是『徼』字之誤。」
（23）卷三上「丙」之古文書籤云：「『導』字讀不近，疑誤。」小注：「小徐作『禫』。」
（24）同卷「誎」字書籤云：「小徐曰：『言周旋促速也。』」
（25）卷四上「睸」字書籤云：「『讀若珥瑱之瑱』也，『瑱』與『睸』不近，疑『瞋』之錯簡也。」
（26）同卷「眵」字書籤云：「小徐：『瞢兜，目汗凝也。』
（27）同卷「眣」字書籤云：「『涓目也』，小徐無『目』字。」
（28）同卷「瞯」字書籤云：「『謂眠曰瞯』，孫本『眠』作『眄』似長。」
（29）同卷「羌」字書籤云：「『從芊人』，《繫傳》本作『牧羊人』。」
（30）同卷「鴆」字書籤云：「《繫傳》本作『一名運日』。」
（31）卷四下「叡」字書籤云：「『堅實也』，誤『寶』。」
（32）同卷「殣」書籤云：「『道中死人人所覆也』，小徐少一『人』字。」
（33）同卷「胠」書籤云：「『亦下也』，《繫傳》作『掖』。」小注：「亦象兩掖。」
（34）同卷「腨」書籤云：「小徐『腨』『腳脛後腹也』。」
（35）卷五上「褭」書籤云：「『裒』，《繫傳》作『抱』。」
（36）同卷「筭」書籤云：「『常弄』，《繫傳》作『筭』。」

（37）同卷「晳」書籤云：「《繫傳》『晳不畏明』下『明』下有『又《論語》曰曾謂泰山亦同也語助也』十四字。」

（38）同卷「嘈」書籤云：「《繫傳》『臣鍇曰』下有『棘音曹』三字。」

（39）同卷「鼓」書籤云：「『鼓』應遵《繫傳》作『皷』。」

（40）卷五下「缶」書籤云：「『皷』，今本《繫傳》作『鼓』，是。從皮，非。」

（41）卷六上「棶」書籤云：「『導服』之『導』，孫本同，宜遵小徐作『禫』。」

（42）卷七下「幧」書籤云：「『讀若末殺之殺所八切』與『灸聲』不近，疑上有脱。」

（43）卷十上「驃」書籤云：「《繫傳》『從馬飛聲』。」

（44）同卷「馭」字書籤云：「『小山馭』，今本《爾雅》作『岌』。按，此云『讀若某』，疑『馭』字誤也。」

（45）同卷「驗」字書籤云：「駒、駁、驍、騷、騑、驂、駙、駴、駱、騋、駉、騒、騠、驫十四字，今本《繫傳》闕。」

（46）同卷「麗」之籀文書籤云：「廬、慶、麂、麤四字，《繫傳》無。」

（47）同卷「魯」字書籤云：「《繫傳》無『讀若寫』字○『吾聲』不合作寫讀。『奐』字《繫傳》缺。」

（48）同卷「蟊」字書籤云：「『蟊』字《繫傳》闕。」

（49）同卷「犴」字書籤云：「『又』字疑衍，『讀若銀』疑『狋』字錯簡。」

（50）同卷「猋」字書籤云：「獢、猩、猻、獷、犯、猶六字，《繫傳》本闕。」

（51）同卷「貙」字書籤云：「『精』似應作『鼪』●據《尔疋》如此，本書無『鼪』字。」

（52）卷十下「榮」書籤云：「《繫傳》『征夫』下有『古文仳一曰嶷』六字，『役』下無『也』字。『臣鍇曰會意』，反切同，字疑。」另一書籤云：「《繫傳》『讀若詩莘〃征夫』下有『古文仳一曰嶷』六字。『一曰役』下無『也』字。釋文意，『古文』云〃似訓『征夫』，與『榮』字本文無涉，殆誤也。」

（53）同卷「饐」字書籤云：「『饐』，《繫傳》本闕。」

（54）同卷「睪」字書籤云：「『司視也』，額本『司』作『目』。」

（55）同卷「韠」字書籤云：「『韠』，《繫傳》本闕。」

（56）同卷「䫂」字書籤云：「『䫂』，《繫傳》本闕。」

（57）同卷「暴」字書籤云：「『暴』，《繫傳》本闕。」

（58）同卷「䪍」字書籤云：「『䪍』，《繫傳》本闕。」

（59）同卷「憨」字書籤云：「『憨』，小徐作『呼骨反』。」

（60）卷十一上「洇」字書籤云：「『洇』，孫本作『洇』，解『水也从水因
聲』。《繫傳》則爲『洇』，但孫云『於眞切』，是『洇』字也。此云
『苦頓切』，小徐云『苦悶反』，是『洇』字也。疑其時是書亦有二
本。」

（61）卷十二上「閱」字書籤云：「『閱』，小徐『與缺反』。」

（62）卷十二下「系」字書籤云：「『系』下至『卯』十二部，小徐原書闕，
今以大徐本補之。」

（63）卷十三上「絢」字書籤云：「『䳄』非句聲，疑『雎』字之誤。」

（64）卷十三上「蟰」字書籤云：「孫《序》云當作『六跪二螯』。」

（65）卷十四上「鑒」字書籤云：「『鼟』字今闕。」

按，綜合以上兩跋及天頭書籤諸批校語，筆者以爲《北京圖書館古籍善
本書目》《中國古籍善本書目》等作「紀昀跋」之說是值得商榷的。

首先，據紀氏兩跋的內容可知，他是在讀完《文獻通考》所錄《五音韻
譜》兩序之後才寫下這些文字的，所以至少將之題在某部《五音韻譜》之上
方名副其實，但巧的是偏偏寫在了這部汲古閣本《說文》上了，讓人覺得有
些不倫不類。況且審其筆跡，與傳世的紀氏墨寶頗不相符。

其次，如果將兩跋文字與正文批語文字相校，二者筆跡相似，知當爲一
人所爲。而據以上所錄諸批校語可知，批校者在校勘時參用了小徐《繫傳》、
孫本、額本等多個本子，而孫、額二本皆出現在紀昀卒後。

最後，紀氏跋文作於「己未」年，觀其內容並結合紀氏卒年，可知兩跋
當作於乾隆二十四年（己卯），其時汲古閣本尚不甚通行。然而如果參考《汲
古閣說文訂》，可知此本之底本卻是乾、嘉時期通行的毛氏汲古閣剜改本，如
卷一上「帝」字下注作「辛言示」，多一「言」字；「王」字下注作「專以遠
聞」，「廉而不忮」，不作「專」「技」，等等，這些文字皆與乾隆初、中期刊印
的汲古閣本不合〔註31〕。

據此，筆者以爲此本之批校題跋並非紀昀親筆所爲，而爲嘉慶十四年之

〔註31〕見本書第二章相關內容。

後某位學者所做。他在獲得此本之後，遂即過錄了紀昀之跋文〔註 32〕，同時還參考額、孫刻《說文》及小徐《繫傳》進行批校。故而至少我們應該題作「（清）佚名校並過錄紀昀跋」，或者謹慎些，題作「（清）佚名校，（清）題紀昀跋」。

9、說文解字十五卷，標目一卷，（清）席溎校跋並過錄席世昌校跋、惠士奇、惠棟校，程明超跋

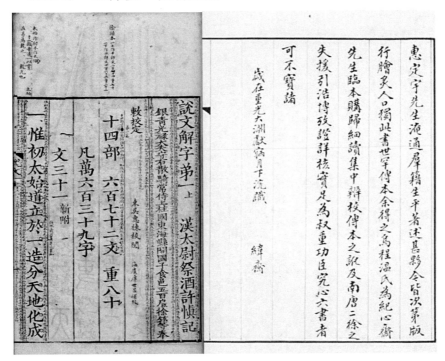

日本京都大學人文科學研究所藏，6 冊，索書號爲「京大人文研　東方經-X-2-4」。

此本外封書籤題「汲古閣說文解字眞本　卷幾之幾」，近書腦處墨筆書籤題「東吳惠定宇先生校本　海虞席世昌補校」。書末抄配《說文部目分韻》。

其襯葉背面有墨筆跋，云：

　　　　惠定宇先生淹通羣籍，生平著述甚夥，今皆次弟版行，膾炙人

〔註 32〕存世的紀昀藏書並不多見，可知者如湖北圖書館所藏清乾隆十二年黃氏養素堂刻本《史通訓故補》，有紀氏跋並手校。該本卷端鈐有「瀛海紀氏閱微草堂藏書之印」朱文方印，經筆者比對，與此汲古閣本《說文》之《標目》鈐印相同，知此印章不僞。而紀氏跋文之後的三印蓋僞。蓋此本先爲紀氏所藏，後歸某人進行批校。

—119—

口。獨此書世罕傳本，余得之烏程溫氏，為紀心齋先生臨本。購歸細讀，集中所校傳本之訛及南唐二徐之失，援引浩博，攷證詳核，實是為叔重功臣，究心六書者可不寶諸。歲在重光大淵獻病月下浣識。緯齋。

《標目》首葉地腳有朱筆批，云：

原本上半截破損殘缺之字無從補錄，今用硃點誌之。淏。

又原本俱係草書，內模糊而以□□寫者，亦以硃點誌之。淏。

又部首「ʃ」地腳下朱筆批，云：

紅字，從張氏借月山房書鈔本增。淏。

《標目》末葉有席世昌墨筆跋數則：

癸丑十月，虞山席世昌臨惠定宇先生紅豆校本一過。甲寅四月，讀高誘注《呂氏春秋》，補校一過。（按，在末葉前半版）

七月，讀家藏宋板《漢書》，又補校一過。八月廿一日，閱亭林《金石文字記》補校一過。丁巳四月，讀《宋本玉篇》校過一次，初九日校始。

丁巳三月，照《繫傳》對校一過。凡徐鍇所改，徐鉉所刪改，俱照原文補正，又正文及注文為刊本所誤脫者俱校補。

六月初三日，始以陸德明《經典釋文》與脫文對校，《易》以王肅、虞翻為主，參以鄭氏，凡王肅之本皆取證焉。」（按，在末葉後半版）

按，《（同治）蘇州府志》卷一百三云：「席世昌，字子侃。少有才名，工詩、古文辭，尤精《說文》之學。乾隆乙卯舉於鄉，早卒。有《說文》評本，比惠氏校勘多至數倍，識者推其該洽。既沒，其友人衰輯為《席氏讀說文記》十五卷，里中張氏刻之。」〔註33〕此條不言席氏生卒年，僅云其於乾隆六十年中鄉試。考洪亮吉《更生齋集》卷六有《十二月十八日吳祠部蔚光招同邵聖藝封君孫原湘席世昌邵■■三孝廉雅集小湖田館即席分賦》〔註34〕一詩，其中提及了「席世昌」。按，此詩繫於「壬戌」年，則作於嘉慶七年是也。而席氏此時尚與友朋唱和，則其卒年當在其後。這雖仍未考得其卒年，

〔註33〕（清）馮桂芬：《（同治）蘇州府志》，清光緒九年刊本。按，（清）孫原湘《天真閣集》卷四十一有《席子侃遺集序》一文述席氏生平較此詳，可參看。

〔註34〕（清）洪亮吉：《更生齋集》，清光緒三年洪氏授經堂增修本。

但足以解決一些問題了。由此可以推知，此本中「癸丑」「甲寅」「丁巳」分別爲乾隆五十八年、五十九年和嘉慶二年。

此書末卷末亦有與襯葉相同之跋文。觀二者筆跡，前者蓋是過錄此文。背面又有兩則識語，依次錄於下：

其一清道光十一年墨筆小字跋，云：

道光九年，假子俋族伯手校本《說文解字》，囑容生兄臨訖，未及校對，匆匆索去。今年夏，復假歸細勘，並補錄句讀圈點。惜此冊係從汲古閣翻刻，中多誤字，倘更將原印本覆校一過，則完善矣。

十一年辛卯八月，仲淳淏誌。鈐「淏」等朱文圓印。

其二民國三十年程明超墨筆大字跋，云：

民國辛巳秋九月三十日，同學新美君攜惠定宇先生《說文》校刊本相示，經席氏子俋與其姪二人重校，洵琭本也。因與同訪思堂老人於淵默雷聲齋同觀之。程明超記。鈐「程□」朱文方印。

據以上諸識語可知，席世昌於乾隆五十八年十月從烏程溫氏手中獲得紀復亨過錄惠氏父子本並進行過錄。次年又以《呂氏春秋》高誘注、家藏宋刻《漢書》、顧炎武《金石文字記》進行補校。嘉慶二年又陸續用《繫傳》《玉篇》《經典釋文》進行第三次校勘。道光九年，席氏之姪席淏借得席氏校本倩人過錄，但未及校對，故其於道光十一年參考《席氏讀說文記》等補闕且加句讀圈點，即此本也。由此可見，此本並非席世昌原本，而是席淏批校過錄本。《京都大學人文科學研究所》著錄爲「據汲古閣本重刊，有惠棟、席世昌校語，席淏識語圖記」〔註35〕，顯然不僅版本著錄有誤，批校者亦並誤。當爲「（清）席淏校跋並過錄席世昌校跋、惠士奇、惠棟校，程明超跋」。

此本正文天頭、地腳等皆有朱墨筆批校，行間亦有朱筆句讀及朱墨筆批改。卷端第三行有「東吳惠棟校閱」朱筆字樣，繼之有「海虞席世昌補校」墨筆字樣。今將此本諸條校語與《席氏讀說文記》相校，知其天頭或地腳處墨筆批校爲席世昌之自校語。再將之與惠《記》相校，知其校語大多與後者合，此本之朱筆校語即是。

〔註35〕京都大人文科學研究所編：《京都大學人文科學研究所漢籍目錄》，日本：同朋舍，1979年，第53頁。

10、說文解字十五卷，標目一卷，（清）吳育校

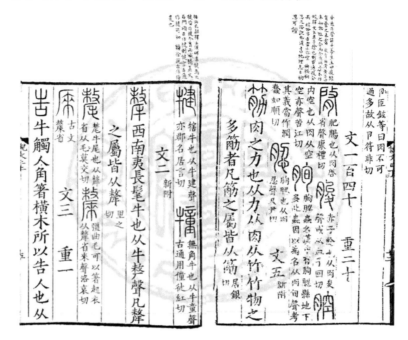

臺灣「國家」圖書館藏，8冊，索書號為「110.21 00914」。

此本《標目》首行鈐「山子」白文方印，「鍥不捨齋著錄」朱文長方印。裏封有「姑蘇萃古齋書坊發兌印」朱文戳記，首卷前三葉為抄配。

其正文天頭有朱墨筆批校，文內偶有之，今試舉幾例加以說明。

（1）卷一上「帝」字，天頭批：「『言』字，宋本及初印本皆無。」

（2）卷一下「蒩」字，天頭批：「『贏』，初印本、宋本皆作『蓏』。」

（3）卷一下「蔞」字，天頭批：「《豳風·七月》篇。」

（4）卷一下「蔽」字，天頭批：「《周禮·考工記》文。」

（5）卷二上「犍」字，天頭批：「按，洪氏《隸釋》云：『漢碑書『犍為』之『犍』，皆作『楗』。』今育所藏楊孟文《石門頌》正作『楗』，則『犍』字古通作楗可知。」

（6）卷二上「唪」字，文內於「謂」字旁批「宋本」，又於天頭批：「袁廷檮氏云：『『淮南宋蔡舞唪喩』蓋《凡將篇》之一句也。當從元本，不宜從小徐剜補「謂」字。』」

（7）卷二下「𨒡」，天頭批「𨒡」，又書籤批：「『𨒡』，篆文當減去中一。」

（8）卷十三上「絲」字，天頭批：「『絲』即《書》『粉米』之『米』。」

（9）卷十四下「酓」字，天頭批：「『酓』即《書》『厥篚纁絫』之『絫』。」

由上可知，其批校語可以分爲三部分，第一，指出《說文》引書之出處，如第（3）（4）條。第二，引用段《訂》進行校勘，如第（1）（2）（6）條。第三，溝通《說文》本字與經典用字的字際關係，如第（5）（8）（9）條。其中，第三類在全書中出現的條目很多，亦是其價值所在，其用語有「即某字」「某，古作某」「某，古通用某」等。尤其對於新附字，則會連在一起加以考證，如卷四下「臂」「胺」「腔」「胸」「朒」等字，天頭批：「『臂』，通作『綮』。《莊子·養生主》曰：『技經肯綮之未嘗。』『胺』字無考。《老子》曰：『未知牝牡之合而全作。』河上公本作『峻』，《釋文》云『赤子陰也』，則古通段『全』矣。『腔』俗字，古當止作『空』。『胸朒』，『胸忍』之俗訛也。《漢書·地理志》止『朐忍』可證。」

又，《國家圖書館善本書志初稿》云：「書中有吳子山朱墨批校。」〔註36〕按，「子山」當爲「山子」之倒，吳山子即吳育也，《清史稿·列傳二百九十》有其傳。

11、說文解字十五卷，標目一卷，佚名過錄惠士奇、惠棟校

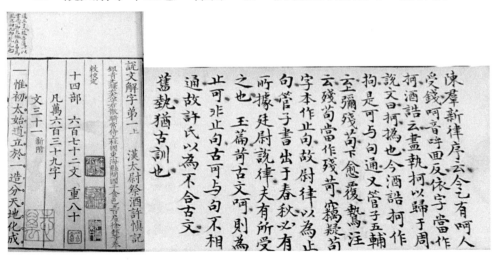

南京圖書館藏，8 冊，索書號爲「GJ/顧/0332」。

此本《標目》首行鈐「茶坡所藏」朱文方印，三行鈐「潘印志萬」白文方印，「碩庭」朱文方印。卷一上三行鈐「潘印介繁」白文方印，「椒坡長壽」

朱文方印，「知唐桑艾」白文方印，四行鈐「笏盦」朱文方印，五至六行騎墻處鈐「志萬」朱文方印。可知曾經潘介繁、潘志萬父子收藏。

此本天頭有墨筆批校，文內和地腳偶有之。文內有墨筆圈點。從批校內容看，其所過錄二惠批語皆同惠《記》，惜不知批校者姓氏。

12、說文解字十五卷，標目一卷，（清）題墨莊過錄惠士奇、惠棟校

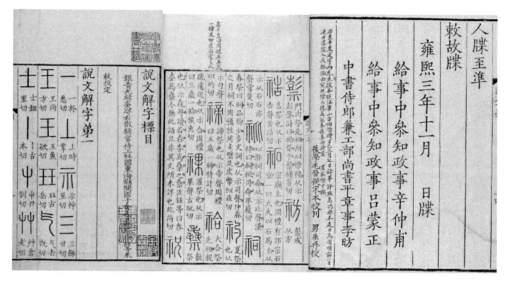

國家圖書館藏，8冊，索書號為「13695」。

此本《標目》首行天頭處鈐「雲間陸耳山珍藏書籍」朱文方印，下鈐「匋尌森森」白文方印，次行鈐「馬玉堂印」白文方印，「笏齋」朱文方印，卷三上、卷四下、卷六上、卷八上、卷十上、卷十二上、卷十四上卷端天頭及次行鈐印同《標目》，惟缺「匋尌森森」一印。每冊末葉鈐「家在豐山翠靄中」朱文方印（第8冊末葉另鈐「侍敏」朱文方印）。可見先後為陸錫熊、馬玉堂〔註37〕所藏。此本正文有諸多朱筆圈點，天頭處有朱筆批校。其卷十五末題識云：

> 右惠半農、定宇兩先生校本從汪筆山方伯借得，丁巳三月七日錄畢，評點悉仍原本。是日為清明前一日，連日濃陰，入夜輒微雨，宛然繪出浣花翁《春夜喜雨》詩意。　　墨莊燈下識。

〔註37〕按，葉昌熾《藏書紀事詩》卷六有馬氏小傳，可參看。

據此可知，此本是墨莊氏過錄汪如淵〔註38〕所藏惠氏校本。在過錄時，皆遵原本。今將之與《惠氏讀説文記》（以下簡稱「惠《記》」）相對照，可知，此本所過錄之批語大多同與惠《記》，但所輯條目較後者少了很多，且一些似屬於節錄之文，同時，亦有相異之文。今錄數條於下：

（1）卷一上「禘」字天頭處云：「惠半農曰：《周禮》無『五歲一禘』及『郊宗石室』之文。」

（2）卷八下「服」字天頭處云：「又曰〔註39〕：『服』，俗作『般』，凡从舟者省作月。」

（3）卷七下「林」字天頭處云：「半農曰：《玉篇》『林』與『麻』同，『椒』亦作『散』。定宇曰：《春秋説題辭》曰：『麻之爲言微也。』知『林』與『麻』同。」

（4）卷十三下「齹」字天頭處云：「半農曰：顡○云粉切，《説文》曰：『面急顡〃也。』」〔註40〕

（5）卷十四下「釂」字天頭處云：「定宇曰：米部『歠』字云『盡也』，即古『釂』，此後人所增。」〔註41〕

（6）卷十四下「尊」字天頭處云：「定宇曰：曹憲文《字指歸》引《説文》云『从酋寸，九官法度也』，今本闕。」

（7）卷十四下「亥」字之古文天頭處云：「半農校○巿。」

以上 7 條，若與惠《記》相對照，可知，第（1）（2）（5）（6）條，惠《記》無「半農曰」之類的提示，所以很容易將之當作惠棟的校語。而此本有之，故可確定實際來自其父。第（3）條，惠《記》直接將兩條並作一條，而此本則很清楚地分出惠士奇（「半農曰」）和惠棟（「定宇曰」）之校語，但是過錄時有省略。第（4）條，惠《記》闕。第（7）條爲此本之最後一條。

〔註38〕按，（清）黃叔璥《國朝御史題名》（清光緒間刻本）「嘉慶十三年」云：「汪如淵，字嘉謨，號筆山，浙江秀水縣人，嘉慶己未進士，由翰林院編修考選陝西道御史，仕至廣東布政使。」據此可知，汪氏是在嘉慶十三年（1808）任布政使的，即墨莊跋文所稱之「方伯」。那麽，跋文所稱「丁巳」當爲咸豐七年（1857）。考鄭偉章《文獻家通考》（第 792 頁）云「咸豐間兵燹後，其藏書散出」，則墨莊剛得此本不久便開始批校了。

〔註39〕按，此條因「彤」字天頭處有：「半農曰：『彤』俗作『彤』，祭也」，故省去了「半農曰」而直接説「又曰」，乃承前省也。

〔註40〕按，檢《説文》無此説，而是來自《玉篇》。

〔註41〕《記》云：「欠部『歠，盡酒也』，即古『釂』字，此後人所增。」兩相一對照，可知此本將「欠部」誤作「米部」，而「盡酒也」脫「酒」「也」二字。

檢惠《記》於此字下云：「古文『豕』作『布』，與『亥』同。」二者不同。據此可知，此本雖然校語較惠《記》少很多，但足可補惠《記》之不足。

又，此本見《中國古籍善本書目》《北京圖書館古籍善本書目》，然皆著錄爲「佚名錄惠士奇、惠棟校注」，並不準確。據上引跋文，可知「佚名」並非眞的無考，至少有其名號，惜終不知其眞名。

13、說文解字十五卷，標目一卷，（清）佚名過錄桂馥校

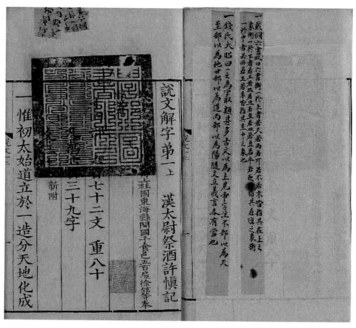

國家圖書館藏，8冊，索書號爲「字131.1/254.2」。

此本《標目》首行鈐「姚覲元字彥侍」朱文方印，每冊首卷第三行皆鈐「吳興姚伯號覲元鑑藏書畫圖籍印」朱文方印，卷十五末「後學毛晉從宋本校刊」上方鈐「彥侍」朱文方印，可知爲姚覲元舊藏。

此本文內天頭處有書籤177條，朱墨筆皆有之而墨筆居多，止於卷十四下「醫」字（天頭處批：「醫，醫酒。」）。今舉幾條列下：

(1)「元」，《論語》：「小車無輗。」車部作「軏」。

(2)《公羊傳》：「元年者何，君之始年也。」

(3)「元」，《漢書·董仲舒傳》謂「一爲元者，視大始而欲正本」，蓋其字從一，故一年爲元年。

(4)「丕」，《禹貢》：「三苗丕敍。」《史記·夏本紀》作「大敍」。

（5）「丕」，錢氏大昭曰：「當云『从一从不，不亦聲』。許君之例，言『从』者，必有部；言『聲』者，必有字。『不』爲部首，故當言『从一』；从『不』得聲，故當言『亦聲』也。如下『吏』字云『史亦聲』，亦以『史』爲部首，故亦俗儒妄加刪削，如此則甚多。」

（6）「吏」，顏師古注《漢書》：「吏，理也」，唐諱「治」，故改爲「理」。

（7）「帝」，《呂氏春秋·愼大覽》：「帝也者，天下之適也。」，高注：「適，主也。」

　　由上諸條可知，此本是引群籍進行批校的。但經筆者與前面桂馥校本相比對，可知這些校語皆來自桂氏。也就是說，此本之校語皆過錄自桂馥校本。又考浙江圖書館藏有清姚氏咫進齋抄本《說文解字籤注》（索書號「善 811 ／膠 361」）一書，題作「（清）桂馥撰，（清）孟廣均跋」。與以上兩部相對照，便可清楚知道三書的關係了：桂馥校本爲桂馥之手校，後歸姚覲元所有而爲某人過錄於此本之上，後又將桂氏校語單獨整理而成了《籤注》一書。

　　又，此本《北京圖書館普通古籍總目·文字學門》著錄爲「佚名校」，實是不妥，筆者懷疑此佚名當爲姚覲元，但爲謹愼起見，至少可以如上著錄。

14、說文解字十五卷，標目一卷，馬敍倫校跋，並過錄方成珪校，胡重校跋，惠士奇父子校，胡士震父子校

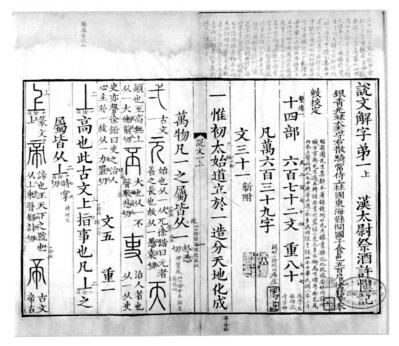

北師大圖書館藏，12 冊 1 函，索書號爲「善 1271」。

此本卷一上第二至三行騎墻處鈐「夷初」朱文方印，「馬印敍倫」白文方印，卷二上首葉第三行墨筆題「敍倫手錄」。《標目》首行有馬氏花押，「天馬山房藏書印」白文方印，外封題「說文解字　錢塘胡菊圃先生觕斠敍倫敬錄」，鈐「夷初」朱文方印。

卷一上天頭馬敍倫朱筆過錄胡重跋，云：

> 《說文解字》二惠氏校本，余假之金孝廉馥泉孝栴，馥泉假之汪孝廉筆山如淵，乃紅豆齋主人遺墨也。二胡氏校本，余假之馮編修鷺庭集梧，云購之京師琉璃廠市，亦其手蹟也。惠君名士奇，號半農；其子名棟，字定宇，號松崖，世所共知。胡名士震，字東標，號竹厂，乾隆壬午〔註 42〕舉人，終翰林待詔；其子名仲澐。胡于惠爲同邑後進，然實未嘗見紅豆之書也。沈茂才書琳世枚從余問奇字，乃以五色筆錄於簡端：綠筆圈點依惠本，半農語，別以黃；松崖語，別以綠。藍本圈點依胡本，竹厂語，以墨筆書之；其藍字則胡氏父子語，錯雜莫辨矣。余研朱細勘，間附己見，未免敝帚千金之誚。嘉慶三年重五日，錢塘胡重于於嘉興沈氏之經會堂。

首葉三行下馬敍倫墨筆小字跋，云：

> 胡菊圃先生集斠本，著錄錢衎石先生《曝書雜記》〔註 43〕。此從瑞安林同莊所藏方雪齋先生過本轉錄，原書於藍、綠二色已多不辨，爲可惜耳。余先屬內弟王馨伯、門人毛由庚等共過一本，多譌，因復手錄此本。中華民國八年三月，後學馬敍倫記於京師。有馬氏花押，鈐「天馬山房藏書印」白文方印。

據此兩識，可知此本校語曾遞經多次過錄：清嘉慶三年胡重從金孝栴（金氏借自汪如淵〔註 44〕）借得惠氏校本，且從馮集梧借得胡氏校本，其弟子沈

〔註 42〕按，「午」前原有「子」字，後朱筆圈去。

〔註 43〕（清）錢泰吉《曝書亭記》（清別下齋叢書本）卷一云：「菊圃嘗得惠半農、松崖父子及惠氏同邑人胡竹廠孝廉士震與其子仲澐所校汲古閣本《說文》，其弟子沈茂才世枚以五色筆錄於簡端，閒附菊圃校語，今在吾友金岱峰衍宗處。」按，此文又見錢氏《甘泉鄉人稿》卷七。

〔註 44〕按，本節著錄的「墨莊」過錄二惠校本也是借自汪氏，從諸題跋看，金孝栴借閱的時間要比墨莊早很多。再從二本過錄的二惠批校語看，基本上是一致的。

世枚合二本以五色筆過錄惠氏父子、胡氏父子之批校，胡氏又在此基礎上進行朱筆批校，是爲第一次過錄〔註45〕。

方成珪（雪齋）又據胡氏本過錄，是爲第二次過錄；民國二年馬敍倫借林大同（同莊）所藏方氏過錄本而重加過錄，即此本。今觀其正文，行間有朱墨筆校及圈點，地腳亦有朱墨筆校，唯天頭用五色筆批，其中，紅色有「重按」，爲胡重校語；黃色有「半農曰」，爲惠士奇校語；深綠色有「定宇曰」，爲惠棟校語；胡氏父子之批語雖然在天頭未有提示字樣，但可推知應爲墨、藍筆之校語。

此本文內天頭、地腳及行間皆有批註，天頭處除過錄諸家語外，另有方成珪若干墨筆按語，如卷十四下「醫」字天頭處批：「珪案，《繫傳》卷二十八酉部『醫』下注文與此悉同。惟『惡姿』之『姿』作『㜻』，『酒所以治病』下無『也』字，『巫彭』下亦有『初』字，『臣鍇曰會意』五字在『巫彭初作醫』之下，別無他說。」亦有馬敍倫若干墨筆按語，如：

(1) 卷一上「袥」字「付聲」天頭處批：「『聲』字上藍圈誤加。敍倫。」

(2) 卷一上「墥」字「其符」天頭處批：「符，胡本作『行』，是。敍倫識。」

綜上所述，我們可以知道，馬敍倫除了過錄胡重之所有校語及過錄諸家語外，尚有自己的批註，所以我們應該將之題作「馬敍倫校跋，並過錄方成珪校，胡重校跋，惠士奇父子校，胡士震父子校」。

又，此本在《北京師範大學圖書館館藏古籍書目數據庫》著錄爲「馬敍倫過錄（清）胡重校跋並清惠士奇、惠棟、胡士震、胡仲澐批校」，顯然有所遺漏。

〔註45〕　按，此本曾藏於金衍峰處，今不知藏於何所。復旦大學圖書館有王欣夫先生舊藏佚名過錄惠氏父子、胡氏父子及胡重校跋本，與此本同出一源。王欣夫《蛾術軒篋存善本書錄·癸卯稿卷一》（上海：上海古籍出版社，2002年，第819～820頁）有詳細介紹，可參看。

15、說文解字十五卷，標目一卷，（清）佚名校

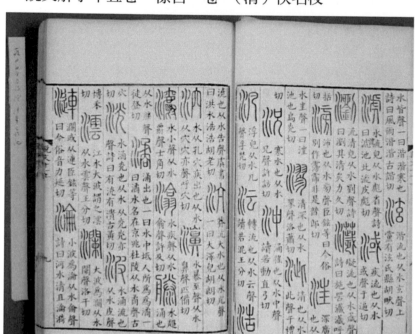

日本早稻田大學圖書館藏，5 冊，索書號爲「木四-二三」。

此本《標目》首行鈐「聽松山房」朱文方印，「支那錢恂所有」「明治卅四年五月廿三日支那錢恂氏寄贈」〔註 46〕二朱文戳記。卷一上首行鈐「支那錢恂所有」朱文戳記。卷四上、卷十上、卷七上、卷十三上首行鈐《標目》印章及前一戳記。卷二上、卷五下、卷十一下、卷十四下首行鈐「聽松山房」朱文方印。由此可見，此本乃錢恂舊藏，明治三十四年後寄贈於該館。

此本天頭、文內皆有朱筆批校。今逐條比對可知，這些校字大多根據段《訂》而改，也有未改者，如卷十四下「齵」字，段《訂》云：「二宋本、葉本作『嗌』皆不誤，……趙本『嗌』誤作『隘』而《五音韻譜》、毛本從之。」據此作「隘」有誤，而此本並無朱筆批校。再如卷十一上「浼」字，朱筆云：「段曰：『初印本作「沱」，□本已作「池」。』」此本亦無朱筆批校。

另外，此本還有一些書籤朱墨筆批校，如：

（1）卷九上「匊」字，墨筆云：「『匌』。此匌幣字，今通用『周』。」

（2）卷九上「包」字，墨筆云：「說機精切，又見《玉篇》。」

〔註46〕按，此戳記中具體的時間詞用墨筆填寫。

（3）卷十一上「溯」字，墨筆云：「『﹝字﹞』即馮河之馮本字。」

（4）卷十一上「濱」字，云：「按，濱水乃九江之一，在湖南宜陽縣。」

（5）卷十二下「我」字，云：「《石鼓文》『我』作『遟』。」

（6）卷十三上「縿」字，云：「『縿』，借用『衫』，此乃本字。」

（7）卷十三下「黿」「鼉」字，云：「『黿鼉』，今用『戚施』，《尔疋注》甚明。」

（8）卷十三下「勢」字，云：「豪傑之豪當用『勢』。」

（9）卷十四上「斠」字，云：「『斠』即『較』字。」

（10）卷十四下「陗」字云：「俗用『峭』，即『陗』字之別。」

以上 10 條多在溝通字際關係，暫時無法考見其來源。而卷十上「鼉」字天頭朱筆批：「初印本皆作『㲉』，偏旁亦同。」此處的「初印本」不見於段《訂》，故其當另有來源。

又，《早稻田大學圖書館所藏漢籍分類目錄》著錄爲「北宋本校勘　汲古閣　五冊　唐大」〔註47〕，顯然沒有注意到其朱筆批改。

16、説文解字十五卷，標目一卷，（清）朱子鄂過錄清陸若璿錄惠棟校

上海圖書館藏，16 冊，索書號爲「線善 764305-20」。

此本《標目》下朱筆跋，云：

> 乾隆丁未二月，借陸若璿先生勘本錄於南樓中。有「惠氏云」者，紅豆齋本也，從學福齋借臨。子鄂。末鈐「御史之章」白文方印，「季振宜印」朱文方印，「滄葦」朱文方印。

正文天頭處有墨筆批校，行間有朱筆圈點。考「乾隆丁未」即乾隆五十二年。「學福齋」蓋爲沈大成之齋名。《湖海文傳》卷六十「行狀」之汪大經《沈沃田先生行狀》云〔註48〕：

> 先生姓沈氏，諱大成，號沃田，松江華亭縣人。……先生幼承家訓，謏師黃官允唐堂先生，而交吳中惠徵君松崖、天都戴孝廉東原、西泠杭太史堇浦、青浦王廷尉蘭泉，故其爲學原本六經，凡古今典章之沿革，政事之得失，與夫一名一物流傳考索，研究原委并

〔註47〕早稻田大學圖書館：《早稻田大學圖書館所藏漢籍分類目錄》，東京：早稻田大學圖書館，1991 年，第 44 頁。

〔註48〕（清）王昶：《湖海文傳》，清道光十七年經訓堂刻本。

然。藏書萬卷，手自校讎鐫本譌闕，字體從俗必標識而補正之。蠅頭蠶子，件繫條屬，非目力心細者不能辨其點畫也。其校定《十三經注疏》《史記》《前後漢書》《南北史》《五代史》《杜氏通典》《文獻通考》《昭明文選》《說文》《玉篇》《廣韻》《顧氏音學五書》《梅氏曆算叢書》，尤爲一生精力所萃。著有《學福齋文集》二十卷，詩集三十八卷。著而未成者，《讀經隨筆》也。先生生於康熙庚辰十月二十五日，歿於乾隆辛卯十月二十九日，年七十有二。

沈氏既然於惠棟交往甚密，而且還校勘過《說文》。那麼，可以推測，從「學福齋」所借的「紅豆齋本」應該不是惠棟原本，可能是沈氏之過錄惠氏批校本。而據上文可知，沈氏卒於乾隆三十六年（辛卯），名「子鄂」者則借於乾隆五十二年，所以，筆者認爲，所謂「有『惠氏云』者，紅豆齋本也，從學福齋借臨」云云，應該是指陸若璿校勘本所過錄之「紅豆齋本」，而不是「子鄂」從沈大成學福齋那裡借來的。故而，我們懷疑此本應該題作「（清）□子鄂過錄清陸若璿錄惠棟校」。惜「陸若璿」「子鄂」二人無法確知，然可進行一步推測。檢趙懷玉《亦有生齋集·詩》卷二十一有《辨經堂夜集示朱茂才子鄂上舍光緝》（按，此詩約作於嘉慶十年），同書《文》卷十八又有《文學汪君墓誌銘》云「嘉慶庚午八月既望……婁縣朱子子鄂過訪，手汪君書年行狀及君《借秋山居詩詞》示余。」〔註 49〕又，王芑孫《淵雅堂全集·惕甫未定稿卷九》有《故知縣朱君繼妾蔡孺人家傳》一文，云：「婁縣學生朱子鄂述其母蔡孺人之行」，又云「子四：……其腹出子曰子鄂，曰光緝」〔註 50〕。據此可知，這位「朱子鄂」是婁縣人，與趙、王二人相交。而此二人生活在乾、嘉時期，則此人也當生活在此段時期。聯繫到上面作跋的「子鄂」，既認識松江的沈大成，又在乾隆末作跋，很讓人懷疑這位「子鄂」即朱子鄂。但仍證據不足，附載於此，以供方家參考。

17、說文解字十五卷，標目一卷，（清）張燕昌校，張元濟跋

上海圖書館藏，16 冊，索書號爲「線善 T12153-68」。

此本裏封有張元濟墨筆跋，云：

是書爲吾邑文魚先生舊藏，旦以宋本參校。惜内有三冊，像用拓本補配。因其多爲鄉先輩之手跡，故以銀帑十圓購之。時爲己未

〔註 49〕（清）趙懷玉：《亦有生齋集》，清道光元年刻本。
〔註 50〕（清）王芑孫：《淵雅堂全集》，清嘉慶間刻本。

秋後六日，甫自常熟鐵琴銅劍樓瞿氏看書歸也。張元濟。鈐「元濟」
白文方印。

其《標目》下鈐「上海市歷史文獻圖書館藏」朱文方印，「白苗嘉穀」白
文方印，「文魚」朱文方印，末鈐「張元濟印」白文方印。卷二、四、六上、
八上、十二、十四前皆鈐「石鼓亭」朱文方印。

此本天頭及行間偶有朱筆或墨筆批校及棕色筆句讀，如卷三下末朱筆「辛
酉立夏前二日校，燕昌」，卷八下末朱筆「依宋本校」。總體看來，此本校語
太少，價值並不是很大。

考張燕昌，汪啓淑《續印人傳》卷二云：「張燕昌，字芑堂，號文魚，
浙江海鹽人也。幼從笠亭朱明府琰，資穎敏，讀書日記千言，過目輒成誦。
長而蜚聲黌序，品學粹然，爲韓城王偉人先生所賞識，丁酉以優貢舉於鄉。
平生深致雅量，與俗殊趣，慕其鄉孫太初許竹雲之爲人，著《金粟逸人逸事》。
性好金石，自周彝漢鼎禹碣宣鼓，以及近代高人韻士之遺刻，殫心搜羅，不
遺餘力。聞有殘碑斷字在荒煙滅沒中，往往襆被越千里，窮危崖，涉深箐，
而求之摩挲不忍去。集所見爲《金石契補》，前人所未備。嗜篆刻，爲丁龍
泓徵士高弟瓣香，何主臣、蘇嘯民蕭疏宕逸，眞能以鐵爲筆，詩家所云『羚
羊掛角，無跡可求』，而款識樸茂，尤可觀。又工飛白，書古致磊落，所著
有《續鴛鴦湖櫂歌》《芑堂印存》。」〔註51〕又，《兩浙輶軒續錄》卷十八於
「張燕昌」條云：「字芑堂，海鹽貢生。嘉慶元年舉孝廉方正。《湖海詩傳》：
芑堂屏居邨落，性孤介，夙嗜金石，尤愛小品，搜奇採癖，凡蠹缺零星，都
爲一集，名《金石契》。」〔註52〕據此可知，以上「文魚」諸印皆爲張氏之
印章。而卷三校語提到的「辛酉」，蓋嘉慶七年所作。

而其所謂「依宋本校」者，不知此「宋本」爲哪個？考與張氏友善者，
有黃丕烈、鮑廷博、盧文弨、孫志祖、梁玉繩、汪中等名家。《黃蕘圃先生
年譜》卷上云：「十一月朔，訪海鹽友人張芑堂歸，三跋唐求詩集後。」下
小字注云「又按，先生跋語中，芑堂愛古，年已七十，所見古書甚多，與長
塘鮑淥飲相友善。」〔註53〕又，《抱經堂文集》卷第三十四《公祭汪容甫（中）
文（甲寅）》云：「維年月日，同學友盧文弨、孫志祖、張燕昌、梁玉繩等，

〔註51〕 （清）汪啓淑：《續印人傳》，清道光二十年海虞顧氏刻本。
〔註52〕 （清）潘衍桐：《兩浙輶軒續錄》，清光緒刻本。
〔註53〕 （清）江標：《黃蕘圃先生年譜》，清光緒長沙使院刻本。

謹以清酌之奠，致祭於拔莘汪君容夫之靈。」〔註54〕而當時藏有宋本《說文》者即有汪中，今國圖所藏丁晏跋本即是也。故而張氏所據「宋本」可能即此本。

18、說文解字十五卷，標目一卷，（清）李筠跋並過錄惠士奇、惠棟校，吳凌雲校跋

上海圖書館藏，6冊1函，索書號爲「線善820954-59」。

此本外封書籤題「說文解字　明汲古閣刊本　清李筠校　嘉定吳凌雲校」，鈐「景鄭藏書」白文方印。首附「嘉定縣志卷十九人物志文學」吳凌雲傳記。《標目》下鈐「梁溪蔡氏」朱文方印、「子孫保之」白文方印，卷端第三行亦鈐「蔡映斗印」白文方印、「小漁」朱文方印、「吳郡太守」朱文方印。按，檢《（同治）蘇州府志》卷二十二云：「蔡映斗，字小漁，雲南晉寧州人，咸豐十年任。」〔註55〕此本蓋梁氏世藏，後歸潘景鄭先生所有，最後入藏上圖。

此本天頭及正文行間有朱筆批校及句讀，據下文李氏跋可知，其爲李筠所過錄之二惠校語。天頭處有墨筆批校，題「吳凌雲曰」者，乃吳氏校語。此本墨筆亦有批改朱筆處，乃吳氏校李氏之語。如《說文》卷二上「采」字，天頭處朱筆云：「故《尚書》平百平豑東作皆從此。」，墨筆云：「夌雲案，此條當在古文采上方。」可證，吳氏才是該本最後的校勘者。

此本有朱筆跋，云：

> 吾吳惠半農先生所批《說文解字》，及其子松崖先生間有駁正
> 處。少時曾見其書，迄今數年，求之不獲。癸丑夏，晤朱幼度，適
> 見此本，因借錄之。幼度遊畢秋颿先生門，與半農孫雅南交，僅得
> 《山海經》批本，而此書反得之於客紹興時陳栻斗眾手，其遇合亦
> 奇矣。秋九月錄竟。李筠小衡氏記。〔註56〕

按，此跋文中，惠半農即惠士奇，惠松崖即惠棟，朱幼度即朱叔鴻。而今藏於臺灣中研院傅斯年圖書館的汲古閣本《說文》，末正有朱氏跋〔註57〕，

〔註54〕（清）盧文弨：《抱經堂文集》，清乾隆六十年刻本。

〔註55〕（清）馮桂芬：《（同治）蘇州府志》，清光緒九年刻本。

〔註56〕按，此跋於「眾」字墨筆改「泉」，天頭處云：「陳斗泉，吳郡布衣也，工詩書畫，法董華亭夌雲記。」

〔註57〕傅斯年圖書館編：《善本古籍題跋輯錄》（第二冊），慶祝史語所八十週年籌備會，2008年，第25頁。按，此本8冊，該館著錄爲「朱叔鴻朱筆移錄惠棟父

今錄於下：

> 吾吳惠半農先生及其子松厓先生博極羣書，多所著述。曩遊
> 大梁，於秋颿先生所獲交於惠雅南先生。雅南，半農先生之孫也。
> 善飲酒，篤於友誼，有長者之風。其緒論本諸先人，頗得要領。行
> 篋中猶有半農先生《尚書疏讀本》、手批《山海經》等書，丹黄甚
> 精。因錄其《山海經》，語以歸。次年，聞雅南客死於汳，余既傷
> 悼之。至其家，問其遺書，已盡散佚，爲可惜也。辛亥之秋，客紹
> 興，遇陳栻斗泉，出半農先生父子所批《説文解字》，因借錄之。
> 其於六書之學未甚精到，所考證固多發明也。今其門弟子江君聲蓋
> 過之，江君在秋颿先生門久，余得見其説甚詳。乾隆壬子三月幼度
> 氏朱叔鴻記。

兩跋相對照，可知，此本之底本爲朱叔鴻於乾隆五十六年過錄陳栻所藏
惠氏批校本，李筠於乾隆五十八年又借朱氏過錄本而重新過錄一遍，最後吳
凌雲又在李氏過錄本上進行批校，即此本也。

19、説文解字十五卷，標目一卷，（清）吳凌雲校跋並過錄段玉裁校

上海圖書館藏，8 冊 1 夾，索書號爲「線善 821510-17」。

此本夾板題「吳客槎先生手批説文」，首冊襯葉題「説文解字卷上下　卷
二上下」，鈐「周之錞□」白文方印，「帠士心藏」朱文方印。《標目》下亦鈐
此兩印。裏封有「姑蘇萃古齋書坊發兌印」朱文戳記。

其正文首葉地腳處跋云：

> 金壇段大令玉裁著《汲古閣説文訂》，其所見《説文》本最多，
> 二徐本外有青浦王侍郎昶所藏宋刊本，又有元和周明經錫瓚所藏宋
> 刊本，明葉石君萬所鈔宋本，以上三本皆小字。又明趙靈均所鈔宋
> 大字本即汲古閣所依刻之本也，又宋刊大字《五音韻譜》本即李燾
> 所撰者，明刊《五音韻譜》本，又汲古閣初印本有毛斧季自署「順
> 治癸巳汲古閣校改第五次本」，以上皆周氏所藏。今兩家所藏凡七
> 本，段氏據此及《集韻》《類篇》，以訂毛氏節次剷改之鉉本，精博

子校記」。又，東北師範大學圖書館亦著錄了一部朱叔鴻過錄本，4 冊，見東
北師範大學圖書館古籍部：《古籍善本書目解題》，長春：東北師範大學圖書
館古籍部，1984 年，第 54 頁。

可愛，故詳鈔之。　炱雲記。

從正文看，此本天頭、地腳處皆有細字墨筆過錄段《訂》之文，行間則有朱筆句讀及墨筆批校。與前李筠跋本相校，二本所引吳氏批語時有出入，蓋非一時之所批也。

是本乃吳氏手批之本，故批語較爲詳盡，均集中在行間。而在李筠跋本中，吳氏既校正文文字，又校朱筆之文，較爲分散。

20、說文解字十五卷，標目一卷，（清）戈襄校

上海圖書館藏，6 冊 1 函，索書號爲「線善 859607-12」。

此本裏封鈐「耕煙閣」朱文方印。《標目》天頭右上方鈐「半樹齋戈氏藏書印」朱文方印，卷端第三行鈐「戈小蓮秘笈印」「二十八宿井磚之堂」朱文方印，卷二下卷末鈐「半樹書屋」白文方印，卷三上卷卷端鈐「戈小蓮秘笈印」朱文方印，「臣戈載印」白文方印，「順卿」朱文方印。考戈襄，字小蓮。戈載，字順卿，乃戈襄之子。故此本乃戈氏父子舊校舊藏，繼而歸入釋達受之二十八宿井磚之堂」。惜此本行間及地腳處偶有校語，故算不上善本。

21、說文解字十五卷，標目一卷，（清）嚴鼎臣校

上海圖書館藏，8 冊，索書號爲「線善 T04931-38」。

此本《標目》下鈐「杭州葉氏藏書」朱文方印，卷一首行鈐印與之同，第三行朱筆批：「以金壇段懋堂先生汲古閣《說文訂》校正，又吕《說文注》校」。

其天頭及正文皆有朱筆批校，卷末或有題跋，今錄於下：

（1）卷一上卷末朱筆識云：

庚午歲朝三日挍

嘉慶庚辰春庚午日，校第一篇上卷。段懋堂明府著《說文注》，引據精博，爲是書披霧見天。頃從孫君西疇借錄，其訂正字句者，若夫旁推交通，縣僟約說，尚未暇徧采也。嚴鼎臣識。

道光癸未冬十有二月壬寅，覆挍此篇。時大雪寒甚，菉儆識於東河旅舍。

（2）卷一下卷末朱筆識云：

人日駕後挍，新晴酷寒。

　　　　壬申日按。癸卯日，覆按弟一篇下。霽雪盈階，而天仍作陰，
呵凍書此。

（3）卷二上卷末朱筆識云：

　　　　庚辰甲戌日按此卷。

　　　　穀日清晨按完。寒甚。

（4）卷二下卷末朱筆識云：

　　　　十一日清晨按，連日爲酒食所困，心緒惡劣，不及量而醉，亦
足以見予之潦倒矣。

（5）卷三上卷末朱筆識云：

　　　　二十一日午刻按，開館。庚辰年丙戌巳刻，按畢此卷，大風。

（6）卷四上卷末朱筆識云：

　　　　二十二日薄莫按畢，明日將往菱湖賀沈畫三表兄合卺□□也。

　　　　甲午日辰刻按，傷風甚重。

（7）卷四下卷末朱筆識云：

　　　　廿七日午後按畢。□昨自菱湖歸，時已晚矣，云色油然，已爲
陰雨之征愁入，對此那得不驚心於牖户也。徐卿氏識。

　　考《兩浙輶軒續錄》卷二十九云：「嚴鼎臣，字徐卿，歸安人，著《蘋花
草堂集》」。又小字注：「《府志》：鼎臣精小學，工辭章。其詩古質淳厚，七古
尤健。文則一本先民矩矱而能出之以自然，著有《說文聲律表》。」〔註58〕據
此可知，此本諸卷末朱筆題識所題「徐卿氏」即嚴鼎臣。而據卷端題識可知，
其是參考段《訂》、段《注》二書毛氏對汲古閣本進行批校的。初次校勘在嘉
慶二十五年（庚午），覆校在道光三年。

　　以上諸本一般依批校者批校時間先後排列。前 15 本皆爲筆者親自目驗並
詳細考證者。後面諸本，亦爲筆者目驗，但苦於當時訪書匆忙，未及詳加考
證，而僅將其中重要題跋進行了抄錄，故掛漏失考在所難免，頗爲遺憾。爲
謹愼起見，今僅將之附於篇末，以待暇日再訪藏所時詳加考證。

第二節　朱筠椒華吟舫翻刻汲古閣本之批校題跋本

　　此本行款版式同前。卷端題「說文解字弟一　上　漢太尉祭酒許愼記」，

〔註58〕（清）潘衍桐：《兩浙輶軒續錄》，清光緒間刻本。

次行及三行題「銀青光祿大夫守右散騎常侍上柱國東海縣開國子食邑五百戶臣徐鉉等奉敕校定　大興朱筠依宋本重付開雕　宛平徐瀚校字」，卷十五雍熙三年牒文末一行題「後學毛晉從宋本校刊　男扆再校」。朱氏敘末題「江寧顧晴崖刻字」。裏封題「乾隆癸巳開雕　說文解字　文字十三經同異嗣刊　椒華吟舫藏板」，外封書籤朱筆大字題「說文解字弟幾卷」，墨筆小字題「椒華吟舫初印本」。

清乾隆三十八年朱筠重刻說文解字敘。

以下所錄諸本版式皆同，故略之。

1、說文解字十五卷，標目一卷，（清）佚名過錄朱叔鴻、李筠跋並過錄惠士奇、惠棟校

國家圖書館藏，8 冊，索書號為「04306」。

此本朱《敘》末有兩跋，其一云：

　　吾吳惠半農先生及子松厓先生博極群書，多所著述，曩遊大梁，於秋帆先生所獲文於惠雅南。〃，半農先生之孫也，於篋中猶有半農《尚書疏》讀本，手批《山海經》等書，丹黃甚精。因錄其

《山海經》，語以歸。次年，聞雅南客死，至其家，問遺書，盡散佚。
客紹興，遇陳拭斗泉，出半農先生父子所批《說文解字》，回借錄之。
世於六書之學未甚精到，所考證固多發明也。乾隆壬子三月幼度氏
記。

其二云：

> 半農先生《說文解字》批本，其子松厓先生間有駁正處。少時
> 曾見其書，迄今數年，求之不獲。癸丑夏，晤朱幼度，適見此本，
> 因借錄之，是歲秋九月錄完，李筠小衡氏識。

《標目》末有一跋，云：

> 光緒壬辰秋，從伯葵陸丈處假得惠松厓先生批本，依錄一過，
> 三月而畢。

按，結合前面提及的上圖所藏李筠過錄本可知，此本之前兩跋乃節錄自
李筠過錄本和朱叔鴻過錄本。其後歸陸寶忠（伯葵）所有。光緒十八年，佚
名借去又過錄一遍，即此本。

今將此本與惠《記》相校，批語多相同，且無「半農曰」「定宇曰」等字，
但所錄條目過少，且有節錄，甚者有不相類者，如卷十五上「《書》孔氏，賈
逵所傳，許氏用其師學，非今所有孔氏書也」一條不見於《記》，而卷十五下
「峕古端字」三條亦不見於此本。

2、說文解字十五卷，標目一卷，（清）佚名過錄鈕樹玉校

國家圖書館藏，8 冊，索書號為「字 131.1/254.3」。

此本朱《敘》首鈐「吳興姚伯子觀元鑑藏書畫圖書之印」朱文方印。文
內天頭處有朱筆批校，但僅在卷二上之前（第 1-2 冊）。其校語今錄數條如
下：

(1) 卷一上「祅」字，天頭批：「『祅』即『天』之俗字。錢先生云：『祅
　　本番俗所事，天神后人，因加示旁。』樹玉謂《玉篇》『祅』音『阿
　　憐切』，據《釋名》：「天、豫、司、兗、冀以舌腹言之。天，顯也。」
　　是天有讀若顯者，與『阿憐切』合。」

(2) 卷一上「祚」下「胙即福也，此字後人所加」，天頭批：「『祚』通
　　作『胙』。《玉篇》：『祚，才故切，祿也，保也。』樹玉謂《漢碑》
　　有『祚』，據《左》隱八年傳：『眾仲曰：天子建德，因生以賜姓
　　胙之土而命之氏』，是古通作『胙』矣。《繫傳》示部有『禰』『禗』

『祧』『袄』『祚』五字，恐非楚金原本，且新附亦無『禠』。」

（3）卷二上「哈」字，天頭批：「疑古作『咳』，又疑『詒』之別體也。《楚辭‧九章》：『又眾兆之所哈也。』王注：『哈，笑也。』按，『哈』，《博雅》曹音呵荅，《玉篇》音訶臺切，《廣韻》音呼東切，竝與咳音相近。咳訓小兒笑，義亦相合，故疑古作『咳』。又疑『詒』之別體者，言、口二部，義同得通，《博雅》『詒』訓欺，《列子‧仲尼篇》云：『吾笑龍之詒孔穿。』義亦與『哈』合。」

（4）卷二上「嘲」下《漢書》通用啁，天頭批：「『嘲』通『啁』。《玉篇》：『嘲，陟交切，言相調也，徐氏曰』。」

據第（1）（2）條有「樹玉按」，可推測當為鈕樹玉之語。今檢其《說文新附考》，果然與之皆合。第（3）條亦來自《新附考》。第（4）條為此本最後一條，末「徐氏曰」在鈕氏書中尚有說，此則戛然而止，故頗疑此本為批校者未竟之作。

又，此本《北京圖書館普通古籍總目‧文字學門》著錄為「佚名校」，顯然不確，當為「佚名過錄鈕樹玉校」。

3、說文解字十五卷，標目一卷，佚名過錄席世昌校、惠士奇、惠棟校

南京圖書館藏，6 冊，索書號為「GJ/20557」。

此本《標目》，卷一下，卷二上，卷三上下，卷四上下，卷八上下為大興朱氏刻本，餘卷皆配補毛氏汲古閣本。外封書籤題「元／貞／利／亨」並有「書業德記發兌」朱文戳記，書套書籤墨筆題「仿宋說文解字　元／貞／利／亨　丁卯秋日田桐題籤」。

此本天頭有朱墨筆批校，文內有朱筆圈點和偶有墨筆批校。卷端第三行有「東吳惠棟校閱」朱筆字樣，繼之有「海虞席世昌補校」墨筆字樣。由此可知，此本當與前面提及的席溟過錄本同出一源，即來自席世昌批校本。但二本相校，此本有大量的席世昌墨筆校，而惠氏校語則有所缺失，如卷一上「一」字，惠《校》云：「道立於一，故吾道一以貫之，即太極在易，為乾之初九，即乾元也。」席溟過錄本雖有但殘缺不全，此本則完全沒錄。其他如「褆」「神」「齋」「祖」「祐」等字的惠氏之校語，此本皆無。其有惠氏校者，見卷一上「御」字以後。又此本無席氏之跋文，則此本大概為節錄本。

4、說文解字十五卷，標目一卷，（清）佚名校跋並過錄翁方綱校跋、何焯、王念孫、惠士奇、惠棟校

上海圖書館藏，8 冊 1 函，索書號爲「線善 825595-600」。

此本襯葉有翁方綱朱筆跋，云：

> 新安吳蘇泉編修所藏何義門先生挍本手跡，借來挍看一遍。中間以愚見補正何說，即錄於蘇泉本內者十一條，凡二日而畢。丙午春二月廿三日　方綱記。

藍筆題：「書內用藍筆，皆係惠定宇之說。」

襯葉背面墨筆跋，云：

> 《說文》注中「從某某聲」而其字爲《說文》所無者應立一表，言「從某某聲」而其下一字聲不相近者立一表。「從某某亦聲」，陳仲奐曰：凡言亦聲皆兼會意。

此本朱《敍》首行鈐「銑生」朱文圓印、「園藏」朱文方印、「傅沅叔臧書記」朱文方印。《標目》天頭鈐「歸舊盧藏書記」朱文方印，下鈐「徐恕讀過」朱文方印。卷一上天頭鈐「雙鑑樓」朱文方印，卷二上首行鈐「杭州王氏九峰舊盧藏書之章」朱文方印及「結一盧臧書印」朱文方印，卷六上、卷八上、卷十上、卷十二上、卷十四上首行皆鈐「杭州王氏九峰舊盧臧書之章」朱文方印，卷十上鈐「結一盧臧書印」朱文方印，卷十五末鈐「綏珊收藏善本」朱文方印，「琅園祕笈」朱文方印。由此可見，此本曾爲朱學勤結一盧、王體仁歸舊盧、傅增湘等所藏。

此本諸卷卷末或有朱墨筆題記，今依次錄於下：

（1）《標目》天頭朱筆小字批：「小字宋本此處有『漢太尉祭酒許慎記』八字。」

（2）卷一下墨筆批：「高郵王懷祖孝廉念孫尚書文肅公子精於《說文》之學，所著《說文考異》，洞見千百年來文學得失之故，因錄其說於內。」末行鈐「逐翔經眼」白文方印。

（3）卷五下墨筆批：「第五下卷一上藍色筆所錄者皆惠說。因惠說甚多，藍色無幾，而王說只二卷，已將墨筆錄竟。自六卷以下將墨筆改錄惠說，俟再得王說將藍色筆改錄王說。丁丑十月二十九日　蘭滋記」。

（4）雍熙三年牒文末朱筆小字云：

嘉慶元年除夕，以毛刻原板校一遍，與今板不同者共挍出五十二處，其補出篆文下有黑板內注出在某字下。此原本□□字之，蓋今板是後來又經修改者矣。

原板此行小字「有明後學」云之，其十五下之十一至十四此四葉版心末有「汲古閣」字，據此□□是入國朝後其家有改板者耳。

此本天頭、地腳及正文有朱墨藍三色筆批校，正文尚有朱筆句讀。據以上跋文可知，乾隆五十一年，翁方綱從吳紹澯〔註59〕處借得何焯手校《説文》進行校勘，凡與何氏異者即批於本書內，凡 11 條〔註60〕。嘉慶元年，翁氏又以汲古閣初印本進行校勘，凡校出與當時通行本有異者 52 條。此本蓋「蘭滋」過錄本，以上所云諸條皆錄自翁方綱。嘉慶二十二年，其又將惠氏之說與王氏之說進行過錄。其中，六卷以前天頭、地腳處墨筆爲過錄王念孫之校語，故有「王云」字樣，大概來自桂馥所錄《説文解字校勘記》；藍色筆爲過錄惠氏父子校語，卷六以後惠校則改用墨筆過錄。而此本中翁氏校語，檢《標目》第七葉「王」字天頭朱筆批：「方綱按，釋夢英《偏旁字源》與此目同。」卷一下「埶」字天頭朱筆批：「方綱按，此『埶』字與樹蓻字不同。」可知，天頭、地腳及文內朱筆即翁氏之語。而翁氏跋云「補正何說者即錄於蘇泉本內者十一條」，則這些朱筆大概爲過錄何焯及校毛刻原本之語。

又，《中國古籍善本書目》著錄此本爲「佚名錄清何焯、惠棟批」，不確，當爲「（清）佚名校跋並過錄翁方綱校跋、何焯、王念孫、惠士奇、惠棟校」。

5、説文解字十五卷，標目一卷，（清）姚覲元校

國家圖書館藏，6 冊，索書號爲「字 131.1 254.6」。

此本爲清光緒二年姚覲元川東官舍翻刻本（以下簡稱「光緒本」）之校樣

〔註59〕按，吳氏事蹟，見吳保琳編：《清故翰林院編修安徽歙縣豐溪三十二世吳蘇泉公諱紹澯年譜》，北京圖書館編：《北京圖書館藏珍本年譜叢刊》第 110 冊，北京：北京圖書館出版社，1999 年，第 467～480 頁。據該《年譜》稱，吳氏任編修，始於乾隆四十八年。

〔註60〕按，相關跋文又見《復初齋文集》卷十六，其云：「義門先生手校本，大約以小字宋本爲主，而參以《玉篇》《廣韻》《集韻》《韻會》《類篇》及《漢書》《水經注》諸書，然於《繫傳》不甚詳考，豈先生未見《繫傳》耶？其手記處，雖不甚繁言，然大旨已明白，使雪坡老人見之可無正譌之作矣。蘇泉編修以所藏此跡裝褙精善，借閲三日而歸之，因題於卷端，其有先生所偶未檢及而方綱以管窺補正者才十餘條耳，此在義門所校書中最爲簡而賅者。」

本，是在清同治十年刻本上進行批校的，今暫以批校本錄之。其首冊外封近書腦處墨筆題「此部亦歸安姚氏書，書眉簽訂各條即姚氏校正修改時之底稿，勿以坊本輕視之」。朱《敘》及卷一上首葉騎墻處鈐「學部圖書之印」滿漢朱文方印。

此本天頭黏有很多條墨筆書籤批校，今舉數例：

（1）卷一上「祜」字，天頭墨筆批：「『以漢』，當作『此漢』。」

（2）卷一上「禧」字，天頭墨筆批：「『禮』，當作『禮』。」

（3）卷一上「皇」字，天頭墨筆批：「『夫君』，當作『大君』。」

（4）卷一上「瑌」字，天頭墨筆批：「『王也』，當作『玉也』。」

（5）卷一下「虈」字，天頭墨筆批：「『圖』，不全。」

（6）卷一下「蕏」字，天頭墨筆批：「『諸』，不全。」

（7）卷一下「葥」字，天頭墨筆批：「『湔』，不明。」

（8）卷一下「蘜」字，天頭墨筆批：「『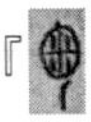』，當作『』。」

（9）卷一下「莥」字，天頭墨筆批：「『從久』，當作「敕久」。」

（10）卷一下「莫」字，天頭墨筆批：「『』，中『丨』缺，宜補。」

（11）卷二上「唬」字，天頭墨筆批：「『呼許』，一本作『呼訐』。」

（12）卷二上「趞」字，天頭墨筆批：「『㚇』，上脱『从』字。」

（13）卷二上「趕」字，天頭墨筆批：「『畢吉』，一本作『卑吉』。」

由此可見，姚氏的批校可以主要有三個方面：

A. 校正底本之訛脫。有三種情況，a. 篆文訛和注文全字訛，直接改正，用語爲「某，（疑）當作某（誤作某）」，前者如（8）（10）條，後者如第（1）至（4）（9）條。b.注文筆畫訛，明確指出，用語爲「某，不全」，如第（5）（6）條。c.指出脫文，用語爲「某，脫某字」，如第（12）條。

B. 列出異文，用語爲「某，一本作某」，如第（11）（13）條，似乎部分地參考了段《訂》。

C. 明知有訛卻難以判斷，用語爲「某，不明」，如第（7）條。

以上三個方面，如果跟傳世的光緒本相校，可知 A 中的兩種情況皆以改正，B 中情況或據之改，或另據別本改，如第（11）條，光緒本作「訮」。而段《訂》正好云：「宋本作『訐』作『許』皆非也，趙本、《韻譜》作『訮』是。」C 中情況則一般不會改。由此可知，此本中書籤墨筆校語一定是爲光緒本做的修改指示，所以不能僅僅視爲一般的批校語。

　　以上我們分兩節探討各館所藏汲古閣本系統的批校題跋本，一方面可見乾、嘉以來學者在研究《說文》時所使用的本子多出自汲古閣本系統，從一個側面可以反映汲古閣本確實在當時很流行，另一方面也可以看到當時研究《說文》的學者層次不一，既有小學名家如顧廣圻、孫星衍、王筠等，也有一些行實難考的學者，可見《說文》學已經漸漸滲透到了整個學界。其批校的內容，有些是引用群經進行注解，有些是參用諸本進行校勘，從而形成了與當時流行的《說文》學著作既相異又相關的一種局面：不同的是這些批校是依附在某個具體的汲古閣本上的，所以批校方式較爲隨意，位置或在天頭、地腳，或夾在行間；形式或直接塗改，或有書籤，等等。相關的是很多這種批校如果單獨摘錄便可以成爲一部重要的著作，王念孫《說文解字校勘記》，顧廣圻《說文考異》，惠棟《惠氏讀說文記》，席世昌《席氏讀說文記》等等便是如此成書的。甚至有些批校可以補對某位學者或其著作研究的不足，如通過對顧廣圻批校本的揭示，可以瞭解到《說文考異》一書其實是孫刻《說文》的校記殘稿。通過對惠棟批校本的介紹，可以知道《說文解字義證》成書之前桂氏的《說文》學研究。可惜的是，這些資料由於都是隱藏在某一具體版本之上的，版本學家多在意其名家批校而無視其批校內容，文字學家又多不注意有文字學價值的版本，致使這些批校題跋本的學術價值長期爲人所忽略。現在我們有了獲取資源的便利條件，所以對之進行整理和研究的進程也應該加快。

第五章　毛氏汲古閣本的校勘
——以段《訂》爲例

　　前文提及，自毛扆重拾其父舊版，在康熙中後期刊印《說文》之後，始一終亥本終於在歷經數百年之後得以重見天日。可惜的是，當時流傳不廣，故而學者很少知之，社會上通行的仍然是始東終甲的《五音韻譜》。但乾隆後期，隨著乾嘉考據學的蓬勃發展，歷經數次刊印的汲古閣本《說文》終於隨之大行於世了，學者幾乎家置一本。正是有感於當時「海內承學之士，戶讀毛氏此書而不知其惡」〔註1〕，所以段玉裁於嘉慶二年在袁廷檮等人的協助下，用所借《說文》諸宋本以校此本之謬誤，最終完成了段《訂》一書。此書雖不足百頁，卻是第一部專門以汲古閣本《說文》爲研究對象的著作。它的出現，將汲古閣本《說文》推向了說文學研究的前沿，於是一大批相關的著作如《說文解字校錄》《說文解字斠詮》《說文校議》等相繼問世。這些著作有沿著段氏的思路繼續爲汲古閣本糾謬補缺者，也有初步探討汲古閣本刊印源流、所據宋本等問題者。

　　段《訂》雖然僅僅一卷，但其影響卻不容小覰。自清代以來，學者對段《注》讚賞有加，研究著作亦頗豐富，儼然成就了一門「段注學」。而對此段《訂》則多在於引用，而未對之進行較多的研究。雖然清代有《說文訂訂》等，但僅在訂正段說，而非在於段《訂》本身。今人亦有研究此書者，如潘天禎、楊成凱等先生著重在辨析「初印本」「四次以前剜改」等概念及毛扆

〔註1〕　（清）袁廷檮：《汲古閣說文訂跋》，（清）段玉裁：《汲古閣說文訂》，上海：商務印書館，1936年，第98頁。

題識的眞僞等問題，屬於文獻辨僞研究，見上文相關章節，茲不贅敍；經本植〔註 2〕、林宏佳〔註 3〕等則先後對段《訂》的內容進行較爲詳細的歸納和研究，前者主要探討段《訂》與段《注》的關係，後者則著重分析段《訂》的揚初（初印本）抑後（後印本）的寫作目的和段氏判定初、後印本優劣的依據等。本文所舉例證與後兩文或有一些重合之處，但具體探討的側重點和結論有所不同。

第一節　段《訂》的版本

從整體上看，是書的版本流傳雖不複雜，但是在一些細節上卻頗有一些價值。下面我們對之進行較爲詳細的梳理。

從相關資料看，此書最早是在嘉慶二年由袁廷檮五硯樓刊行的，是爲其第一個單行本。此本末有袁氏跋云：「因與漣塘丈及廷檮遍檢宋小字本，葉鈔、趙鈔、兩宋本、《五音韻譜》宋明二刻及《集韻》《類篇》及小徐《繫傳》舊鈔善本，盡得其剜改所據，編爲一卷而梓之。」據此，袁氏不僅自己出資刊行，而且還自始至終參與了《訂》的整個編纂過程。從版式上看，此本半葉九行，行二十二字，小字雙行同，左右雙邊，上下細黑口，單黑魚尾，魚尾上記大小字，下書口題「五硯樓」。裏封題「汲古閣說文訂　五硯樓藏版」。卷端題「汲古閣說文訂　金壇段玉裁」。首有嘉慶二年段玉裁序，略云：

> 玉裁自僑居蘇州，得見青浦王侍郎昶所藏宋刊本。既而元和周明經錫瓚盡出其珍藏，一曰宋刊本，一曰明葉石君萬所鈔宋本。已上三本皆小字，每葉廿行小字，夾行則四十行，每小字一行約二十四五六字不等。一曰明趙靈均均所鈔宋大字本，即汲古閣所仿刻之本也。一曰宋刊大字《五音韻譜》。三小字本不出一槧，故大略相同而微有異。趙氏所鈔，異處較多，稍遜於小字本。若宋刊《五音韻譜》，則略同趙鈔本而尚遠勝於明刊者。明經又出汲古閣初印本一，斧季親署云「順治癸巳汲古閣按改第五次本」。卷中旁書朱字，復以

〔註 2〕經本植：《段玉裁〈汲古閣說文訂〉與〈說文解字注〉——兼及段氏校改〈說文〉文字的緣由》，《四川大學學報（哲學社會科學版）》，1985 年第 3 期。
〔註 3〕林宏佳：《〈汲古閣說文訂〉寫作模式試探：兼談汲古閣〈說文〉的評價》，《傳統中國研究集刊》第十一輯，上海：上海人民出版社，2013 年，第 242～267 頁。

藍筆圈之。凡其所圈，一一剜改。考毛氏所得小字本與今所見三小
字本略同，又參用趙氏大字本。四次以前微有挍改，至五次則挍改
特多，往往取諸小徐《繫傳》，亦閒用他書。

　　今考劉盼遂先生《段玉裁先生年譜》於「乾隆五十四年己酉　先生五十
五歲」下云：「是年八月以前，先生家遇所謂橫逆之事。……奉父命遷居蘇
州閶門外下津橋」〔註4〕，蓋即此序所謂「玉裁自僑居蘇州」。入居蘇州之後，
其最先見到的《說文》宋本是「王氏宋本」，即青浦王昶所藏宋本。此本後
來遞經名家收藏，後歸日本靜嘉堂文庫，今《四部叢刊》《續古逸叢書》影
印者即此本也。繼而又見元和周錫瓚所藏一宋本，即「周氏宋本」，此本今
不知所蹤，但有與之同系統之版本在，即國圖所藏之宋刻本也，此本原爲汪
中、楊紹和舊藏，末有丁晏跋。又有二影宋抄本：一葉萬（林宗）抄本，此
本在清末尚存於龔自珍家，今則不知去向。一趙均（靈均）抄本，今歸入日
本大谷大學圖書館，其底本可能是藏於北京大學圖書館的宋刻殘本，因其有
趙氏鈐印在也。最後段氏又見周氏所藏題有「順治癸巳汲古閣挍改第五次本」
之毛氏「初印本」，此本朱藍筆批校，今亦不知下落，但據筆者考證，其略
晚於南京圖書館所藏毛扆校本，屬於毛氏汲古閣早期版本，故價值頗大。以
上兩宋本、兩影鈔宋本及一「初印本」即段《訂》據以校訂後世「剜改本」
的主要版本（皆屬於大徐系統，而如《集韻》《五音韻譜》等則屬於據他書
而校了）。而當時流行的《說文》即段氏所謂毛氏「剜改本」，學者們未見除
此之外的其他本子，而且也不知毛氏之本的錯誤，故而段《訂》一出，學界
譁然。嚴可均《說文訂訂序》記載了當時的盛況：「段君素以治《說文》有
聲於時，嘉慶三年此書流播都下，都下翕然稱之。」〔註5〕按，段《訂》成
於嘉慶二年七月，不到半年便由蘇州流行到了京師，而且時人皆稱道之。由
此可以證明此書流行之廣，對學界的影響之大。嚴可均又云：「四年春，余
道經姑蘇，又愷謂余曰：《說文訂》近頗改正數事，出新印本詒余。今年冬
覆閱一過，如《淮南》『宋蔡舞嗙喻』，舊印脫「南」字；《廣韻》五支作『夊
也』，舊印『夊』誤『久』；『或訰於宋大廟』，舊印『于』誤『干』；『大徐』，

〔註4〕劉盼遂：《段玉裁先生年譜》，《清華大學學報（自然科學版）》，1932 年第 2
　　　期。
〔註5〕（清）嚴可均：《說文訂訂序》，《說文訂訂》，《續修四庫全書》第 213 冊，第
　　　461 頁。

舊印『大』誤『本』，諸小失皆改正。」按，「四年春」即嘉慶四年，是年袁氏又進行了一次重校刊印，應該是屬於後印之本了，可以題作「清嘉慶二年刻嘉慶四年袁廷檮重校印本」。以上嚴氏所舉例子如下：

（1）卷二上口部「嗙」字，原刻作「《淮》：宋蔡舞嗙喻也」，新印作「《淮南》：宋蔡舞嗙喻也」。

（2）卷二上走部「趏」字，原刻作「《廣韻》五支作『久也』」，新印作「《廣韻》五支作『夂也』」。

（3）卷三上言部「訕」字，原刻作「《春秋傳》曰：『或訕干宋大廟』」，新印作「《春秋傳》曰：『或訕于宋大廟』」。

按，今據此核對段《訂》原刻，確實如嚴氏所云。惟「大徐」訛作「本徐」則未曾找見。但以上3例足以證明後世段《訂》諸刊印所據底本了。

以上兩本中，嘉慶二年之本存世並不多，據《文字音韻訓詁知見書目》可知，國內僅北大、上海等5家有藏〔註6〕，而嘉慶四年重印本則完全沒有被著錄。由於二本均由袁廷檮刊印，所以版式上應該是一致的，故筆者頗懷疑存世的本子中可能有些屬於嘉慶四年的重印本了，至少國圖所藏之本（索書號「A02092」）即是如此。

道光間此書在一段時間內並無重新刊印過，故亦不甚流行，以至於王筠在《說文釋例》卷十八「段氏嘗作《汲古閣說文訂》矣」一句下小字注中云：「吾向見之，今無此書。」〔註7〕但隨著同治之後各省官書局的陸續開設，此書又重新受到了重視。清同治十一年，湖北崇文書局重刊《說文解字注》時，曾將此書與《六書音均表》《部目分韻》等一起合刊，是為此書合刻之始。此本除了裏封牌記題「同治壬申冬月湖　北崇文書局重鐫」外，首段序、末袁跋及行款版式皆同嘉慶刻本。然觀其內容，則知其底本為嘉慶四年重印本也，故其版本項可題作「清同治十一年湖北崇文書局據嘉慶四年五硯樓重印本重刊」。此本刊行之後，段《訂》又一次在社會上受到了關注，所以在清光緒元年，崇文書局不得不再次重刊（按，今國圖、上海等館藏有此本）。王先謙《汲古閣說文校勘記序》云：「昔段氏據斧季手校本為《說文訂》，今

〔註6〕按，此書著錄館有國圖、北大、上海、浙江、重慶等五館，見陽海清、褚佩瑜、蘭秀英編：《文字音韻訓詁知見書目》，武漢：湖北人民出版社，2002年，第57頁。其實其遺漏不少，如復旦大學圖書館所藏確實是嘉慶二年初刊印本，今收入《續修四庫全書》第204冊者即是也。

〔註7〕（清）王筠：《說文釋例》，清道光間刻本。

刊於湖北書局，人寶愛之。」〔註8〕其中「人寶愛之」一句便是其流行的最好證據。之後，相繼又有清光緒十一年刻本，北師大，南開等館有藏；民國元年鄂官書處刻本，國圖、復旦、湖南、雲南等館有藏，民國三年長沙古書流通處刻本，湖南圖書館有藏；民國三十八年刻本，北師大有藏。以上四本皆爲《說文解字注》之合刻，筆者雖未親見，但頗疑即據崇文書局館刊印也。

另外還有一種合印的情況，清光緒十六年石印《說文解字注》時，曾將此書與《六書音均表》《部目分韻》《說文段注撰要》《說文通檢》等四部著作一起進行了刊印。今北大、南開等有藏。觀其版式，半葉大字十八行，行四十四字，小字雙行同，行八十八字。四周雙邊，白口，單黑魚尾，魚尾上記書名，下記卷次及頁碼。其字小而行密，雖容納了多種著作，但顯然並不適合閱讀。其底本蓋亦崇文書局刊本。

除了合刻的情況外，此書在清光緒九年由歸安姚覲元刊入《咫進齋叢書》中，是爲其僅有的叢書本。從版式看，其半葉十三行，行二十二字，小字雙行同。左右雙邊，上下粗黑口，雙對魚尾。版口記書名，下書口題「咫進齋叢書」。卷端題「汲古閣說文訂」，次行題「金壇段玉裁」。卷末末行題「歸安姚覲元校栞」。再從內容上看，所有的訛字皆已改正，故仍然屬於嘉慶四年刻本系統。

此外，隨著此書的流行，一些學者尚以手抄和過錄的形式對之進行保存和研讀。前者存世者如湖南圖書館所藏清楊濬抄《任氏三種》本，臺灣國圖所藏琴言室抄本等，後者如上海圖書館所藏汲古閣本《說文》吳夌雲過錄本。筆者所見者乃臺灣國圖藏本，其下書口題「琴言室」，可能爲晚清徐寶謙之室名。其半葉八行，抄錄頗爲工整，訛字已改，故其底本亦爲嘉慶四年刻本系統。

以上諸本，如果依版本類型劃分，可以分爲單刻本、合刊本、叢書本、抄本和過錄本等四種。嘉慶間袁廷檮兩次刊印者即屬第一種類型，但後印勝於初刻，所以如果對段《訂》進行校勘時，當以後印爲底本。光緒間崇文書局等所刊印屬於第二種，其底本即嘉慶四年刻本。姚氏咫進齋叢書本雖改舊式，但刻印精良，底本亦同前。抄本和過錄本從一個側面反映了段《訂》的流行程度和學者的接受程度，所以從中可以看到段《訂》在當時的影響力和學術價值。

〔註8〕（清）王先謙：《虛受堂文集》卷四，清光緒二十六年刻本。

第二節　段《訂》的校勘特點

段《訂序》可以說是段《訂》的一篇校勘宣言，該文將此書的校勘依據、對象、方法及目的說得非常清楚。另外此書末附袁廷檮跋亦有類似言說。今並引於下：

段《訂序》：

> 學者得一始一終亥之書以爲拱璧，豈知其謬盭多端哉！初印往往同於宋本，故今合始一終亥四宋本及宋刊、明刊兩《五音韻譜》及《集韻》《類篇》稱引鉉本，以校毛氏節次剜改之鉉本，詳記其駁異之處，所以存鉉本之眞面目，使學者家有眞鉉本而已矣。

書末袁廷檮跋云：

> 若膺先生云：「今海内承學之士戶讀毛氏此書而不知其惡，試略箋記之，以分贈同人，則人得一宋本矣，豈不善與？」因與漪塘丈及廷檮遍檢宋小字本，葉鈔、趙鈔兩宋本，《五音韻譜》宋、明二刻及《集韻》《類篇》及小徐《繫傳》舊鈔善本，盡得其剜改所據，編爲一卷而梓之。

據此，我們至少可獲得以下幾點信息：

（1）段氏等在校勘時，採用版本有：

①周錫瓚所藏毛氏汲古閣刻「初印本」（即所謂第五次校樣本）；

②大徐本：宋小字本（有二：青浦王氏藏宋刻本、周錫瓚所藏宋刻本）、明葉萬影抄宋本、明趙靈均影抄宋本；

③《五音韻譜》：宋刻本、明刻本；

④《集韻》《類篇》稱引大徐本；

⑤小徐本：舊抄本。

（2）校勘對象：據以上諸本校毛氏汲古閣剜改本。

（3）校勘方法：「詳記其駁異之處」，似乎只在校訂版本異同。

（4）校勘目的：揭示剜改本之謬，保存大徐本之眞。

此序和跋將其校勘之情況說得如此明白，難怪後世學者皆以此爲準，深信不疑。但是如果將之與段《訂》之正文內容相互比較，可知二者頗有不相一致的情況。今一一述之。

以上第（1）點中，段《序》云校勘時所據版本，除了大徐諸宋刻明抄本外，尚有《集韻》《廣韻》等所引大徐本等。但今檢其正文，一下艸部「芐」

字下云：「《韻會》亦作『禮記』。」二上叩部「嚛」字下云：「小徐、《廣韻》皆作『窒』不誤。」三下幾部「勿」字下云：「夢英所書小徐《篆韻譜》、小徐《繫傳》皆略同。」四上鳥部「鳳」字下云：「他本及《釋文》《正義》所引皆作龜。」則其具體校勘時不止《敘》中所列諸書也。又上段《序》所列諸書，如《集韻》《類篇》等皆不明言版本，今一下艸部「菣」字下云：「曹刊《集韻》亦作商」，三上言部「誠」字下云：「元和周明經漪塘錫瓚所藏毛抄宋本《集韻》作『丕則』」，知《訂》所參《集韻》有曹寅《棟亭五種》本和毛氏影宋抄本。十下允部「㒸」字下云：「今刻《集韻》《類篇》皆作『尣尥』」，知所據《類篇》亦爲《棟亭五種》本。

第（2）（3）（4）點中，我們引用正文中 3 個例子便可明白：

二下辵部「逑」字下云：「初印本如此，宋本同。葉、趙本，《韻譜》《集韻》《類篇》『頢』皆作『頓』，今剜改作『頓』不誤。」

三上言部「譌」字下云：「兩宋本『譌』『謬』二篆間重出『註』『誤』兩篆，惟『圭聲』作『佳省聲』爲異。葉本則兩篆間空白三寸存此者箸舊本之乖異也。」

四上目部「眠」字下云：「兩宋本、葉本如此，不可通。惟趙本作『眠兒』，《五音韻譜》從之，近似。……恐此當云『眠眠視兒』。」

第 1 例初印本、宋本與諸本異，剜改本校改正確，這說明段《訂》並非全然據眾本校剜改本，也非全然校剜改本之謬。第 2 例顯然並非校版本之字，而是記錄諸本版式之異同。第 3 例則既指出宋本、葉本之謬，也基本肯定《五音韻譜》之說，但最後卻提出了自己的觀點，顯然並不是校版本，而是定是非。

由此可見，段《訂》與段《序》並非嚴格對應的，前者在校勘依據上對後者有進一步的補充說明，但在校勘對象、目的等卻有較大的出入，故我們在研究《訂》時，並不能僅僅據段《序》立說，而應該參照內容詳加探討。

目前有若干學者直接從段《訂》的內容上入手研究的，如經本植將段《訂》與段《注》之間的關係分爲四種情況：段《注》完全承襲段《訂》的觀點，改訂《說文》正文；段《注》改字未說明依據，參照段《訂》可知其改字緣由；段《訂》是非未定，而段《注》則據理加以論斷；段《訂》有論斷，而段《注》完全改變觀點。林宏佳則歸併爲三種情況：段《注》、段《訂》意見相同；段《訂》是非未定，藉段《注》知其所從；段《訂》、段《注》意

見衝突，以上主要是從段《訂》、段《注》之間的關係的角度展開討論的，似乎尚未對段《訂》進行專門研究。而林文除此之外，還探討了段《訂》中初印本與剜改本之間的不同情況以及剜改本進行校改時的不同依據等，這對於本文的討論頗有啓發，不過該文認爲段《訂》的意圖是「提升初印本價值與貶抑後印本的價值」，這一結論顯然並未脫離段《敘》之說。由於段《序》、段《訂》之間存在不一致的情況，故筆者擬撇開段《序》說而從正文內容重新討論段《訂》的校勘特點。

那麼，段《訂》校勘特點究竟體現在哪裏呢？

從正文內容看，段《訂》凡收錄 318 個條目。每一條先列某卷某部之篆字字頭及說解，次另起一行空一字爲段氏之校勘案語。若按照段《序》的說法，該段《訂》是以諸本校勘剜改本的話，那麼按理來說其底本應該是剜改本才對，說解也應該來自剜改本，可是如果將此書中的正文說解與段氏案語進行比對的話，可以發現二者並不是一一對應的。具體可以分爲以下幾種情況：

（一）段氏案語判斷某本誤（或某本是），說解從正確者。

1. 案語以爲剜改本誤，諸本是。

一上上部「帝」字，說解云：「辛示辰龍童音章皆從古文上」，案語云：「初印本如此，王氏、周氏宋本，葉石君抄本，趙靈均抄本，《五音韻譜》皆同此。今依小徐於『辛』下『示』上剜補『言』字。《說文》隨舉以見例，云『辛』則从辛之辛、言在其中矣，何煩補乎？」

2. 案語以爲諸本誤，剜改本是。

一上玉部「瑧」字，說解云：「佩刀上飾」，案語云：「兩宋本、葉本、趙本、《五音韻譜》《集韻》《類篇》『上』皆作『下』。按，下文云『珌，佩刀下飾』，此云『上飾』，本毛傳也。毛本依小徐作『上』爲是。」

按，此類有一種特殊情形，即案語僅言某幾本誤，而不言其他本子如何。但結合說解與案語的對應關係，並且與其他資料相互比勘，便可以推斷出段氏的態度了。如：二上口部「嘖」字，說解云：「野人之言」，案語云：「宋本、葉本作『言之』，誤。」今檢剜改本、小徐本正作「之言」，說明段氏案語其實暗指剜改本是正確的。

3. 案語以爲剜改本和某幾本誤，餘本是。

（1）二下言部「讕」字，說解云：「抵讕也」，案語云：「趙本、《五音韻

譜》《類篇》作『抵讕』，與《漢書·文三王傳》合。宋本、葉本作『怟』，毛本及《集韻》作『詆』，皆誤。」

(2) 四上隹部「雖」字，說解云：「雄雖鳴也」，案語云：「兩宋本、葉本、趙本、《五音韻譜》及毛本『雖』字皆誤『雌』字，惟《類篇》不誤，小徐本作『雌雖鳴』則尤誤矣。」

4. 案語僅指出某本是，不言他本。

三上言部「訕」字，說解云：「《春秋傳》曰：『或訕於宋大廟』」，案語云：「兩宋本、葉本作『大』爲長。」

(二)段氏案語判斷某幾本（或某本）是，但說解卻從錯誤者。

(1) 一上玉部「珣」字，說解云：「銳廉而不技，絜之方也」，案語云：「初印本如此，宋本、葉本、趙本、《五音韻譜》《集韻》《類篇》皆同此。今剜改『技』字爲『忮』，從小徐也。此字小徐作『忮』爲長。」

(2) 一下艸部「蔞」字，說解云：「可以烹魚」，案語云：「宋本『烹』作『亨』爲長」。

(3) 二上口部「唬」字，說解云：「呼訐切」，案語云：「宋本作『訐』、作『許』皆非也，趙本、《韻譜》作『訏』，是。」

(三)段氏案語判斷諸本誤，但說解從錯誤者。

此種情況下，案語中往往會先列出諸本異同，繼以「當作」一詞做出自己的判斷。

(1) 四下叞部「叡」字，說解云：「叞探堅意也」，案語云：「宋本、葉本如此，趙本、《韻譜》《集韻》《類篇》『探』作『深』，初印本同。今依小徐剜補『叡』字於『叞深』之上，不可讀。按，此條當作『叡探堅意也』，則文理通順矣。貝爲堅寶，叞殘穿之，故曰探堅。」

(2) 六上木部「槎」字，說解云：「《春秋傳》曰：『山木不槎』」，案語云：「兩宋本、葉本皆無『木』字，他本有『木』。今按，當作『山不槎蘖』。」

(四)段氏案語判斷某本誤，說解皆不從之。

(1) 三上言部「諈」字，說解云：「諈諉累也」，案語云：「兩宋本、葉本、趙本、《類篇》『累』皆作『絫』。按，古文當作『絫』。古重絫上聲、波累去聲字皆作絫，隸變作累，在古音十六部。纍者，大索

也，在十五部。淺人多条、枲不能分別，故誤作枲耳。」

（2）十一上水部「濫」字，說解云：「《詩》曰：『觱沸濫泉』」，案語云：「按，宋本、葉本、《五音韻譜》《類篇》《集韻》皆作『觱』，惟趙抄本此字空白。今毛本『觱』作『畢』，蓋依小徐作『滭』而省水旁。又按，『沸』字下云『畢沸濫泉』，葉本『畢』字空白，周氏宋本正作『滭』，趙本作『畢』，《集韻》作『畢』，《類篇》作『滭』，《說文》無『滭』字。而《上林賦》『滭弗宓汨』，蘇林云『滭音畢』。」

（五）段氏案語未言某本之正誤，說解從其中之一。

（1）一上玉部「珣」字，說解云：「醫無閭珣玗璂，《周書》所謂『夷玉也』。從玉旬聲，一曰器。」案語云：「初印本如此，各本皆同。今於『醫無閭』下剜添『之』字，一曰下剜添『玉』字，本小徐。」

（2）二下辵部「巡」字，說解云：「視行也」，案語云：「兩宋本、葉本皆作『延』，他本皆作『視』。」

按，與第（一）類相似，此類亦有一特殊情況，即段氏案語僅判斷某本誤或列出異文，說解則不知所從，需進行進一步考辨。如二下辵部「迷」字，說解云：「惑也」，案語云：「宋本、葉本作『或』。」按，今檢剜改本、小徐本等正作「惑也」，段氏案語雖僅列出宋本、葉本之異文，但我們在與其他本子比勘的過程中可以發現說解的文字其實是來自剜改本等的。這種特殊情況基本上出現在宋本、葉本等版本上，或許是段氏有意強調其與他本的相異之處。

（六）段氏案語以為兩可者，說解從其中之一。

（1）一下艸部「藪」字，說解云：「豫州甫田，青州孟諸，沇州大野，雍州弦圃」，案語云：「初印本如此，宋本、葉、趙本、《五音韻譜》《類篇》《集韻》同。今剜改『甫』作『圃』字，『弦圃』作『弦蒲』，雖從小徐，而不知二本之不妨並行也。」

（2）十下大部「奯」字，說解云：「讀若施罟泧泧」。案語云：「周氏宋本、葉本及《類篇》皆作『泧泧』。按，《說文》水部濊下引『施罟濊濊』。然《說文》所稱經傳，再舉而文異者多矣，不得言『濊』是『泧』非也。王氏宋本作『濊濊』，趙本、《五音韻譜》及毛本作『濊濊』，則又兩本互異。」

　　以上根據所引《說文》正文說解與段氏案語的對應關係，將段《訂》的內容分爲六種情形。其中，第一種單獨屬於一類，第二、三、四種可歸爲一類，末兩種屬於一類。第一類雖然小類較多，但是無論段氏判斷哪個版本錯誤，說解皆從正確的那個版本。但正確之本並不總是屬於初印本、宋本等等，偶而還有段氏在《序》中所批判的剜改本等，這說明段氏在具體校勘時，並沒有如其《序》所言那樣嚴格據諸本校勘剜改本。其所據底本既不是剜改本，也不是初印本、宋本等，而是別有所指。正因爲如此，段《訂》中說解與案語之間才會出現如此複雜的不相一致的情況，以至於我們也無法把握其所據底本到底是哪一個。

　　第三類其實是第一類與第二類的過渡。第一類的案語中段氏對諸本皆有明確的正誤判斷，此類則段氏態度並不那麼明確，或僅舉諸本異同而不加判斷，或進行了判斷卻不知所從，所以就出現了一種情況：說解所從可能是段氏以爲正確者，也可能只是其暫時的結論。但無論如何，就案語而言，以上兩類在整體上都有一個共同的傾向，即側重版本校勘，側重舉版本之間的異同。

　　第二類包含了三種情形：前兩種無論段氏判斷是否正確，說解皆從錯誤之字。爲什麼這樣呢？筆者以爲這是因爲段氏在這種情況下，其判斷應該並不是那麼肯定，還停留在推測層面，故明知其誤，亦暫從之，前面第（二）種「作某爲長」，第（三）種「當作某」等便是其中最好的證據。第（四）種情況下，段氏對諸本之說皆不從，而竭力考證己說，所以從這一類的案語中我們可以看到，是非判斷已經成了探討重點，有時甚至版本校勘也是爲考證服務的，如前面所舉水部灚字下之案語等。由此我們知道，段《訂》在校勘時，並非僅僅在校訂版本異同，也在判斷版本之是非。如果其認爲諸本皆不可從的話，有時會以一己之見改動原書〔註9〕。但不可否認的是，這種情形在段《訂》中尚屬少數。如果翻看之後的段《注》，這種改動的情況比比皆是，所以段《注》中的一些特點在段《訂》中也是可以看到一些端倪的。

　　如果將以上論證歸納一下的話，可以得出與段《序》不一樣的結論。從段《訂》所列的三百多個條目看，以上三類中第一類約有 180 多條，佔有一

〔註9〕關於此，後人已有指責，如（清）王筠《說文釋例》卷二十（清道光刻本）「殼」下云：「一曰殼瞽也。各本同，小徐且以愚闇釋之矣。段氏謂各本刪『殼』字，不知所見何等本也。然所著《汲古閣說文訂》有至今不改而以爲改者，不知何以自眛也。」

半以上的條目，而其中對剜改本的指責又佔了一半以上，這說明段《訂》的校勘對象是以剜改本爲主，兼及其他本子的。其校勘方法則是以校勘版本異同爲主，兼及判斷版本是非。而其校勘目的，從以上所舉諸例可以看到，宋本所列、《集韻》等書所引大徐皆有失誤，顯然他並非致力於恢復大徐本之原貌。有時他甚至認爲諸本皆誤，而以己意斷定《說文》當作某。由此可見，他眞正的目的是要恢復自己心目中的許愼《說文》原貌。

平心而論，段《訂》並不是一部嚴謹的校勘著作。其術語大多模糊不清，並不統一，如「毛本」一詞多數指剜改本，有時卻兼及初印本。同時，案語中所引諸本一般以「初印本如此，某某本同」的格式出現，但失此缺彼的情況也隨處可見，有時列出某幾本，有時則僅舉一本。正因爲此書有這種混亂的情況，所以筆者頗懷疑段氏並未通校，而是有選擇地挑出值得討論的數百條進行討論。考慮到其從撰寫到刊行不及半年，這麼短的時間內對如此多的版本逐字比勘，即便有袁廷檮等的參與，顯然是不現實的。所以，段《訂》內出現的諸種校勘上的問題也是在情理之中的。但即便如此，實際的情況是，在當時其眞正的學術價值已經完全掩蓋了內容上存在的不足，故而能得到學界的一直讚賞。關於此，我們將在下面進行詳細地闡述。

第三節　段《訂》的學術價值和影響

段《訂》一經刊刻，不到半年便風行大江南北，嚴可均所云「嘉慶三年此書流播都下，都下翕然稱之」便是最好的明證，據此我們可以看到此書對當時學界的影響。而之後的說文學著作中往往會引及段《訂》的內容，這又可以說明其影響已經延及到了後世。那麼，如何評價這部薄薄的著作呢？顯然目前學界並未對之太多著意，故長期以來一直延續段《序》之說，就連胡樸安《中國文字學史》、張其昀《說文學源流考略》也是如此。董婧宸應該是目前對該書進行較爲詳細研究的學者之一，她曾於其博士後研究報告專章進行詳細的研究。在此章末，她認爲該書爲「清代學人提供了《說文》的校勘成果」，「在版本學上明確了《說文》大小徐有各自版本系統」，其「異文極大地促進了清代學人對《說文》版本差異的關注，從而激發了學人對段氏所述的『小字宋本』《說文》的興趣」〔註10〕。這些評價都很中肯。筆者的某些觀

─────────────

〔註10〕董婧宸：《傳抄、借閱與刊刻：清代〈說文解字〉的流傳與刊刻考》，第 125

點與之有類似之處，但也有差異，故擬重新加以探討。筆者以爲，從學術史的角度看，其至少有以下幾方面的價值。

首先，此書是第一部對毛氏汲古閣本進行校勘的著作，既具有較高的版本學價值，也具有很高的校勘學價值。

嘉慶二年，段《訂》由袁廷檮五硯樓刊行。在此之前，經朱筠等眾多學者的大力提倡，《說文》研究風氣漸開〔註11〕。學者們雖已不像清初學者那樣誤將《五音韻譜》當作大徐本了，但其所據也只有毛氏汲古閣本一個本子〔註12〕。之前由於從來沒有一個學者能夠像段氏那樣擁有如此眾多版本的大徐本，也沒有一個學者如此詳細地校勘毛氏汲古閣本之謬誤。所以，段《訂》一出，天下譁然，其在當時學界的轟動也是可以想像得到的。並不是因爲其有多麼豐富的校勘內容，而是其所據之本在當時是歸少數人的獨享的；也不是因爲其有很高的校勘質量，而是其考證的觀點在當時是具有開創性的。所以，它在版本學上的意義就是第一次向時人展示了眾多存世的但鮮爲人知的大徐本版本，向世人宣告了世上的大徐本並非僅僅只有毛氏汲古閣本一種，而在校勘《說文》時尚有較之更早的版本可以依據。而在校勘學上，它不僅以「訂」的名義將校勘過程和考證結果展示出來供學者參考，同時也爲後人提供了一定的校勘方法，更重要的是指明了《說文》研究的方向，即揭示毛氏剜改本之謬，指出大徐本之譌，致力於恢復許慎《說文》原貌。

其次，此書的出現，極大地推動了清代乾嘉時期的說文學研究。

我們通常說乾嘉時期說文學大盛，其實這是籠統的說法。如果仔細考察一下，乾隆末之前其實並沒有多少人在討論有關《說文》的話題，更沒有多少研究《說文》的著作出現。直到嘉慶二年段《訂》刊行之後，大量研究和探討《說文》的論題和著述才如雨後春筍一般湧現，它們有相當一些或多或少都受到了《訂》的影響，今試分以下幾點說明：

─────────────────────

〜126 頁。

〔註11〕 （清）洪亮吉《書朱學士遺事》（《更生齋集·文甲集》卷四，清光緒三年洪氏授經堂增修本）中云：「先生以讀書必先識字，病士子不習音訓，購得汲古閣許氏《說文》初印本，延高郵王孝廉念孫等校正刊行。孝廉爲戴吉士震高弟，精於小學者也。工竣，令各府士子入錢市之。先生性寬仁，不能御下，校官輩又藉此抑勒，並於定值外需索，以是不無怨聲，然許氏之學由此大行。」

〔註12〕 按，當時屬於汲古閣本系統的本子至少有三種：四庫本、大興朱氏重刻本和錢氏萃古齋印本，而其中最爲通行者應該是最後一種。

（1）段《訂》中提出的「初印本」「第五次剜改本」「四次以前剜改」等概念深入人心，直接影響後世學者對毛氏汲古閣本的看法。段《訂》刊行之前，毛氏汲古閣本曾進行過數次校勘重印，時人尚不知其有諸多謬誤，而之後則從段說者隨處可見。顧廣圻《思適齋集》卷一《百宋一廛賦》「收儲則一夔已誇，著述則三豕尤探」條下，黃丕烈注云：「常熟毛氏初刊頗與相近，後經斧季宸節次校改而大徐氏之舊觀漸以盡失。金壇段茂堂先生玉裁來寓吳中，遂有《汲古閣說文訂》之作。宋本之妙，固已洗剔一新。即遇其誤，亦必反覆推尋，不加遽斥。」〔註13〕其中的「初刊」「節次校改」等詞皆來自段《訂》。

（2）段《訂》中案語所摘出的諸本異文為後世學者轉相引用，從而推動了《說文》的研究。筆者曾專門考察了清人《說文》著述中所引《說文》宋本和初印本〔註14〕，發現很多並未標明出處，但經與段《訂》比對，方知其實際上並未見過這些本子，而多數是轉引自段說，如嚴可均《說文校議》、嚴章福《說文校議議》、鈕樹玉《說文解字校錄》等。更有甚者，將段《訂》直接過錄於《說文》之天頭地腳處。如（清）錢泰吉《甘泉鄉人稿》卷九云其所藏嚴鼎臣手校《說文》是「以段懋堂《汲古閣說文訂》細書簡端，並依段《注》校正」〔註15〕。按，此本今藏上海圖書館，《標目》下有「以金壇段懋堂先生《汲古閣說文訂》校正，又以《說文注》校」朱筆題記一行〔註16〕，其天頭及正文內皆有朱筆批校。該館另有一部汲古閣本《說文》，題作「清吳夌雲校並跋」，然今檢吳氏跋云：「金壇段大令玉裁著《汲古閣說文訂》，其所見《說文》本最多……精博可愛，故詳鈔之」〔註17〕，則是將段《訂》直接過錄於《說文》之天頭、地腳及正文行間了。由此可見，段《訂》在後世學者中赫然已經是校勘大徐本之權威文本了。

（3）段《訂》對剜改本的大力批駁，使後世學者直接拋棄毛本而轉求宋本，在一定程度上推動了大徐宋本和初印本的刊刻。

〔註13〕（清）顧廣圻：《思適齋集》卷一，清道光二十九年徐渭仁刻本。
〔註14〕見筆者《〈文字音韻訓詁知見書目〉研究》（2015年北京師範大學博士論文）相關章節。
〔註15〕（清）錢泰吉：《甘泉鄉人稿》卷九，清同治十一年刻光緒十一年增修本。
〔註16〕張憲榮：《〈文字音韻訓詁知見書目〉研究》，北京師範大學博士論文，2015年，第134頁。
〔註17〕張憲榮：《〈文字音韻訓詁知見書目〉研究》，北京師範大學博士論文，2015年，第132～133頁。

段《訂》讓學者們看到了通行的毛氏剜改本有諸多謬誤，同時也肯定了剜改本若干校改的文字，但是顯然前者更對後人產生深遠的影響。這樣對大徐本的研究就出現了一些傾向：有些學者根據段《訂》及其他文獻等重新校勘剜改本，如《說文校議》等；有些則轉而尋求較汲古閣本更早的版本進行刊印，由此推動了《說文》新版本的出現。就後者而言，嘉慶間出現的兩次據宋本刊印的本子，即嘉慶十二年額勒布藤花榭刻本和嘉慶十四年孫星衍五松書屋刻本都是在這種學術背景下產生的。孫氏序云：「宋本亦有譌舛，然長於今世所刊毛晉者甚多，毛晉初印本亦依大字本翻刊，後以《繫傳》剜補，反多紕繆。」〔註18〕後兩句顯然是沿襲了段《訂》的說法的，只不過沒有使用「剜改本」這樣的字眼罷了。另外，光緒七年淮南書局刻本也是深受段《訂》影響的，張行孚《汲古閣說文解字校記跋》云：「汲古閣《說文》有未改、已改兩本，乾嘉諸老皆稱未改本爲勝，而未改本傳世絕少，其大略見於段氏《說文訂》中，然亦間有譌陋焉。洪琴西都轉運從荊塘義學假得毛斧季第四次所校樣本，即段氏所據以訂《說文》者。」〔註19〕既然剜改本有誤，初印本更勝一籌，所以段《訂》以後所謂「初印本」不斷湧現〔註20〕，而「第四次校樣本」「第三次校樣本」〔註21〕這樣的詞語亦開始出現，我們姑且不論其是否即毛氏之「初印本」或校樣本，單就這種現象本身而言便可看出段《訂》對後世的影響了。淮南書局所刻只是其中的一種，其實在其前後皆有學者在不遺餘力地尋求剜改本之前的早期版本。

第三，此書刊印之時，正是段《注》開始編撰之時，但是卻比段《讀》成書要晚，所以段《訂》可以說是由段《讀》到段《注》的一個橋樑和紐帶。由段《訂》以校段《讀》與段《注》，可以看到段玉裁在研究《說文》的過程中態度的變化，從而從一個側面反映出段氏早期的《說文》學觀點和研究方

〔註18〕　（清）孫星衍：《重刊宋本說文序》，《說文解字》，清嘉慶十四年孫星衍五松書屋刻本。

〔註19〕　（清）張行孚：《汲古閣說文解字校記跋》，《汲古閣說文解字校記》，《說文解字》之附，清光緒七年淮南書局刻本。

〔註20〕　據筆者調查，段《訂》之後諸家提到的「初印本」有：顧之逵、顧廣圻、袁廷檮等藏本，見國家圖書館所藏毛氏汲古閣刻本末附袁廷檮跋；葉啟勳藏本，見《二葉書錄》，湖南圖書館藏；毛扆跋本，南京圖書館藏，等等，這些「初印本」其實都是毛氏剜改本刊印之前的校樣本，非眞的初印本。關於此，本書第三章有詳細的討論。

〔註21〕　見南京圖書館所藏毛氏汲古閣刻本《說文解字》末附顧葆龢跋。

法。有關段《注》、段《訂》之間的關係，今人經本植、林宏佳等已經有了詳細的研究，筆者則連同《讀》一起討論。試舉兩例於下：

（1）一下艸部苦字：苦蔞果蓏。

段《訂》：初印本如此，宋本，葉、趙本，《五音韻譜》《集韻》《類篇》皆同，今依小徐鉉改「蓏」為「蠃」字，以合《詩》《爾雅》，非許意也。苦蔞名果蓏之實者，取「在木曰果，在地曰蓏」之意，《詩》《爾雅》假借字耳。《說文》有蠃、裸字，無蠃字，蠃、裸皆从衣。而從蠃聲、果聲俗作蠃，則內外皆聲而無形不識其為何屬矣。

段《讀》：「蓏」，小徐本作「蠃」，乃「蠃」之誤。宋麻沙大徐本作「蓏」，李仁甫本同。汲古閣刻作「蠃」，非也。

段《注》：苦蔞逗，果蠃也。「果蠃」，宋鉉本作「果蓏」。依鍇本與《詩》合。《豳風》：「果蠃之實，亦施於宇」。《釋艸》曰：「果蠃之實，栝樓也」，毛傳同。

按，此條汲古閣本依小徐作「蠃」，《讀》以為是「蠃」字之誤，從其所列說解看，其應該是從宋本作「蓏」，但案語中卻僅列異文，未作考訂。到了《訂》時，段氏似乎拋棄了「蠃」之誤的說法，而對汲古閣本作「蠃」誤進行了大量的考訂。但到了《注》時，其正文說解直接改作了「果蠃也」，注文則僅列出宋本之異文而未及汲古閣本，由此可以推測宋本作「蓏」亦不符合段氏心意。

（2）八上人部俊字：材千人也。

段《訂》：初印本作「才千人也」，宋本、葉本、趙本、《五音韻譜》《類篇》《集韻》皆作「材千人也」，惟《類篇》《集韻》「材」作「才」耳。今依小徐鉉補「過」字於「千人」之上，非是。《淮南子》《春秋繁露》皆曰：「千人曰俊。」《尹文子》曰：「千人才曰俊，萬人曰桀。」

段《讀》：汲古閣刻大徐本作「材過千人也」，麻沙宋刻不誤。

段《注》：大徐本無「過」字。《尹文子》曰：「千人才曰俊，萬人曰傑。」《淮南·泰俗訓》曰：「智過萬人者謂之英，千人者謂之俊，百人者謂之豪，十人者謂之傑。」《春秋繁露》曰：「萬人者曰英，千人者曰俊，百人者曰傑，十人者曰豪。」《皋陶謨》鄭

注曰：「才德過千人爲俊，百人爲乂。」《呂氏春秋・孟秋紀》
高注曰：「才過萬人曰桀，千人曰俊。」王逸注《懷沙》曰：「千
人才爲俊，一國高爲桀。」諸家說「俊」皆同。惟《月令正義》
引蔡氏《辨名記》云：「十人曰選，倍選曰俊，萬人曰桀。」
其說不同。《方言》曰：「孒，俊也。遵，俊也。」

　　按，此條段《讀》指出了汲古閣本作「材過千人也」有誤而宋本不誤，惜參據僅兩本。《訂》亦在指責汲古閣之誤，但所據版本較前者要多得多。而到了段《注》時，大量的篇幅都在引書證說明俊是「才千人」的說法，而其正文說解則作「材過千人也」，反而又肯定了汲古閣本所作是正確的。

　　由以上兩例可以看到，段氏早期所作的段《讀》、段《訂》的觀點與晚年作的段《注》並不是一致的，往往會充滿矛盾。早期有時會有多種說法，作《注》時可能會另立新說；早期有時會指責某本之誤，作段《注》時可能又會加以採用。由此我們看到段氏在從段《讀》至段《訂》最後到段《注》的過程中對某些字解釋的變化，進而較爲深入地瞭解段氏的《說文》研究的特點和價值。

　　以上我們從三個方面探討了段《訂》的價值和影響，試圖在說文學上給予它一定的歷史地位。以往的研究過多關注段《注》而往往忽略了段《訂》，從而使其失去了自己在段氏說文學和清代說文學上應有的光環。其實如果我們細心梳理清人的說文學史，可以發現段段《訂》的影響一點也不比段《注》小。段《注》最終刊行於嘉慶二十年，皇皇巨著，爲世人推崇。但又因卷帙浩繁，學者苦其不便，故直到道光以後方有相關研究專著問世（如鈕樹玉《段氏說文注訂》等）。而在此之前，段《訂》提出的「初印本」「剜改本」等術語早已深入人心，其案語所列諸本異文及結論也早已爲諸家競相引用。所以，從這方面看，段《訂》實際上也是段氏非常重要的一部說文學著作，值得我們進行深入研究。

餘　論

　　汲古閣本《說文》自清代中後期以來，乘著乾、嘉考據學的順風車一路暢通無阻地駛向學術的最前沿，為清代《說文》學的發展做出了巨大的貢獻。雖然在嘉慶二年段《訂》之後，其遭到了眾多學者的一致批評，但客觀上卻成就了很多優秀的著作。即便是嘉慶中期出現了據宋本刊刻的額本、孫本《說文》，但依然阻擋不住其繼續流傳的步伐。學者們批評額本一遇扞格難通處便據汲古閣本進行修改，這種現象本身就反映了汲古閣本在當時學界中的地位和價值。張之洞在《書目答問》中雖然說「孫本最善」，但從整體上看，汲古閣本在嘉慶以後仍然足以與孫本等平分秋色。本書的研究並不僅僅關注汲古閣本《說文》的版本學和文字學價值，而是試圖從小學文獻學的角度對其諸多方面加以闡釋，其具體觀點與內容詳見本書的緒論和具體的章節。筆者雖然詳細已經解決了部分長期以來學者爭議或不太注意的問題，但是仍然有些疑惑尚待解決。今分別述之，以求以後作進一步的探討。

　　首先，本書雖然具體探討了汲古閣本的底本，但是這仍然是一個推測，尚待更為可靠的資料加以證實。很多學者認為汲古閣本的底本來自趙氏抄本，因為從段《訂》所列的異文看，汲古閣本與趙氏抄本確實多有相同。但是是否真是這樣呢？筆者在本書持否定態度並且提出了自己的看法，但是並沒有詳細比對這幾個版本的異同。今趙氏抄本藏於日本大谷大學圖書館，趙氏家藏宋本收入北京大學圖書館，汲古閣本之部分初印本亦漸漸為學者所熟知，可以說清代學者所說的幾個本子已經知道其具體的收藏之所了，剩下的便是將這些本子集中起來加以比勘了，所以這份工作是勢在必行了。

　　其次，毛氏父子刊刻汲古閣本的原因是一個值得探討的問題。筆者雖然

提出了自己的一點看法，但仍然有些意猶未盡。明末清初的江南地區是一個文化繁榮的地方，長期以來一直是當時的學術中心。從相關資料看，當時很多學者都在從事字學的研究，尤其是六書學，而且在其著作中總會提及《說文》。那麼，他們是抱著一個什麼樣的態度來研究《說文》呢？他們爲何要創作這些六書學著作並熱衷於闡釋其六書理論呢？這些是否會影響到毛氏刊刻《說文》呢？這些問題我們在書內雖略有涉及，但尚未作進一步的研究，從學術史的角度闡釋這種現象筆者覺得尚有必要。

再次，汲古閣本的刊印是一個頗爲複雜的問題。我們雖然進行了新的探討，並基本總清了其刊印階段，但是從毛扆刊刻到正式出版之間，從出版之後到祁門馬氏重印之間尚無太多資料可尋。目前雖然出現了諸多所謂「初印本」，但顯然眞僞雜陳，難以辨識。由於汲古閣本的眞正流傳在乾隆三十八年大興朱氏刊刻之後，而對《說文》的大量研究已經晚至乾隆末、嘉慶初期了。所以我們可以見到的本子基本上都是在那時出現的。如果可以明確找到康、雍、乾隆初期學者使用《說文》的相關資料和當時的汲古閣本，那麼很多問題便可迎刃而解了。因爲這些文獻能很好地體現汲古閣本早期的基本情況。可惜的是，目前我們所知有限，所以尚需進一步爬梳相關資料。

第四，汲古閣本的批校題跋本是一個應該引起學者注意的珍貴文獻。如前所說，它們不僅可以與傳世的名家《說文》學著作相互照應和補充，而且可以挖掘出很多爲學者長期忽略的《說文》學家，如那些暫時無考的佚名批註。同時，惠棟父子批校是一個值得進一步探討的問題。從存世的批校本看，當時的學者很熱衷於過錄惠氏父子的校語，據相關的題跋記載，這些批校有的從惠氏原本直接過錄，有的是據過錄本再過錄，有的據二次過錄本進行三次過錄。在過錄過程中，有的是以二色筆分別過錄，有的則一律施以墨筆；有的全部過錄惠氏批語，有的則爲節錄之文。當時的很多學者都認爲惠氏的批校價值並不很高，那麼爲何還如此做呢？這種現象又該如何解釋呢？惠氏批校最初是從哪個本子開始的，最後又是如何轉向遞錄的，在過錄過程中是否形成了與惠《記》不同的系統，我們至今尚未能理出一個比較清晰的線索。

最後，汲古閣本雖然如清人所說頗有失誤，段《訂》雖然看起來確實訛漏百出，但是仍然無法抹去其本身的價值。其學術價值可能是可圈可點的，但是其在當時學界的影響之大和流行之廣絕對是首屈一指的。可以說，它們一起推動了清代《說文》研究高峰的到來。從這個角度看，其功績不亞於段

《注》。所以，我們應該站在學術史的角度看待這兩部著作，這樣方能得出較爲合理的結論。

　　直到本書結束，筆者仍然以爲汲古閣本《說文》是一個謎。其今生來世尚待進一步挖掘，其在清代以來的流傳還需進一步梳理，而其學術地位和價值更要重新加以審視。

參考文獻

（以下所列並非筆者所有參考資料，其他資料詳見本書各章所引。）

一、古　籍
（一）原　著

1. （漢）許慎撰，（宋）徐鉉等奉敕校：《說文解字》，宋刻元修本，（清）丁晏跋，國家圖書館藏。
2. （漢）許慎撰，（宋）徐鉉等奉敕校：《說文解字》，宋刻元修本，（清）朱筠跋，臺灣「國家」圖書館藏。
3. （漢）許慎撰，（宋）徐鉉等奉敕校：《說文解字》，宋刻元修本，《四部叢刊》本。
4. （漢）許慎撰，（宋）徐鉉等奉敕校：《說文解字》，宋刻元修本，（清）葉啓勳、葉啓發跋，湖南圖書館藏。
5. （漢）許慎撰，（宋）徐鉉等奉敕校：《說文解字》，清康熙間毛氏汲古閣刻本。
6. （漢）許慎撰，（宋）徐鉉等奉敕校：《說文解字》，清光緒九年淮南書局刻本。
7. （漢）許慎撰，（宋）徐鉉等奉敕校：《說文解字》，《影印文淵閣四庫全書》本。
8. （漢）許慎撰，（宋）徐鉉等奉敕校：《說文解字》，清乾隆三十八年大興朱氏椒華吟舫刻本。
9. （漢）許慎撰，（宋）徐鉉等奉敕校：《說文解字》，清光緒二年姚覲元川東官舍刻本。
10. （漢）許慎撰，（宋）徐鉉等奉敕校：《說文解字》，清乾隆末蘇州錢氏萃古齋刻本。

11.（清）段玉裁撰：《汲古閣說文訂》，清嘉慶二年袁廷檮刻本。

12.（清）段玉裁撰：《汲古閣說文訂》，清嘉慶二年袁廷檮刻嘉慶四年重校印本。

13.（清）段玉裁撰：《說文解字注》，清嘉慶二十年經韻樓刻本。

14.（清）王筠撰：《說文釋例》，清道光間刻本。

15.（清）惠棟撰，（清）江聲參補：《惠氏讀說文記》，清咸豐二年江都李氏半畝園刻本。

16.（清）桂馥撰：《說文解字義證》，清同治間刻本。

17.（清）朱筠撰：《笥河文集》，清嘉慶二十年椒華吟舫刻本。

18.（清）王昶撰：《湖海文傳》，清道光十七年經訓堂刻本。

19.（清）王鳴盛撰：《蛾術編》，清道光二十一年世楷堂刻本。

20.（清）顧廣圻撰：《思適齋集》，清道光二十九年徐渭仁刻本。

21.（清）錢泰吉撰：《甘泉鄉人稿》，清同治十一年刻光緒十一年增修本。

22.（清）洪亮吉撰：《更生齋集》，清光緒三年洪氏授經堂增修本。

23.（清）李文藻撰：《南澗文集》，清光緒刻功順堂叢書本。

（二）影印整理本

1.（清）王筠著，屈萬里、鄭時輯校：《清詒堂文集》，濟南：齊魯書社，1987年。

2.（清）段玉裁著，張和生、朱小健點校：《說文解字讀》，北京：北京師範大學出版社，1995年。

3.（清）顧炎武著，黃汝成集釋，欒保群、呂宗力校點：《日知錄集釋》，上海：上海古籍出版社，2006年。

4.（清）朱彝尊撰：《曝書亭集》，《清代詩文集彙編》第116冊，上海：上海古籍出版社，2010年。

二、專　著

1. 周祖謨著：《問學集》，北京：中華書局，1966年。

2. 潘天禎著：《潘天禎文集》，北京：北京圖書館出版社，2002年。

3. 梁啟超著：《中國近三百年學術史（新校本）》，北京：商務印書館，2011年。

4. 張宗友著：《朱彝尊年譜》，南京：鳳凰出版社，2014年。

三、目錄著作

1.（清）丁日昌撰：《豐順丁氏持靜齋書目》，清光緒間江氏師鄦室刻本。

2.（清）趙宗建編：《舊山樓書目》，上海：古典文學出版社，1957年。

3. 日本大谷大學圖書館編集：《大谷大學圖書館藏神田鬯博士寄贈圖書善本書影》，日本：京都大谷大學圖書館，1988 年。

4. 丁福保編：《說文解字詁林前編・序跋類》，北京：中華書局，1988 年。

5. 中國古籍善本書目編輯委員會編：《中國古籍善本書目（經部）》，上海：上海古籍出版社，1989 年。

6. 李致忠著：《宋版書敘錄》，北京：北京圖書館出版社，1994 年。

7. 「國家」圖書館特藏組編：《「國家」圖書館善本書志初稿（經部）》，臺北：「國家」圖書館，1996 年。

8. 鄭偉章著：《文獻家通考》，北京：中華書局，1999 年。

9. 葉德輝撰、紫石點校：《書林清話》，北京：北京燕山出版社，1999。

10. （清）顧湘編：《小石山房佚存書錄》，國家圖書館編：《國家圖書館藏古籍題跋叢刊》第 23 冊，北京：北京圖書館出版社，2002 年。

11. 陽海清，褚佩瑜，蘭秀英編：《文字音韻訓詁知見書目》，武漢：湖北人民出版社，2002 年。

12. 王欣夫著：《蛾術軒篋存善本書錄》，上海：上海古籍出版社，2002 年。

13. 張元濟著：《涵芬樓餘燼書錄》，張人鳳編：《張元濟古籍書目序跋彙編》，北京：商務印書館，2003 年。

14. （清）陸心源撰：《儀顧堂書目題跋彙編》，北京：中華書局，2009 年。

15. 王國維著，房鑫亮校點，崔文印復校：《傳書堂藏善本書志》，房鑫亮分卷主編：《王國維全集》第九卷，杭州：浙江教育出版社，2010 年。

16. 葉啟發撰：《華鄂堂讀書小識》，葉啟勳、葉啟發撰，李軍整理：《二葉書錄》，上海：上海古籍出版社，2014 年。

17. （清）黃丕烈著，余鳴鴻、占旭東點校：《黃丕烈藏書題跋集》，上海：上海古籍出版社，2015 年。

18. 國家圖書館編：《國家圖書館藏古籍題跋叢刊》，北京：北京圖書館出版社，2002 年。

19. 徐蜀、宋安莉編著：《中國近代古籍出版發行史料叢刊》，北京：北京圖書館出版社，2003 年。

20. 林夕編：《中國著名藏書家書目匯刊》，北京：商務印書館，2005 年。

四、論　文

1. 潘天禎：《毛扆第五次校改〈說文〉說的考察》，《圖書館學通訊》，1985 年第 2 期。

2. 潘天禎：《毛扆四次以前校改〈說文〉說的質疑》，《圖書館學通訊》，1986 年第 3 期。

3. 楊成凱：《汲古閣刻〈說文解字〉版本之疑平議》,《北京高校圖書館學刊》,1998 年第 4 期。

4. 孔毅：《汲古閣刻〈說文解字〉略考——兼與潘天禎先生商榷》,《古籍整理研究學刊》,1989 年第 2 期。

5. 潘天禎：《汲古閣本〈說文解字〉的刊印源流》,《北京圖書館館刊》,1997 年 02 期。

6. 辛德勇：《也談宋刊〈說文解字〉之大小字本問題》,《書品》,2014 年第 2 期。

7. 王貴元：《〈說文解字〉版本考述》,《古籍整理研究學刊》,1999 年第 6 期。

8. 王貴元：《〈說文解字〉版本問題》,《漢語史研究集刊》第五輯,2002 年。

9. 嚴一萍：《跋宋本〈說文解字〉》,《大陸雜誌》第十九卷（合訂本）,1959 年第 1 期。

10. 金祥恒：《跋國立中央圖書館藏殘宋本〈說文解字〉——並略談傳世大徐本〈說文解字〉版本》,《大陸雜誌》第十八卷（合訂本）,1959 年第 3 期。

11. 林宏佳：《〈汲古閣說文訂〉寫作模式試探：兼談汲古閣〈說文〉的評價》,《傳統中國研究集刊》第十一輯,2013 年。

12. 經本植：《段玉裁〈汲古閣說文訂〉與〈說文解字注〉——兼及段氏校改〈說文〉文字的緣由》,《四川大學學報（哲學社會科學版）》,1985 年第 3 期。

13. 張憲榮：《〈文字音韻訓詁知見書目〉研究》（博士論文）,北京師範大學,2015 年。

14. 董婧宸：《傳抄、借閱與刊刻：清代〈說文解字〉的流傳與刊刻考》（博士後出站報告）,北京師範大學,2017 年。

附錄一：南京圖書館藏《汲古閣毛氏世譜》

一、解　題

《東湖汲古閣毛氏世譜》不分卷，（清）佚名編，清末藍格紙抄本。1 冊，南京圖書館藏，索書號「GJ/EB/2005650」。此書半葉十行，行二十四字。左右雙邊，白口，單黑魚尾，魚尾下題「卷」。卷端題「東湖汲古閣毛氏世譜」，次行空兩格題「起世舊譜原刻難覲不及備載」。

首清道光十九年朱超然汲古閣毛氏家譜序，次清道光十九年毛桂百序，次清光緒三年張繼良序，次清宣統元年何廣生歌，次毛氏系統表。

二、正　文

按，是書一直深藏南京圖書館而鮮人過問，自潘天禎先生據之研究汲古閣本《說文》相關問題之後，世人方稍稍知之。爲撰寫本書相關章節，筆者曾專門去該館進行調研，費幾日方錄畢。是書價值頗大，筆者受益頗多。今附錄於文末，以與諸君共享，也免去了諸君車馬勞頓之苦。另，原有《毛氏系統表》，此畧。

汲古毛氏家譜序

七星橋汲古閣毛氏家聲著於四方，尚矣，惜乎未見其世系。聞父老相傳之語，其先本姓靳，由河南東徙此常熟隱湖之東，耕讀傳家。至子晉公，家業裕饒，文墨精通。剞劂詩書，頗多而工。又好施與，故縣令過訪，贈對聯

云：「行路漁樵皆謝賑，入門童僕盡抄書」，可謂榮矣。傳至奏叔公，有不為良相而為良醫之志，於是精研醫理，活人無算。今杏園先生，其五世孫也。岐黃不唯克紹，而且邁種。今欲修其家譜，其孝思有足多者，爰不辭固陋而為之序。

　　道光十九年歲次己亥三月朔日，敬亭朱超然拜題。

　　我宗毛氏，由來久矣。氏族浩繁，散處異地，歲時伏臘，每不能鳩族展親，以盡其歡欣愛洽之情。甚至睽隔多年相見，莫相識者有之。噫，疏逖若是，則宗族雖同陌路，不亦上無以對祖先，下無以訓苗裔哉！爰思纂譜，以考核之。

　　夫譜之作，所以溯本源而分支派，辨尊卑而聯恩誼者也。今攷始祖朝用公居於隱湖之東，耕讀肇基。至第四世子晉公而文風始著，剞劂詩書，汲古之名於海內。至第五世奏叔公，文通孔、孟，又習軒、岐，由是醫業遞傳至今。予固奏叔公之後也，齒逾七秩，於行輩為最長。修譜之舉，烏可緩耶？以名先世基業之由來，後代遠近之名號，則族人之眾，雖天各一方，按譜以求，如會一堂。凡我後人，共敦一本之誼，無失倫序之〔次〕，將是譜勤加修輯，則祖功宗德，可永垂於不休矣。謹序。

　　己亥春杪，裔孫桂百拜題。

　　丁酉之秋，毛君少麟攜其家譜來示余，々喜其汲古之後也，受而觀之，譜頗闕畧失次，蕪陋不足述。子晉公事亦不詳，所載生卒年月與《府志》合，惟稱子晉與繼妻嚴氏合葬虞山維摩寺後，主穴其前。二妻范氏、康氏及幼女、長子襄俱葬華涇，末並載有康熙四十四年沈姓貼絕維摩墳地契。據此，絕與《志》異。《志》稱子晉卒，葬戈莊祖塋。錢謙益誌其墓，鄭應雲德懋輯《汲古書目》，所撰《小傳》亦同。余按，戈莊在迎春門外三里，與子晉居相近。且子晉歿於順治己亥，其《譜》稱買地立契時垂五十年。嚴氏後子晉歿十一年，亦將四十年。其時子晉五子大都前歿，斧季亦垂暮，疑不致停棺如是之久始謀買地合葬者，此蓋可據《志》以正《譜》之譌矣。嗟呼，子晉篤好古風流，如非乃其葬處。至於子孫不知，不能不歎家譜失修之貽誤匪尟，而志乘之功大也。抑余又聞汲古閣舊址在今桑滬濱口，土人名曰樓子基，東北至七星橋二里，距毛氏舊宅一里。自茲以往，更數十百年，情勢屢變。雖有人焉，欲求樓子之名，其孰從而求？少麟系本子晉第四子表後，性誠樸。余故

歸其譜，書數語以誌諸，俾廣諮博採，求予之說於荒煙蔓草田夫野老間，亦豈非爲子孫者之事哉。

　　光緒念三年七月既望，張繼良誌。

　　毛君藹春出其家鈔譜見眎，世系多中斷，知其失修久矣。惟君一支，係子晉先生三子表後，傳至今代尚完備，而爲作長歌以張之：

　　毛爲文之昭，遙遙溯華胄。西京大小毛，簹傳相授受。厥後散四方，聞人亦罕覯。直至明季時，崛起虞山秀。子晉家知名，汲古震宇宙。世居七星橋，緜緜先澤厚。族裔浸蕃滋，村居益紛糅。舊譜早失修，原刻杏難覯。今幸鈔本存，堪比吉金壽。宗圖朗列眉，支祖弁諸首名璽，即子晉之曾祖。楊令求幹材，毛氏選入彀。役徒聽指揮，儕輩推領袖明常熟令楊連擇縣中有幹識者十人，子晉父清其首也。一傳至子晉，清才騁文囿。勝朝名諸生，東湖一耆舊。梓舍皆奮興，蘭堦類成就褒、袞順治五年，表、辰十一年，襄子一飛康熙二十五年，辰子綏和康熙二十八年均入常熟學。表子繼善三十一年入吳縣學。似續多賢明，纂修鮮錯謬。前徽尚未遙，後起不相副。讀書竟寥寥，識字竟貿貿。數典盡茫然，忘祖又何疚。子孫縱繁多，昭穆難考究。獨有君一支，秩然序長幼。子晉三子表，所詳皆表後。表後越九傳，君輩承堂構。君後又二世，登記無掛漏。儒者固淹通，醫家誰譏陋君家業醫已九世。百祿後方長，一編宜慎守。至於子晉墓，云葬維摩右。續《志》載戈莊，窒我處士柩言《志》丁卯載處士毛子晉墓在戈莊，下注增字。既已葬水鄉，如何徙巖岫？後進有張君，據《志》駁其謬張君維良跋《譜》後以《志》爲據，且謂卒年與地券不合。順治己亥終張跋載子晉歿於順治己亥年，一抔土早覆。康熙某年券券載康熙四十四年，再世地始購約五十年，已近兩世。不觀價不敷，佳城已先售。卜葬在其前，找貼是其後。若謂續《志》詳，轉爲前《志》詬。此條或妄增，片語滋疑竇。維摩葬子晉，春秋奠醇酎。戈莊其先人，歲時亦妥侑以上四語君所云即子晉父潰也。毛氏久相沿，勿以文字鬥。《券》與《譜》並傳，呵護仗神祐。

　　宣統元年歲次己酉秋九月，甘泉何廣生謹題。

東湖汲古閣毛氏世譜

起世舊譜，原刻難觀，不及備載。

第一世

璽　字朝用。是爲遷東湖之始祖。以耕讀傳家，開創基業。配顧孺人。

生年、死月、壽多少俱不得其詳，合葬於黃家灣才字號。子二：長聖，次賢。

第二世

聖　字心湖，朝用公長子。承父業而增廣之，蓋守成而兼刱業者。生於口〔註1〕年口月，卒於口年口月，壽多少亦未詳。配沈孺人，生年、死月未詳。貳室張氏，生、卒亦未詳載。合葬於羊浩村主穴。子五：長澄，次溢，三清，四鴻，五治。女四：沈張各出二，一適戴，一適高，一適沈，一適張。

賢　字西隱，朝用公次子，生、卒不詳。配趙孺人，生卒年、葬俱不得詳。子一：有倫。

第三世

澄　字明吾，心湖公長子。邑庠生，生卒未詳。配陳孺人，葬於羊浩村昭穴。子一：鳳儀。女二：一適周，一適洪。

溢　字端吾，心湖公次子。邑庠生，生卒未詳。配陶孺人，葬於羊浩村穆穴。子三：長鳳鳴，次鳳歧，三鳳翥。女一，適西羊村朱氏。

清　字虛吾，一字叔漣，心湖公第三子。才幹過人，富冠東湖。生於隆慶八年八月二十五日，卒於天啓甲子六月初十日，壽五十有七。配戈孺人，文甫公女，生於嘉靖丁卯七月初四日，卒於崇禎己巳十一月二十七日，壽六十有三，葬戈莊好字號主穴。子一：鳳苞。

鴻　字養吾，心湖公四子。邑庠生。繼於高氏，配陳孺人。生、歿俱不詳，葬五渠。子二：長麟，次鳳采。女一，適殷。

治　字正吾，心湖公五子。因養吾兄幼，繼高姓，故稱四房。長厚存心，孝友根乎天性。生於萬曆丙子二十二日，卒於崇禎丁丑八月十一日，壽六十有二。配王孺人，愼齋公女、庠彥自艾公孫女，生於萬曆四年丙子六月二十七日，卒於崇禎十四年辛巳七月初十日，壽六十有六，合葬虞山北錢壩橋主穴。子二：長狰，次狅。女二：一適張子序秩，龍池公子；一適丁振先裔，洪庠叔繢公子。

有倫　字小隱，西隱公子。生、卒、葬俱不得詳。國學生，布政司經歷，加二級誥授奉政大夫。配曹孺人。子一，字懷西。

〔註 1〕按，原書即如此，下面諸「口」同。

第四世

鳳儀　字子庭，明吾公之子。邑庠生。生、卒不知。配宗孺人，生、卒亦不知，葬於虞山北麓。子五：長是潁，次是華，三是銑，四天回，五是藻。

鳳鳴　字維新，端吾公長子。國學生，候選從九品。配朱孺人，生、卒俱不詳，葬徐涇塘大王廟。子一。

鳳岐　字端明，端吾公次子。歲貢生，考授訓導國子監，薦舉候補知縣，敕授文林郎。配周孺人，例封太安人，琨璵公女，生、卒均不得知，葬亩家濱新阡。子三：長象謙，次象恒，三象升。女四：一適桑婆濱薛襄彬，一適亩家濱高季飛第三子君立名挺，一適何家市何氏，一適廟巷蔣氏。

鳳翥　字芝庭，端吾公三子。候選國子監典籍，誥贈中憲大夫，生卒年不知。配劉氏，繼娶史氏。夫婦雙修，住潘塘靜室，生、卒俱不得詳，葬於吾谷新阡。子三：長茹初，次茹達，三茹彙。女三：一適張氏，一適閶門張氏，一適張涇金氏。

鳳苞　字子久，又名晉，又字子晉，別號潛在，虛吾公之子。由庠生入太學，通明好古，強記博覽，爲牧翁入室弟子。刻汲古閣書，風行海內。生於萬曆二十七年己亥正月初五，卒於順治十六年己亥七月二十七日戌時，壽六十有一。配范氏，例封安人，誥贈宜人，貢士濬源公女，生於萬曆二十六年戊戌五月二十七日辰時，卒於萬曆四十七年己未十月二十九日申時，年二十有二。繼康孺人，例封恭人，重慶府司李南濱公孫女，太學生了余公女，生於萬曆三十有三年乙巳三月十二日辰時，卒於崇禎元年戊辰五月十三日卯時，享年二十有四。繼嚴氏孺人，誥贈恭人，文靖公曾孫女、中書舍人洞庭公孫女、太學生約庵公女，生於萬曆三十五年丁未又六月初九日申時，卒於康熙九年庚戌閏二月初七日戌時，壽六十有四，合葬維摩寺後門主范氏、康氏及幼女長子襄葬於華涇移字號。子晉公同繼妻嚴氏葬於維摩寺後門。子五：長襄（范出），次襄，三袞，四表，五扆（嚴出）。女四：一適庠生陳又周鑣，昌邑令君亮公子；一適庠生張禹思溯，顏鄙令雲翎公子；一適馮竇伯長武，庠彥彥淵公子；一適顧上公宗達，太僕卿伯欽公孫、司李玉書公子。

𤞤　字伯仞，正吾公長子。由庠生入太學。生於萬曆二十七年己亥十二月十七日亥時，卒於順治辛卯年五月十五日酉時，壽五十有三。配陸孺人（碧澤人），庠彥明遠公女，生於萬曆二十八年六月十四日，卒於天啓乙丑八月初七日，年二十有六。繼趙孺人，文吳公女，生於萬曆乙巳十二月十九日，卒

於順治十八年辛丑九月二十二日，壽五十有七，合葬虞山北錢壩橋昭穴。貳室丁氏，生於萬曆乙酉三月十五日午時，卒於康熙五年丙午九月初十日午時，葬錢壩橋新阡。子六：長雲程，次雲起（丁出），三雲章，四雲從，五雲際，六雲初（出嗣羽仲弟）。

狟　字羽仲，正吾公次子。生於萬曆壬寅九月初二日未時，卒於順治己丑十二月十一日申刻，年四十有八。配蔣孺人，庠彥伯襄公女，生於萬曆癸卯二月二十一日辰時，卒於崇禎辛未二月十八日酉時，壽二十有九，合葬於虞山北錢壩橋父塋穆穴。貳室周氏，生於萬曆己酉四月十七日，卒於康熙元年五月初一日，葬田家瀜。以兄幼子雲初爲嗣子。女二：一適顧若英□訓，太常卿襟宇公曾孫、太學生仲恭公孫、公區公子；一適王石虹雲梁，餘姚令封工部主事中恬公孫、溧陽教諭文雲公子。

第五世

襄　字、號无傳，子晉公長子。勤學早卒，無嗣。

褒　字華伯，子晉公次子。順治五年入常熟學，邑庠生，入太學，生、卒未詳。配朱孺人，太常卿雲來公孫女，貢士仁女，生、卒未詳，葬亦未知。子四：長一飛，次綏眉（嗣補仲第），三綏猷，四綏來。女一，適郡城王蘭高孝。

衮　字補仲，子晉公三子。順治五年入常熟學，邑庠生，生、卒未詳。配徐孺人，守節史端銘公曾孫女、太學懋儒公孫女、貢士孟博公女，生、卒亦未知。以兄次子爲嗣。女一，適崑山葉大年九齡。

表　字奏叔，子晉公四子。順治十年入常熟學，邑庠生，以醫學鳴世（毛氏習醫之始）。生於崇禎戊寅二月二十五日，卒於康熙三十九年庚辰四月二十四日，壽六十有三。配嚴氏文靖公玄孫女、庠彥子猷公女，生於崇禎己卯十二月初四日，卒於康熙庚申十二月十八日，壽四十有二。繼歸氏禮部主事雪彩公妹，生於順治丙申閏五月十八日，卒於康熙丁丑七月初六日，壽四十有二。繼殷氏，生於順治丙申（餘不詳）。貳室王氏，生、卒未詳，葬於簾珠洞毛家山新阡主穴（老祭規上未見有殷、王二氏）。子十二：長綏萬，次綏慶，三繼善，四綏臣，五繼登（嚴出），六綏壽（王出），七綏兆，八綏位，九綏保（繼御先），十綏茲（繼陳氏），十一綏正，十二綏民。女四。

辰　字斧季，子晉公五子。順治十一年入常熟學，邑庠生。生於崇禎庚辰六月二十六日丑時，卒於康熙癸巳九月十七日戌時，壽七十有四。配陸氏

贛州知府湛源公曾孫女、新城令兆登公孫女、庠彥敕先公女，生於崇禎辛巳五月十五日，卒於康熙甲子十一月十八日戌時，壽四十有四。次室張氏，未詳。副室吳氏，生於康熙元年壬寅十二月初二日，卒於五十八年九月二十七日，壽五十有八。子六：長綏履，次綏福，三綏德，四綏和（陸出），五綏靜，六綏節。女六：一適張舍美一森，禹思公季子；一受詩氏之聘而殤；一適錢貫之煒，思勳長子；第四女殤；一適蘇郡西城王耕伯於京，受桓長子；一適錢大野，夢弼宜中次子。

雲程　字天階，公〔註2〕伋公長子。國學生，敕授承德郎。生於天啓六年丙寅六月初十日未時，卒於康熙丁卯十月十四日酉時，年六十有二。配浦氏庠彥昌伯公女，生於崇禎……〔註3〕

雲起　字可怡，公伋公次子。生於崇禎辛未八月初九日。配陶氏養吾公女，生、卒未詳。女三：一適朱，一適赤岸李，一適許孝可志。

雲章　字用，公伋公三子。生於崇禎壬申六月初六日，卒於康熙戊子八月二十九日。配錢氏太學斐卿公女，生於崇禎壬申，卒於康熙甲申，壽七十有三。子二：長琳（出嗣長兄），次珩。女四：一適錢維屏，一適陳祐儒，一適南陽黃允元，一適洞庭王流伯。

雲從　字同甫，公伋公四子。國學生，候補州同知，誥贈中憲大夫，晉贈中議大夫。生於崇禎戊寅八月二十日，卒於康熙三十九年九月十四日，壽六十有三。配趙氏玄暢公女，同庚同生，卒於康熙丙子九月初四日，壽五十九。子二：長璂，次璠。女一：適瞿五峯。

雲際　字鵬霄，公伋公五子。生於崇禎己卯六月二十八日，卒年月未攷。配金氏啓明公女，繼張氏用章公女，生、卒俱不知。無嗣。女一：適何煥文。

雲礽　字亢宗，羽仲公嗣子。候選州吏目。生於順治丁亥八月初二日，卒於康熙庚子十一月初八日，壽七十有三。配王氏際卿公女，生於順治庚寅，卒□□□□十有三。繼錢氏公文公女，生、卒未詳。子一：璿。女二：長適錢文侯彬，次適蘇郡李受天培。

第六世

一飛　字□公，華伯公長子。康熙二十五年寄籍吳縣，入學吳，庠生。

〔註2〕按，前第四世作「伯伋」，此云「公伋」，二說不同。
〔註3〕按，是句以下若干行筆者未曾獲取，頗為遺憾。

生於順治九年壬辰，聘太倉徐令宗女。子一：家騏。女三。

綏猷　字遠公，華伯公三子。生於康熙元年壬寅，配黃氏子明公次女。子一：家駒。女一，適倪。

綏來　字安公，華伯公四子。生於康熙三十一年壬子。

綏眉　字介公，補仲公嗣子。生於順治十四年丁酉，配華氏范若公女（無錫蕩口人）。子五：長憲成，次憲邦，三憲章，四憲德，五憲郡。女二：長適無錫華玉書子西，次適蘇郡宋以合子敷民。

綏萬　字嘉年，奏叔公長子。太學生，河工候補知縣，署河南郟縣知縣，例授文林郎。生於順治十四年丁酉，配蕭氏，例贈安人，位公六女。子一：汝龍。女二：長適羊宂席向曙子履若祜，次適高英三子穉原培。

綏慶　字洪有，奏叔公次子。武庠生，例贈武畧騎尉。生於順治十五年戊戌，初聘范氏，又配李氏碩浮公女。子二：長文彪，次文彬，即（儒珍）。女一：適西洋陳有穀子忠白。

繼善　字修遠，奏叔公三子。康熙三十一年入吳縣學，邑庠生。生於康熙三年甲辰，配胡氏申元公女。子二：長廷麟，次廷瓚。女一，適蘇郡。

綏臣　字彥忠，奏叔公四子。生於康熙八年己酉，配錢氏九成公女。

繼登　字師鄭，奏叔公五子。生於康熙十一年壬子，配蔣氏僧御女。子一：懋學。女二。

綏壽　字承五，奏叔公六子。實錄館議敘，貴州候補府經歷。生於康熙十六年丁巳，配譚氏浩源公女。子一：玉鉉。

綏兆　字揆一，奏叔公七子。生於康熙二十四年乙丑，勤學早卒。

綏位　字歧陽，奏叔公八子。生於康熙二十五年，配徐氏。

綏保　（過繼御先），奏叔公九子。生於康熙二十七年戊辰。

綏茲　（出繼陳氏），奏叔公十子。生於康熙三十年辛未。

綏正　字亦純，奏叔公十一子。生於康熙三十二年癸酉，配邵氏文侯公長女。

綏民　字寧邦，奏叔公十二子。生於康熙三十三年甲戌。

綏履　字坦思，斧季公長子。生於順治十四年丁酉，卒於康熙乙亥四月初一日，壽三十有九。配朱氏漢　公女，生、卒未詳。子二：長復隆，次復亨（出嗣定思公後）。女一，適戴。

綏福　字景思，斧季公次子。生於順治十八年辛丑，配嚴氏拱侯女。子

一：復植。女一，適周雲表長子方來琮秦。

綏德　字成思，斧季公三子。生於康熙四年乙巳。配顧氏尚公女，生、卒未詳。繼陸氏蘇郡雨化女。子二：長復昌，次復茂。

綏和　字定思，斧季公四子。康熙二十八年入常熟學，邑庠生。生於康熙八年己酉，配瞿氏桂林曾孫女。生二女，嗣坦思子復亨爲子。

綏靜　字道思，斧季公五子。生於康熙三十七年戊寅，配詩氏登賢公第五女。

綏節　字侯思，斧季公少子。生於康熙四十三年四月初九日，卒於六十一年八月二十五日。配韓氏屺庭公女。生一子：復崇。

琳　字荊玉，天階公嗣子。生於順治丁酉三月十六日。配丁氏裕侯公女，生一女，適瞿舍錢惟屏子敘九。繼瞿氏，道茂公姪女，生一子：鼎德。

綏定　字駿德，天階公次子。託孤奏叔公弟，故名綏定。生於康熙丙寅七月十四日。配龔氏雲○公季女，生於康熙丁卯二月十四日。子三：長洪，次韶，三源。

珩　字佩玉，用　子。生於順治十六年己亥，卒於康熙五十七年戊戌，壽六十。配陳氏元吉女。子一，殤。女二：長適陳祐儒子裕昆，次北門丁曉窗子。

璵　字魯玉，同甫公長子。生於康熙四年乙巳，卒於康熙四十六年丁亥，年四十有三。配常熟孚榮公女。生子一：錫祚。女三，長適孫氏。

璠　字禹玉，同甫公次子。生於康熙壬子，配陳氏范若女。子二。

璿　字衡玉，亢宗長子。生於康熙二十八年己巳三月初三日。配孫氏仲囬公季女，生於康熙二十七年戊辰。

第七世

文彪　字德宣，（老二房）洪有公長子，配奚氏，生、卒均不得詳。子一，名俊。

文彬　字儒珍，洪有公次子，業醫，配孫氏，生、卒無攷。子三：長觀五，次士五，三寶五。

第八世

天騏　字觀五，儒珍公長子，業醫，生、卒、壽年俱未詳。配嚴儒人，繼徐氏，繼季氏，合葬於毛家宅基之西。子八：長炤（燦亭），次逸亭，三敬

亭，四鏞亭，五瑞中，六錦銓，七宗元，八桂。

第九世

（無考）

桂　字杏園，又名松年，又號方來，覲五公八子。承父業而行醫，遷居橫涇鎮。生於乾隆三十三年戊子七月二十八日辰時，卒於道光二十二年壬寅四月初六日酉時，壽七十有五。恩錫耆士，誥封奉政大夫五品封典，候補太醫院。配陸孺人，生於乾隆三十一年丙戌五月三十日寅時，卒於道光六年丙戌二月十五日午時，壽六十有一，合葬於塘橋大王廟河北主穴。子一：肇發。

第十世

肇發　字復初，杏園公之子，一字心培。國學生，恩賜耆士，候補布政司經問，誥授奉直大夫，敕贈承德郎（業醫）。生於乾隆五十六年辛卯正月初五日子時，卒於同治九年壬戌十二月二十八日戌時，壽七十有二。配陸孺人，生於乾隆五十年壬子八月初六日亥時，卒於嘉慶十八年癸酉十一月初一日子時，壽二十二。繼羅孺人，生於乾隆五十七年壬子二月二十七日午時，卒於道光二十六年丙午六月二十三日子時，壽五十有五，葬於塘橋東新阡昭穴。子三：長廷熊，次兆熊，三夢熊。女二：一適南草蕩羅松亭，一適北草蕩黃朗軒。

第十一世

廷熊　字香樵，復初公長子。國學生，耆士，壽至八秩，憲給「年高德劭」四字匾額，恩錫五品頂戴，賞加藍翎，例授徵士郎，誥封奉政大夫，候選直隸州州同。承本業而行醫，醫術精通，活人無算，風行於海內，揚名於世。生於嘉慶十六年辛未九月二十日亥時，卒於光緒二十二年丙申四月二十九日寅時，壽八十有六歲。配陸氏覃恩恭遇，誥封宜人，□□公女，生於嘉慶十七年壬申十月初五日己時，卒於光緒二十一年乙未七月初五日申時，壽八十有四，葬於豐三場四十三都□圖□字號廟圩對江新阡主穴。子二：長福增，次福慶。女一，早亡（即掌小姐）。

兆熊　字雲樵，復初公次子。國學生，徙居儒家濱而醫業甚行。生於嘉慶二十年乙亥十二月二十七日寅時，卒於咸豐七年丁巳二月二十五日申時，壽四十有三。配支孺人，省三公女，生於嘉慶二十二年丁丑三月十八日辰時，

卒於光緒十五年己丑十月初八日卯時，壽七十有三，葬於馬田灘何家壩新阡主穴。子一：福榮。女二：長適張涇計玉書，次適八字橋李善卿監生遠亭公子。

夢熊　字友樵，復初公三子。生卒年未詳，配□氏。

第十二世

福增　字硯華，號逸楳，香樵公長子。

福慶　字硯畬，香樵公次子。

立貼絕契：沈南崗爲有維摩檣腳下隙地壹塊，憑原中錢公敘等賣到毛姓處造墳營葬。今思原價不敷，憑原中議，貼銀柒兩正，當日一戥收足。自貼絕之後，任憑造墳營葬，再無不盡不絕。恐後無憑，立此帖絕契爲照。

計開四址東至本墳廈路爲界，西至官路大石爲界，南至小墳爲界，北至維摩墙角爲界。

康熙四十四年十月　　　日立貼絕契沈南崗。

附錄二：汲古閣本《說文》資料輯錄

凡　例

1、有關汲古閣本《說文》之資料頗爲散亂，筆者對之收集有年，至今仍覺不太完備，然已竭盡所能。今將歷年收集資料以類編之，與諸君共享。以下所錄諸篇始於清康熙間毛氏汲古閣刊刻《說文》之時，止於建國伊始。凡諸家提及汲古閣本成篇者，無論眞僞，皆予收錄。

2、所輯資料，粗分三類：

曰：《說文》諸刻序跋。即《說文》諸刻書前後所附之涉及汲古閣本之序跋。或其相關序跋亦附也，如《說文訂訂敘》之類是也。

曰：諸家著述序跋。即諸家著述中論述汲古閣本之序跋，包括其所據宋本、刊刻情況等。又分兩小類：

（1）諸家《說文》學著述序跋，即其已刻或未刻之研究《說文》之著作所附之序跋；

（2）諸家集中雜說，即其文集或雜著中所收之序跋。

曰：名家手批題跋。即名家親筆所寫之題跋記，或輯於其所著書內，或題於某本之襯葉、天頭處。又分三小類：

（1）宋刻《說文》手批題跋，即存世之宋本《說文》所附名家手批之題跋。

（2）《說文》諸刻手批題跋，即《說文》在清代以來歷次印本和刻本所附有關汲古閣本的名家手批之題跋。然諸本各卷卷末之題識及與汲古閣本無關之題跋皆不錄也，諸位可觀本書相關章節便可知之。

（3）藏家書目所收題跋。即藏書家之家藏目錄中所收有關汲古閣本《說文》之相關題跋。

3、三類所收諸篇，大致以所撰時間先後排列；不同撰者於同一時間所寫，則以撰者卒年先後爲次。

4、所輯資料來源多途，凡《說文解字詁林》所收，皆一一核對原書；凡其失收者，或來自筆者在藏書單位親自目驗，或來自筆者歷年所收電子文本者，皆核對原文，力求錄入無誤。

5、一般而言，每篇資料於篇題下小字皆注明篇名、撰者及來源。凡原書無題名者，則自擬爲某序或某跋。爲反映題跋原貌，正文字形一般依原書錄入，故繁簡相間，正俗雜糅。倘若有誤，皆筆者學識不深之故也。

一、《說文》諸刻序跋

說文跋

（清）毛扆撰，毛刻《說文》末附

《說文》自《五音韻譜》盛行於世，而始一終亥眞本遂失其傳。案，徐楚金鍇撰《繫傳》四十卷中有《部敘》二卷，學《周易·序卦傳》而爲之推原偏旁所以相次之故，則五百四十部一字不容倒置矣。即每部之中，其先後各有意義，亦非漫然者。《說文韻譜》亦楚金所撰，蓋爲後學檢字而作。其兄鼎臣鉉序曰：「方今許、李之書僅存於世，偏旁奧密，不可意知。尋求一字，往往終卷。力省功倍，思得其宜。舍弟楚金特善小學，因取叔重所記以《切韻》次之。聲韻區分，開卷可覩。今此書止欲便於檢討，無恤其他，聊存訓詁，以爲別識，凡十卷。」曰「無恤其他」，言體例與《說文》迥別也；「聊存訓詁」，不載舊注也。乃巽岩李氏燾割裂《說文》，依韻重編，起東終甲，分十二卷，名曰「五音韻譜」。扆案，平、上、去、入爲四聲，宮、商、龢、徵、羽爲五音。書中次序皆依四聲而名曰「五音」，何也？有前後二序，原委頗詳載馬氏《通攷》中，今世行本刪去而以《說文》舊序冠之，譌謬甚矣。

先君購得《說文》眞本，係北宋板。嫌其字小，以大字開雕，未竟而先君謝世。扆哀毀之餘，益增痛焉。久欲繼志而力有不逮。今桑榆之景，爲日無多，乃鬻田而刻成之，蓋不忍墮先志也。叔重偏旁在十五卷，是時未有翻切，但編其次序之先後爾。

　　叔重偏旁在十五卷，是時未有翻切，但編其次序之先後爾。今卷首《標目》有音釋，乃徐鼎臣所增也。按，歐陽公《集古錄目》有郭忠恕小字《說文字源》，展今不得而見。但夢英《篆書偏旁》，延平二年所建者，陝楊流傳甚廣，中有五處次序不侔，始竊疑之。及讀郭恕先忠恕《汗簡》，次序與此悉同，乃知夢英之誤也。即《繫傳·部敘》之次亦有顛倒闕略處，而書中之次與《標目》無二，要必以此爲正也。

　　展每讀他書，其有關《說文》者，節錄於後，以備博覽之一助云。汲古後人毛展謹識。

重刻說文解字敘〔註1〕

題（清）朱筠撰，王念孫代擬，朱刻《說文》前附

　　大清乾隆三十有六年冬十一月，筠奉使者關防，來安徽視學。明年，按試諸府州屬，輒舉五經本文與諸生月日提示講習。病今學者無師法，不明文字本所由生。其狃見尤甚者，至於「謟」「諂」不分，「鍜」「鍛」不辨，「據」旁著「處」，「適」內加「商」，點畫淆亂，音訓泯棼，是則何已通先聖之經而能言其義邪？既試歲且一周，又明年菁，用先舉許君《說文解字》舊本重刻周布，俾諸生人人諷之，庶知爲文自識字始。惜未及已徐鍇《繫傳》及他善本詳挍，第令及門宛平徐瀚檢正刻工之譌錯，又令取十三經正文分別本書載與不載者附著卷末，標曰「文字十三經同異」，略見古人文字承用之意，知者當自得之。

　　爰敘之曰：

　　漢汝南召陵許君愼，范蔚宗《儒林傳》不詳，惟曰：「五經無雙許叔重。爲郡功曹，舉孝廉，再遷除洨長，卒於家。作《說文解字》十四篇。」本書召陵萬歲里公桑許衝上書言：「先帝詔侍中騎都尉賈逵脩理舊文，臣父故太尉南閣祭酒愼本從逵受古學，博問通人，考之於逵，作《說文解字》凡十五卷。愼前已詔書挍書東觀，教小黃門孟生、李喜等。已文字未定未奏上，今病，遣臣齎詣闕。建光元年九月己亥朔二十日戊午上。」徐鍇曰：「建光元年，安帝之十五年，歲在辛酉也。按，《賈逵傳》：『肅宗建初元年，詔逵入講北宮白虎觀、南宮雲臺。』『八年，詔諸儒各選高材生受《左氏》《穀梁春秋》《古文尙書》《毛詩》，皆拜逵所選弟子及門生爲千桑王國郎，朝夕受業

〔註1〕按，原序用篆文書之，筆者用楷定之字，儘量遵從原文字。

黃門署。』據此知許君挍書東觀教小黃門等，當在章帝之建初八年，歲在癸未也。」本書許君《自敘》言：「粵在永元困敦之年孟陬之月朔日甲申，次列微辭。」徐鍇曰：「和帝永元十二年，歲在庚子也。按，《逸傳》：『逵已永元八年自左中郎將復爲侍中騎都尉，內備帷幄，兼領祕書近署。』據此知許君本從逵受學。其攷之於逵作此書，正當逵爲侍中之後四年。其後二十一年，當安帝之建光元年，歲在辛酉，君病在家。書成，乃令子衝上之也。其始末署可攷見如此。」

夫許君之爲書也，一曰：「世人詭更正文，鄉壁虛造不可知之書。」一曰：「諸生競說字解經，誼稱秦之隸書爲倉頡時書。」一曰：「廷尉說律，至已字斷法。皆不合孔氏古文，謬於史籀。」恐巧說衺辭使學者疑，於是依據宣王太史籀《大篆》十五篇，丞相李斯《倉頡篇》，中車府令趙高《爰歷篇》，太史令胡母敬《博學篇》，黃門侍郎揚雄《訓纂篇》諸書，又襍採孔子、楚莊王、左氏、韓非、淮南子、司馬相如、董仲舒、京房、衛宏數十家之說，然後成之。又曰：「必遵舊文而不穿鑿。」又曰：「非其不知而不問。」葢其發揮六書之指，使百世之下猶可已窺見三古制作之意，固若日月之離天，江河之由地。其或文奧言微，不盡可解，亦必明者之有所述，師者之有所授，後學小生區聞陬見，不得而妄議已。《易》曰：「書不盡言，言不盡意。」陳其大要，約有四耑：

一曰：部分之屬而不可亂。

《敘》曰：「其建首也，立一爲端，據形聯繫，引而申之，已究萬原，畢終於亥。」是已徐鍇作《繫傳》，有《部敘》二卷，本《易·序卦傳》爲之推原偏㫄所已相次之故，使五百四十部一字不紊。今起東既疑韻書而比類，又從字體便於檢討，實昧聲形。自李燾之《五音韻譜》作而部分紛然，自亂其例矣。

一曰：字體之精而不可易。

夫篆本異文而今同一首者，奉、奏、春、秦、泰是也。篆本同文而今異所從者，赴、從、赳、徒是也。

「賊」之从戈則聲而改从戎，「賴」之从貝剌聲而改从負，半譌也。「羼」之爲舜，「壺」之爲壺，「𦥯」之爲曲，「爵」之爲爵，全譌也。

已氣化之氣當乞，而氣㸔之氣遂當氣，於是有俗「餼」字；已萎飼之萎當餧，而飢餧之餧當萎，於是有俗「餒」字，此因一字已譌數字者也。

匃已从勹而又从肉，州已从川而又从水，既重其類；坴从土而加土，蜀从蟲而加蟲，又重其从，此幷二字已謂一字者也。

从者失从，滋者不滋。自隸一變之，楷再變之，而字體莫之辨識矣。

一曰：音聲之原可已知。

「農」之从晨囟聲，《玉篇》囟、窗同。《考工記·匠人》：「四旁兩夾，窗。」「窗，一音恩。」徐鍇已爲當从凶乃得聲，非也。

「移」之从禾多聲，古音戈多反。《楚辭》：「夫聖人者，不凝滯於物而能與世推移。舉世皆濁，何不淈其泥而揚其波？」徐鍇已爲多與移聲不相近，非也。

「能」之足侣鹿，从肉已聲，古音奴來反，《詩》：「其湛曰樂，各奏爾能。賓載手仇，室人入又。酌彼康爵，已奏爾時。」徐鉉等已爲已非聲，疑象形，非也。

「摘」之从手啻聲，陟革反，去聲，則陟賓反，啻與商同文，摘與適同聲。《詩》：「勿予禍適，稼穡匪解。」徐鉉等已爲當从適省乃得聲，非也。此音聲之可據者也。

一曰：訓詁之遺可已補。

《易》：「其牛觢觢，一角仰也。」《爾雅》：「皆踊觢。」郭注：「今豎角牛也。」

《書》：「西伯既戡黎。」戡，从戈今聲，殺也。不當作戡。戡，刺也。

《詩》：「深則砅。」砅，从冰从石，履石渡水也。「在彼淇厲」蒙「梁」而言，亦此訓也得此。

醮，龗龗。一爲鼀，鼀鼀，詹諸也。

「縞衣綦巾」，綥，从系畀聲，未嫁女所服，處子也。

《周禮》：「兆五帝於西郊。」兆，畔也，爲四時界祭其中也。

《春秋傳》：「脩涂梁溠。」溠，荊州浸也。《職方氏》：「豫州其浸波溠。」鄭注：「《春秋傳》曰：『楚子除道梁溠。』則溠宜屬荊州，在此非也。」

「闕砮之甲」，砮，水邊石也。

《論語》：「小人窮斯濫矣。」濫，从女監聲，過差也。

《孟子》：「呫呫猶沓沓。」呫呫，多言也；沓沓，語多沓沓也。所謂「言」，則非先王之道也。

《爾雅》：「西至汃國謂四極。」汃，从水八聲，西極之水也。《廣韻》：

「汃，府巾切，西方極遠之國。」「又普八切，西極水名也。」不當作邠。邠，周大王國也。此訓詁之可據者也。

部吕屬之，體吕別之，音吕審之，訓吕絜之，文字之事加諸蔑矣。後之非毀許君者，或摘其一文，或泥其一說，歷代吕來不量與撼，要無足論。

惟近日顧氏炎武修紹絕業，學者所宗，而於是書亦有不盡然之言〔註2〕。竊恐瞽說附聲，信近疑遠，是不可吕不辨。

今如所舉：「秦」從禾，吕地宜禾；「宋」，從木為居；「辥」，從辛為辠；「威」為姑，「也」為女陰，「毆」為擊聲，「困」為故廬，「晉」為日無色，「貉」之言惡，「犬」之字如畫狗，「有」曰不宜有，「襄」為解衣耕，「弔」為人持弓會毆禽，「辱」為失耕時，「與」為束縛捽抴，「罰」為持刀罵詈，「勞」為火燒門，「宰」為辠人在屋下執事，「冥」為十六日月始虧，「刑」為刀守井。凡此諸說，皆始造文字，取用有故，必非許君之所創作。書契代遠，難吕強說，復不當刪，是吕觀象闕文之訓，明著於敘，豈得吕勦說穿鑿，橫暴先儒乎？

至若江別氾沱，為殊擊己，遂救各引，載斾為坺。當時孔壁古文未亡，齊、魯、韓三家之詩具在，眾音襍陳，殊形備視，豈容廢百舉一，去都卽鄙邪？

又言別指一字，吕「鎦」當「劉」，吕「甹」當「由」，吕「絻」當「免」，此說亦非。按，本書之例，從某者，有其部也；某聲者，有其字也。「瀏」之從水劉聲，「紬」之從系由聲，「勉」之從力免聲，具著於篇，乃知書闕有閒，傳寫者之過。謂別指一字吕當之者，繆矣。

《記》曰：「今人與居，古人與稽。」「居」不當為法古乎？《易》曰：「是興神物，吕前民用。」「用」不當為卜中乎？

「《費誓》之『費』改為『柴』，訓為惡米。」按，陸德明《經典釋文》、《曾子問》注「作《柴誓》」「柴音祕」，鄭君說也。

「童為男有辠。」按，《易》「喪其童僕」，作「童」。至「僮」之字，《國語》：「使僮子備官而未之聞。」韋昭注：「僮，僮蒙不達也。」《史記·樂書》：「使僮男僮女七十人俱歌。」本書《敘》「尉律：學僮十七已上」亦同。當知僮子之僮從人，辠人為奴者正作童也。

「訓參為商星」，乃連大書讀：「參，商星也」，卽如水部「河水出焞煌塞

外」「渤澤在崑崙下」之例，明參與商同爲星。非參，商亦不知也。

其引齊之郭氏及樂浪事，古人往往隨事博徵，不拘拘一說也。

至援《莽傳》及《讖記》，已「劉」之字爲卯、金、刀，謂許君脫其文。按「劉」之字，从刀从金卯聲。「卯」，古「酉」字，非「卯」也。《讖記》不可已正六書。《後漢書・光武紀》論王莽已錢文有金刀，改爲貨泉。或已貨泉字爲白水眞人，於篆，貨或近眞人，泉豈得爲白水耶？《五行志》：「獻帝初，僮謠曰：『千里草，何青青。十日卜，不得生。』已千里草爲董，十日卜爲卓。」按「董」字从艸東聲，非千里草；「早」字爲日在甲上，非十日卜，又可據已爲證乎？

又援魏太和初公卿奏於文：「文武爲斌」，古未嘗無「斌」字。按，「彬」从彡从林，爲文質、備文武之字。經典闕如，不知所從，無已下筆，徐鉉列之俗書是也，又可據魏已疑漢乎？

凡顧氏所說，皆不足已爲許君病，輒附疏之，用詔學者。

昭陽大荒落孟陬之月十八日敍幷書。

汲古閣說文訂序

（清）段玉裁撰，段《訂》前附

《說文解字》一書，自南宋而後有二本：一爲徐氏鉉奉勅挍定許氏始一終亥原本也；一爲李氏燾所撰《五音韻譜》，許氏五百四十部之目以《廣韻》《集韻》始東終甲之目次之，每部中之字又以始東終甲爲之先後。雖大改許氏之舊而檢閱頗易，部分未泯，勝於徐氏《篆韻譜》遠矣。自李氏而前有二本：一即鉉挍定三十卷，一爲南唐徐氏鍇《說文解字繫傳》四十卷。自鉉書出而鍇書微，自李氏《五音韻譜》出而鉉書又微。前明一代多有刊刻《五音韻譜》者，而刊刻鉉書者絕無。好古如顧亭林，乃云：「《說文》原本次第不可見，今以四聲列者，徐鉉等所定也。」嘻，其亦異矣。

當明之末年，常熟毛晉子晉及其子毛扆斧季得宋始一終亥小字本以大字開雕，是亭林時非無鉉本也。毛氏所刊，版入本朝祁門馬氏在揚州者，近年又歸蘇之書賈錢姓。值國家右文，崇尙小學，此書盛行。《繫傳》四十卷僅有傳鈔本，至難得。近杭州汪部曹啓淑雕版，亦盛行。今學者得鍇本謂必勝於鉉本，得鉉本謂必勝於《五音韻譜》。愚竊謂讀書貴於平心綜覈，得其是非，不當厭故喜新，務以數見者爲非，罕見者爲善也。

　　玉裁自僑居蘇州，得見青浦王侍郎昶所藏宋刊本。既而元和周明經錫瓚
盡出其珍藏：一曰宋刊本，一曰明葉石君萬所鈔宋本。已上三本皆小字，每
葉廿行小字，夾行則四十行，每小字一行約二十四五六字不等。一曰明趙靈
均均所鈔宋大字本，即汲古閣所仿刻之本也。一曰宋刊大字《五音韻譜》。三
小字本不出一槧，故大略相同而微有異。趙氏所鈔，異處較多，稍遜於小字
本。若宋刊《五音韻譜》，則略同趙鈔本而尚遠勝於明刊者。明經又出汲古
閣初印本一，斧季親署云「順治癸巳汲古閣校改第五次本」。卷中旁書朱字，
復以藍筆圈之。凡其所圈，一一剜改。考毛氏所得小字本與今所見三小字本
略同，又參用趙氏大字本。四次以前微有校改，至五次則校改特多，往往取
諸小徐《繫傳》，亦間用他書。夫小徐、大徐二本字句駁異，當竝存以俟定
論。況今世所存小徐本，乃宋張次立所更定而非小徐真面目。小徐真面目僅
見於黃氏公紹《韻會舉要》中，而斧季據次立剜改，又識見駑下。凡小徐佳
處遠勝於大徐者少所採掇，而不必從者乃多從之，今坊肆所行即第五次校改
本也。學者得一始一終亥之書以為拱璧，豈知其繆盭多端哉！初印往往同於
宋本，故今合始一終亥四宋本及宋刊、明刊兩《五音韻譜》及《集韻》《類
篇》儞引鉉本者，以校毛氏節次剜改之鉉本，詳記其駁異之處，所以存鉉本
之真面目，使學者家有真鉉本而已矣。若夫鉉之是非以及鍇之得失，則又非
專書不可明也。是役也，非明經之博學好古，多藏不吝，不能肇端。而助予
繙閱者，則吳縣袁上舍廷檮也。書成，名之曰「汲古閣說文訂」。訂者，平
議也。

　　嘉慶二年七月十五日，金壇段玉裁書於姑蘇朝山墩之枝園。

汲古閣說文訂跋

（清）袁廷檮撰，段《訂》末附

　　廷檮於《說文解字》挍之數四，最後得刑部侍郎王先生小字宋本細意挍
錄於簡耑。又借觀毛子斧季第五次挍改本於周丈漪塘所，乃知初版略同宋
本，剜版乃全用小徐改大徐，而所取者未必是，所改者未必非也。若贋先生
云：『今海內承學之士，戶讀毛氏此書而不知其惡，試略箋記之，以分贈同
人，則人得一宋本矣，豈不善歟？』因與漪塘丈及廷檮遍檢宋小字本，葉鈔、
趙鈔兩宋本，《五音韻譜》宋、明二刻及《集韻》《類篇》及小徐《繫傳》舊
鈔善本，盡得其剜改所據，編為一卷而梓之。然此文豹之一斑而已，其詳則

—190—

有經韻樓注釋全書在。

嘉慶丁巳相月，吳縣袁廷檮跋。

說文訂訂敘

（清）嚴可均撰，《說文訂訂》前附

《汲古閣說文訂》一卷，金壇段君若膺纂。其助之者，吾友又愷袁氏也。段君素以治《說文》有聲於時。嘉慶三年，此書流播都下，都下翕然稱之。余不觀近人書，以又愷故，亦寓目焉。四年春，余道經姑蘇，又愷謂余曰：「《說文訂》近頗改正數事。」出新印本詒余。今年冬，余覆閱一過，如「《淮南》宋蔡舞嗙喻」，舊印脫「南」字。「《廣韻》五支作夂也」，舊印「夂」誤「久」。「或訓于宋大廟」，舊印「于」誤「干」。「大徐」，舊印「大」誤「本」。諸小失皆改正。余既愛又愷之勤且慎，能助段君能令天下之治《說文》者獲此一編似獲數宋本也，又服段君之援稽當而決擇明也。尚有與鄙見未合者下六十二籤，倩友人匯錄一卷，題云「說文訂訂」，以寄又愷，且就正段君。

庚申孟冬，宛平嚴可均。

重刊宋本說文序

（清）孫星衍撰，孫刻《說文解字》前附

唐、虞、三代五經文字燼于暴秦而存于《說文》，《說文》不作，幾於不知六義。六義不通，唐、虞、三代古文不可復識，五經不得其本解。《說文》未作已前，西漢諸儒得壁中古文書不能讀，謂之逸十六篇《禮記》，七十子之徒所作，其釋《孔悝鼎銘》「興舊耆欲」及「對揚以辟之勤大命」，或多不詞，此其証也。

許叔重不妄作，其九千三百五十三字即史籀《大篆》〔註3〕九千字，故云：「敘篆文，合以古、籀。」既并《倉頡》《爰歷》《博學》《凡將》《急就》以成書，又以壁經、鼎彝、古文爲之左証，得重文一千一百六十三字。其云「古文」「籀文」者，明本字篆文；其云「篆文」者，本字即籀、古文。如古文爲「弍」、爲「弎」，必先有「一」字、「二」字，知本字即古文。而世人以《說

〔註3〕按，此處標點頗爲費力，許《敘》云：「及宣王太史籀著《大篆》十五篇。」此處「大篆」爲一書名。又《漢書·藝文志》著錄有「《史籀》十五篇」，小注云：「周宣王太史作《大篆》十五篇。」則「大篆」與「史籀」皆可當作書名。今觀孫序之文意，筆者暫且僅將「大篆」二字當作書名來處理。

文》爲大、小篆，非也。倉頡之始作，先有文而後有字。六書：象形、指事多爲文，會意、諧聲多爲字。轉注、假借，文、字兼之。象形如人爲大，鳥爲於，龜爲黽之屬，有側視形、正視形；牛、羊、犬、豕、罵、兒之屬，有面視形、後視、旁視形。如「龍」之類，「从肉」指事，以「童省」諧聲。有形兼事又兼聲，不一而足。諧聲有省聲、轉聲。社土聲、杏從可省聲之屬，皆轉聲也。指事別于會意者，會合也。二字相合爲會意，故反正爲乏爲指事，止戈爲武、皿蟲爲蠱爲會意也。轉注最廣，「建類一首」如禎、祥、福、祐同在示部也，「同意相受」如「禎，祥也」「祥，祉福也」，同義轉注以明之。推廣之，如《爾雅・釋詁》「肇、祖、元、胎，始也」，「始」爲「建類一首」，「肇、祖、元、胎」爲「同意相受」。後人泥「考」「老」二字有「左囘右注」之說，是不求之注義而求其字形，謬矣。

《説文》作後，同時鄭康成注經，晉灼注史，已多引據其文。三國時嚴畯、六朝江式諸人，多爲其學。呂忱《字林》、顧野王《玉篇》，亦本此書，增廣文字。至唐李陽冰習篆書，手爲寫定，然不能墨守，或改其筆蹟，今戴侗《六書故》引唐本是也。南唐徐鉉及弟鍇增修其文，各執一見。鍇有《繫傳》，世無善本，而諧聲、讀若之字多于鉉本。鉉不知轉聲，即加刪落，又增新附及新修十九文，用俗字作篆。然唐人引《説文》有在新附者，豈鉉有所本與？鍇又有《五音韻譜》，依李舟《切韻》改亂次弟，不復分別新附，僅有明刻舊本。

漢人之書多散佚，獨《説文》有完帙，蓋以歷代刻印得存，而傳寫脫誤，亦所不免。大氐「一曰」已下，義多假借，後人去之。如「祖」本「始廟」，又爲「祈請道神」，見《初學記》引嵇含《祖道賦序》；「渾」本「混流」，又爲「測儀器也」，見《太平御覽》；「日」本「太陽之精」，又「君象也」，見《事類賦》注；「苛」本「小草」，又曰「尤劇也」，見《一切經音義》；「戲」本「偏軍」，又曰「相弄也」，見《太平御覽》。此類甚多，姑舉一二。或節省其文，如「稷，田正也。自商已來，周棄主之」，見《大觀本草》；唐本「橘碧樹而冬生」，見《韻會》；「毋，古人言毋，猶今人言莫」，見《尚書》《禮記》疏；「山，凡天下名山，出銅之山四百六十七，出鐵之山三千六百有九」，見《爾雅・釋文》；「鮠，一名江豚，多膏少肉」，見《晉書音義》；「兕皮堅厚，可以爲鎧。幡冢之山，其獸多兕」，見《藝文類聚》。或失其要義，如「月食則望，日食則朔」，見《史記正義》，當在「有」字下；「耤，古者天子躬耕，使民如借」，見《初學記》；「無底曰囊，有底曰橐」，見《詩・釋文》；「大曰潢，小曰洿」「天生曰鹵，人生曰鹽」，見《一切經音義》；「桎，所以質

地，梏，所以告天」，見《周禮・釋文》；「瓾，瓦器，受六合」，見《史記索隱》。或引字移易，如《御覽》引「琛，寶也」，乃「珍」字；《廣韻》引「睽，耳不相聽也」，乃「聯，目不相聽也」；《初學記》引「池，陂也」，即「陂」下「一曰沱也」；《一切經音義》引「緫，蜀布也」，乃「緫」解。或妄改其文，如「壞，丘一成也」，見《水經注》《太平御覽》，今依僞孔傳改作「再成」；「墓，兆域也」「菿，大也」，見《爾雅・釋文》及《疏》，今「菿」作「蔳」，「墓」作「邱」也；「菜，裏如裘也」，見《爾雅・釋文》，今作「表如裏也」；「蟹，六足二螯」，見《荀子》楊倞注，「足」當爲「跪」，言足之屈折處，今改「八足二敖」。俱由增修者不通古義。賴有唐人、北宋書傳引據，可以是正文字。宋本亦有譌舛，然長于今世所刊毛本者甚多。如「中，而也」，「而」爲誤字，然知「而」是「內」之譌，今改作「和也」便失其意。「誠」，引《周書》曰：「不能誠于小民。」今依《書》作「丕」，不、丕俱語助詞。「矯，揉箭箝也」，今本「箝」作「箱」。「㘣，幓裂也」，今本作「祭」。「息，喘也」，今本作「端」。「菊以秋華」，今本作「似秋華」。「揖，攘也」「扶，左也」，今本作「讓」作「佐」。「瘨，腹張」，今本作「脹」。或違《說文》本義，或無其字。毛晉初印本亦依宋大字本翻刊，後以《繫傳》刓補，反多紕繆。朱學士筠視學安徽，閔文人之不能識字，因刊舊本《說文》廣布江左右，其學由是大行，按其本亦同毛氏。近有刻小字宋本者，改大其字，又依毛本校定，無復舊觀。

吾友錢明經坫、姚修撰文田、嚴孝廉可均、鈕居士樹玉及予手校本，皆檢錄書傳所引《說文》異字異義，參考本文。至嚴孝廉爲《說文校議》，引證最備。

今刊宋本，依其舊式，即有譌字，不敢妄改，庶存闕疑之意。古人云：「誤書思之，更是一適。」思其致誤之由，有足正古本者。舊本既附以孫愐音切，雖不合漢人聲讀，傳之既久，亦姑仍之。以傳注所引文字異同，別爲條記，附書而行。又屬顧文學廣圻手摹篆文，辨白然否，校勘付梓。其有遺漏舛錯，俟海內知音正定之。

今世多深于《說文》之學者，蒙以爲漢人完帙僅存此書，次弟尚可循求，倘加校訂，不合亂其舊次，增加俗字。唐人引據，多誤以《字林》爲《說文》。張參、唐元度不通六書，所引不爲典要，並不宜取以更改正文。後有同志，或鑒於斯。

嘉慶十四年太歲己巳，陽湖孫星衍撰。

說文解字跋

（清）姚覲元跋，光緒二年重刻朱本末附

《說文解字》一書，前明一代絕無刻者。至毛氏汲古閣得宋小字本已大字展刊，夫而後大徐之書復行於世。顧子晉父子識見淺陋，其書屢經刓改，謬誤愈多。大興朱氏視學安徽，依宋本重付開雕，較之毛氏，頗有訂正。其版完好，至今尚存京師。同治十三年，南皮張太史香濤督學四川，已古學教授博士弟子，一時好學之士羣知古籍可貴，互相搜訪，於是成都書賈景朱本重刻一版，合州書賈傚之，亦刻一版。市儈牟利而吝於皆，刻工既劣又不知校讎，點倒瞀亂，至不可卒讀。光緒元年，余在東川，嘗取合州本爲之校勘，畀令修補，不能從也。竊恐謬本流傳，貽誤後學，因令梓人張文光已善賈購得其版，取所校本一〃補正。其有未能悉正者，則隸變相承字體，但取無乖說解，即姑仍之。懼版之靡也，凡三閱月而後畢工。雖不能盡復宋本之舊，而謬誤之患，庶幾鮮矣。或且已刻工觕惡，不能補捄爲病。豢已爲版刻精良，但取美觀，無關閎旨。區〃之意，亦絕其繆本之流傳而已，餘不足計焉。讀者諒之。

丙子五月望，歸安姚覲元記。

說文跋

（清）毛扆撰，淮南本《說文》前附

癸巳四月初六日，從郭恕先《汗簡目錄》挍一過，方知徐騎省之是，夢英石刻之謬也。但恕先亦有倒置處，必以騎省本爲準也。

汲古後人毛扆，當年七十有四。

說文跋

（清）段玉裁撰，淮南本《說文》前附

《說文》始一終亥之本，亭林未見。毛子晉始得宋本校刊，入本朝，版歸祁門馬氏之在揚州者，近年又歸蘇之書賈錢景開。當小學盛行之時，多印廣售，士林稱幸矣。獨毛本之病，在子晉之子斧季妄改剜版，致多誤處，則人未之知也。斧季孜孜好學，此書精益求精，筆畫小謬，無不剜改，固其善處。然至順治癸巳已校至第五次，先以朱筆挍改，復以藍筆圈之。凡有藍圈者，今版皆已換字，與初印本不合。而所換之字，往往劣於初印本。初印本

往往與宋槧本、《五音韻譜》等本相同，勝於今版。雍正乙巳，何小山焯又以朱筆糾正而識之。「勸君慎下雌黃筆，幸勿刊成項宕鄉」，是其一條也。今初學但知得汲古閣本爲善，豈知汲古刊刻有功而剜改有罪哉？向時王光祿跋顧抱沖所藏初印本云：「汲古延一學究挍改。至第八卷已下，學究倦而中輟，故已下無異同。」此光祿聽錢景開耴說，又，八卷後未細勘也。此本斧季、小山之親筆具在，非他學究所爲。又六卷已下，與今版齟齬尙甚多。嘉慶丁巳，周君漪塘以借閱，宿疑多爲之頓釋，別作摘謬數爾，將以贈今之讀《說文》者。

　　六月廿四日，金壇段玉裁跋於下津橋之枝園。

書周漪塘所藏毛斧季手校本《說文》後

　　（清）顧廣圻撰，淮南本《說文》前附，收入《思適齋集》卷十四

　　段先生於跋此後一月即成《汲古閣說文訂》刊行，今用此本覆勘《訂》中所稱初印本及剜改，如誩部「譶」下一條，灥部「湯谷」一條，水部「滰」下一條，亅部「房密切」一條，甲部「古文」一條，皆不合。又如萑部「舊」字下，羊部「羖」字下，肉部「肌」字下，初印本皆未誤，《訂》亦不明言之，兼可訂而未經載入者又往往有。然則後之讀此本者，無竟以爲得魚之荃可也。嘉慶庚申五月借閱於漪塘周丈，識是以歸之。時在王洗馬巷黃氏之思適寓齋，元和顧廣圻。

汲古閣說文解字校記跋

　　（清）張行孚撰，淮南本《校記》前附

　　汲古閣《說文》有未改、已改兩本，乾嘉諸老皆偁未改本爲勝。而未改本傳世絕少，其大略見於段氏《說文訂》中，然亦間有譌漏焉。

　　洪琴西都轉運從荊塘義學假得毛斧季弟四次所校樣本，即段氏所據以訂《說文》者。光緒七年，爰摹刻於淮南書局，而屬行孚取已改本互校異同，彙而錄之，以詒同志。若點畫小譌，如「璧」改作「璧」，「虞」改作「虞」，「處」改作「處」之類，皆略而不著。至其程式縣簡，皆都轉多裁定云。

　　安吉張行孚謹識。

汲古閣說文解字校記跋

　　（清）張行孚撰，淮南本《校記》末附

桉，此後附錄有毛斧季跋一則，江式《論書表》一冊，張懷瓘《書斷》一則，林罕《字源偏旁小說序》一則，徐鉉《說文韻譜序》一則，李文仲《字鑑序》一則，吳均《增補復古編敘》一則，晁公武《郡齋讀書志》一則，陳振孫《直齋書錄解題》一則，《崇文總目》一則，歐公《集古錄》一則，共計十一則，皆順治癸巳四月以後增補，非弟四次樣本所有。行孚又識。

汲古閣說文校勘記序

（清）王先謙撰，《虛受堂文集》卷四

今世所行汲古閣《說文》爲毛斧季五次修改本，以毛氏刻書之精好，斧季之能讀父書，何其無持守與？甚矣，善述之難也！洪琴西都轉家藏未刓改《說文》，爲斧季第四次手校樣本，光緒七年刻於淮南書局，承學之士翕然歸美。今秋道揚州，張君乳伯以《說文校勘記》見示，迺知當日刊書時，乳伯在事卽成此《記》。都轉以爲太繁不用，僅坿錄兩本異同於書末。余笑曰：「是鄭人買珠櫝也，都轉奈何而有是？」昔段氏據斧季手校本爲《說文訂》，今刊於湖北書局，人寶愛之。此《記》詳審精密出段氏上，實治《說文》不可少之書也。因從與乳伯甌鳩貲付刊，俾得與局刻《說文》相輔而行，而序其緣起如此。後之攬斯編者，勿以爲太繁而棄之不觀，斯幸矣。

重刊說文解字序

題（清）潘祖蔭撰，李慈銘代撰，丁刻《說文解字》前附

自六朝風靡，南北乖分，俗字緐興，書悄歧出。唐重詩賦，未能刊尉律之隸譌，復學優之諷誦。馴至五代，字學幾亡。蓋觀鄜君所述，意主正體，兼以定聲。乃四聲清之於前，字母亂之於後。孫愐强分，守溫妄作。經中原之多故，遂師法之蕩然。二徐生於會稽，筮仕南服，獨能奮興絕學，墨守古人。於洨長之書，迭和塤箎，畢生鉛槧。楚金先逝，鼎臣巋存。隸至侯服汴京，守官貂腳猶復。胝手篆簡，視息進書。追墜漢之敳言，成有宋之文治。迄今幾及千載，鄜書不亡，蒼、籀可湊，實其力也。然趙氏一代，嗣向無聞。降至有明，師心蔑古。南閣遺文，不絕如綫。

汲古毛氏能於時文帖括叫呼社學之時，刊五百冊之文，復始一終亥之本，勤守宋槧，景寫古文，平心而論，厥功亦偉。所惜者，當時監本未必悉據雍熙，又校寫易譌，屢經脩改。子晉父子既未深通六書，聲氣所求，大率文士，

故有監本舊有而翻刻從刪，或初刻不譌而改刊增惑，其不免通人之口實，滋來學之抉被，良有由也。

鼎臣於鄉學服膺既久，來者難誣，故錢、段、嚴、顧諸君頗申其隱。而小徐《繫傳》有承氏培元等爲之校勘也，王氏筠又爲之考異，稍理新誤，漸復舊觀，足慰墜筲之妖，無愧謚文之議。獨於大徐此本多沿毛氏舊刊，謂其不識古音，輒刊聲字。

自筍河朱氏、平津孫氏及藤花榭諸本景宋刻出，頗知虞山所據未爲悉眞，然未有重刻宋時監本以與毛刻對戡者。丁君少山，山左宿學，箸述斐然。昔年許君印林曾校孫氏所仿宋本，摘其差誤。少山受業許君，復取毛氏所據之本精寫重刊。師弟淵源，皋皮代據，於鼎臣之學，可謂盡心者矣。

至新坿諸字，議者多矣。竹汀、鉽橋諸公謂鼎臣所入者祇「詔」「誌」等十九字，其餘新坿，自唐已前有之，則其說非也。觀鼎臣上表，明曰：「復有經典相承傳寫及時俗要用，形聲相從，不違六書者，承詔皆坿益之，以廣篆、籀之路。」足見當時諸本已有坿新字者，如《文選注》所引之「濤」，《釋文》所引之「觕」之類；有未坿新字者，如《表》所稱「集書正副諸本」之類。而事出承詔，非可力爭，義合六書，聊存便俗，與所謂「詔」「誌」等十九文注義序例偏旁有之而本書闕載、審知漏落、悉從補錄者固迥異也。幷復之少山，以爲何如。

光緒壬午春三月，吳縣潘祖蔭敍。

筆者按，葉德輝《郋園讀書志》卷二「光緒壬午山東丁氏刻本」條，略云：「光緒壬午山東丁氏重刻孫氏平津館本《説文解字》，詭稱得汲古閣舊藏宋本，吳縣潘文勤祖蔭作序，極稱譽之。余取孫本一再互勘，乃知其卽據此本重雕，非眞宋本也。凡宋本誤字及孫刻再誤多牛改正，有改之是者，有改之非者。」

重刊説文解字跋 [註4]

（清）丁艮善撰，丁刻《説文解字》末附

右仿刻《説文解字》十五卷，原本卽世傳毛氏所得北宋小字本也。其本今藏山東聊城楊氏海原閣，卷中唯毛氏印記及孫淵如先生印最多。咸、同間，

〔註4〕按，筆者所見之本及所藏掃葉山房石印本皆無此跋，今所錄者來自董婧宸博士後研究報告《傳抄、借閱與刊刻：清代〈説文解字〉的流傳與刊刻考》第167～168頁。標題爲筆者所加。

許印林師瀚校刊《說文解字義證》，借自日照，因與家子楙五以孫刻《說文》相對，乃知孫所據者即此本也。而與孫本頗有異同，蓋仿刻時略有變動也。乃案條詳錄，見紙背有元時地理，方知為宋板元印，而寔非北宋本也。其中誤字及磨滅者頗多，從孫本之是者而補正之，兼藉以補正孫本，期還大徐之舊。

二、諸家著述序跋

（一）諸家《說文》學著述序跋

說文解字校錄敘

（清）鈕樹玉撰，《說文解字校錄》前附

二徐為許氏功臣，信矣。而小徐發明尤多，大徐往往因之散入許說，此其失也。蓋《說文》自經李少溫刊定，輒有改易。由宋以來，藝林奉為圭臬。唯大徐定本今流傳最廣者，乃毛氏翻刊本。而毛本又經後人妄下雌黃，率以其所知改所不知，古義微矣。樹玉不揣鄙賤，有志是書。竊以毛氏之失，宋本及《五音韻譜》《集韻》《類篇》足以正之；大徐之失，《繫傳》《韻會舉要》足以正之。至少溫之失可以糾正者，唯《玉篇》為最古。因取《玉篇》為主，旁及諸書所引，悉錄其異，互相參攷。初依《經典釋文》體例，成書一十八卷，名曰《說文校錄》。後就正師友，咸以為須載全文，始得通暢。於是重複寫定，卷帙一仍大徐所編。唯首行卷目下旁增「校錄」二字，不敢別有更張也。

時嘉慶十年六月，吳縣鈕樹玉序。

重校說文繫傳考異跋（節錄）

（清）朱文藻撰，《說文繫傳考異》末附

憶昔己丑歲，余館振綺堂汪氏者五年矣。是歲，吳丈西林亦來共晨夕。比部魚亭先生精研六書，吳丈則專攻《說文》，著有《理董》四十卷，互相質證。余從旁竊聞緒論，許氏之學，亦由是究心焉。吳丈因言：《說文》之行於世者，僅汲古閣始一終亥本及李氏《五音韻譜》本而已。其徐氏所著《說文繫傳》從未有善本流傳，即舛誤者亦罕見焉。

……

嘉慶十有一年歲在丙寅立秋前五日，碧谿居士朱文藻錄畢，再識卷末，時年七十有二。

說文辨字正俗例言（節錄）

（清）李富孫撰，《說文辨字正俗》前附

《說文》之學，堙昏已久。巽岩李氏曰：「學者以利祿之路，初不假此，遂一切棄捐不省。」舊所藏彫本呂宋槧為上，然誤字亦復不少。毛氏汲古閣本始依北宋本開彫，後復剟改，轉致多舛。小徐《繫傳》為前人所稱，亦未免冗駁之病。

說文辨疑敍

（清）雷濬撰，《說文辨疑》前附

昔歸安嚴孝廉可均著《說文校議》，所據者毛刻大字本也。後陽湖孫觀察星衍得宋小字本欲重刊行世，延孝廉校字，孝廉自用其《校議》，多所校改。元和顧茂才廣圻以為不必改，觀察從茂才言，今所傳《說文》孫本是也。孝廉校改之本，世遂不見。孝廉頗與茂才不平，故《校議敍》有「乃挾持成見，請與往復，必得當乃已」之語，所謂或指茂才也。茂才於《校議》中摘尤不可從者三十四條欲加辨正，至二十條而病卒。稿藏於家，僅吾輩數人傳鈔之，未廣也，不知何由流傳至湖北崇文書局。彼局當事諸君未悉此書原委，艸艸刊布，書中凡云「舊說」，云「此說」，皆《校議》說，而局刻無敍，未將此意敍明，則所云「舊說」「此說」，讀者芒然不知何說竟有誤以為許說者，如卷中「喟」字條，原本有「《說文》之為書，斷不容妄議一字也」二句，局刻本無之，想亦誤以《辨疑》為辨許，故以此二語為自相矛盾而去之也，予故敍而重刻之。茂才辨正各條，無一條不細入豪芒，出人意外，人人意中。孝廉未見此耳，使見之，豈有往復得當之語哉！何也？孝廉究非儚於此事者也。吳縣雷濬。

六書古微敍（節錄）

孫宗弼撰，《六書古微》末附

夫許氏之書，自唐、宋以來相傳不絕者，實賴大、小二徐之功。今傳者，小徐《繫傳》、大徐校定本二書。顧《繫傳》經張次立竄改，已非原書，不如大徐校眾本以定一尊為可依據。蓋大徐奉詔修定，必盡窺中祕之藏。觀其按

語及表附新修字義，辨正俗書譌謬、筆跡異同，其矜愼精詳，必無擅改之病。然自毛汲古閣刻本剟改至四次、五次，殊違徐氏之初心。而乾、嘉諸儒校注此書，乃至依《玉篇》《廣韻》《經典釋文》諸經正義，唐、宋人類書所引校改增刪。既不辨引者之迻易舊文，復不知各書多有《字林》續《說文》屬雜，而徒好奇逞博，迷惑後人，此先生所以大辟其謬也。

（二）諸家集中雜說

（清）朱彝尊《曝書亭集》卷四十三：

予也僑吳五載，力贊毛上舍扆刊《說文解字》，張上舍士俊刊《玉篇》《廣韻》，曹通政寅刊丁度《集韻》、司馬光《類篇》。將來徐鍇之《說文繫傳》、歐陽德隆之《韻略釋疑》，必有好事之君子鏤板行之者，庶幾學者免爲俗學所惑也夫。

（清）李文藻《南澗文集》卷上《送馮魚山說文記》：

國家以《說文》治經，惠半農侍讀最先出，其子棟繼之。近日，戴東原大闡其義，天下信從者漸多。高郵王懷祖，戴弟子也。己丑冬，遇之京師，屬爲購毛刻北宋本。適書賈老韋有之，高其直。王時下第囊空，稱貸而買之。王曰：「歸而發明字學，欲作書四種，以配亭林顧氏《音學五書》也。」予是年赴粵，所攜書皆鈔本之稍難得者，謂其易得者可隨處覓之。至則書肆寥寥，同官及其鄉士大夫家亦無可假是書，僅見萬曆間坊本耳。

歲辛卯，羅台山訪予於恩平。居數月，其行笈有手校毛刻本，改正甚多，惜未及錄。

壬辰春，予調潮陽，其書院山長鄭君安道爲朱竹君學士分校會試，所得士銳意窮經，且以教其徒。索《說文》於予，乃爲札求於濟南周林汲。而揭陽鄭運使適自兩淮歸里，專一介問：「有此書否？」運使實無之，而不遽報。遣健足走揚州，從馬秋玉之子取數部，往返才三閱月，以其二餉予：一插架，一貽鄭進士，進士喜過望。

是冬，予有事羊城，又得林汲所寄，則此本也。首卷有「藉圃主人」「麥谿張氏」諸小印，又有刻趙文敏語二印，方寸六十餘字，尤精緻。紙色蓋百年物。書到時，胡生亦常見之，極羨愛。且曰：「廣中惟張藥房有之。」胡、張相友善，予謂其可借觀不能割也。

今年春夏間，予寓廣日，與馮魚山相過從。魚山方講小學，每以不得此書爲恨。回潮，乃舉此贈之。予之於書，聾瞽耳目徒有之而不能用。魚山得此，將盡發其總明。他日以語林汲，其不負萬里見寄之意矣乎？予記此，以見粵中得書之難。得之而不能讀，是得書易而讀書難也。予不能讀而魚山能讀之，是能讀書者必得書也。世之能讀《說文》如魚山者，予皆得而識之友之，日往來乎胸臆也。是予不能讀之而未嘗不能好之也，蓋仕之禍學如此。乾隆甲午六月二十七日記於潮州紅蕉館。

（清）桂馥《說文解字義證》卷五十上《附錄》：

周亮工《書影》二：「毛子晉家有宋板許氏《說文》，與今世所傳太異。許叔重舊本乃以字畫分部者，始於一，終於亥，全書係十五卷。今乃從沈《韻》編次，而又以部分類入者，乃宋李燾更定徐騎省本也。湯聖宏有元刻許愼原本，惜毀於火。」

卷五十下《附說》：

自《五音韻譜》行世，始一終亥本殆將湮滅。今世僅有毛晉刻本，其子扆跋云：「先君購得《說文眞本》，係北宋板。嫌其字小，以大字開彫」云云，而不言大字誰寫。余校其篆，雖小有筆法，實不通六書，故文多謬誤。汪比部啓淑翦其篆文，以刻小徐《繫傳》。案，大小徐兩本文多不同，未能合而一之也。

每見汲古閣寫本書有毛扆改字，多未允當。祇如重刻宋本《說文》，雖有異同，自應仍舊，雷待學人考訂，何以刻後數數改易，滅沒其眞邪？幸初印本猶存，今據以正定改本，使還徐氏之舊。

安邑宋君葆淳得《說文》小字本，有毛晉印、季振宜印，是元、明間坊本，與毛氏刻本閒有不同。如水部「涃」字從因，音「於眞切」是也。昔陸佃、王子韶入資善堂修定《說文》，疑此即陸、王修定之本。李氏《五音韻譜》出於此本。

徐鉉等《上說文序例》云：「復有經典相承傳寫及時俗要用而《說文》不載者，承詔皆附益之，以廣篆、籀之路，亦皆形聲相從，不違六書之義者。」案，水部新附「灛」字云：「諸家不收，今附之字韻末。」此仍孫愐《唐韻》之文，今《廣韻》改作「灡」，正在「武移切」韻紐之末。然則新附諸字，皆本《唐韻》。

（清）王昶《湖海文傳》卷二十二徐堅《重鈔說文繫傳序》：

秦燔書而文字亡，許氏《說文》之作，所謂迴狂瀾於既倒者也。書中目錄五百四十字，即仍皇頡十五篇之舊，而分為諸部之首。觀其部敘位置，各有條貫。自徐氏鍇《說文韻譜》出而許氏之旨晦，然其兄鉉嘗謂聲韻區分，便於檢討，蓋非全書明矣。至李氏燾乃割取《說文》字，始東終甲，編為四聲，而名之為「五音韻譜」，則是四聲五音之不分，其謬已甚。近今坊間行本，所謂川本者，不知出自何人，即李氏所編。削其序而逸其名，強以許氏前後二序及徐鉉等進表、雍熙三年牒並列於前，名之曰「許氏說文解字五音韻譜」，舛錯乖迕，莫可窮詰，前人著書之義漸滅無餘矣。

及讀徐氏鍇所撰《繫傳》一書，而後許氏之旨暢然大明，不惟始一終亥之次無容倒置，且足徵《韻譜》之作，乃其自成一書，無有增損於許氏也。其言約而盡，宏而肆，考據典核，淹貫博洽。《通論》《袪妄》諸篇，尤為殫心之作。顧習之者少，其書莫傳。湮沒於塵埃灰燼者，蓋不知凡幾矣。按，是書在熙甯時已有殘缺，尤文簡公所謂在三館中得之一牛斷爛不可讀，乃從葉石林氏借得鈔本補足，可知版本之亡久矣。傳錄相承，差誤日益，脫落殘缺，莫之或正。噫，古之所謂小學者，乃今為絕學，可慨也哉。

淮陰吳山夫玉搢氏，喜習六書學，家貧不能致書，嘗借鈔於諸相識中。寒暑靡間，裒然成帙，人或有過而笑之者，山夫不顧也。予來淮之二年，始得與之交。有厚契，時相過從，間出是書相賞，曰：「是得於吳郡薄君自昆者。因其遊裝匆促，分遣諸弟子鈔錄。其中錯譌脫落，殆倍於原書。時方從事《金石存》，卒未暇正也。」予亟假閱，倩人錄成。適得汲古閣所鐫宋本《說文解字》，是真徐所校本也。相與校勘，字櫛句比，疑竇乃生。闕者補之，譌者正之，裨益之功，蓋得十之三四。至如楚金所述，譌而無從正者仍之，意同而文有小異者兩存之，經傳雜呈，丹鉛並進，累旬而竣工，乃序是書所得之由，並附一隅之說如此，試以質之山夫，知不免邯鄲之誚也。

（清）洪亮吉《更生齋集》卷四《書朱學士遺事》（節錄）：

朱學士名筠，大興人。以乾隆辛卯視學安徽，延余及亡友黃君景仁襄校文役。先生學不名一家，尤喜以六經訓詁督課士子，余與黃君亦從受業焉。時先生請於朝，乞刊《三字石經》，并求校明《永樂大典》。由是特開四庫全書館，搜采遺佚，校正缺譌。凡宋元以來所亡之書，於《永樂大典》編韻中輯出者，亦不下數十百種，實皆自先生發之也。

先生以讀書必先識字，病士子不習音訓，購得汲古閣許氏《說文》初印本，延高郵王孝廉念孫等校正刊行。孝廉爲戴吉士震高弟，精於小學者也。工竣，令各府士子入錢市之。先生性寬仁，不能御下，校官輩又藉此抑勒，并于定值外需索，以是不無怨聲，然許氏之學由此大行。先生去任後二十年中，安徽八府有能通聲音訓詁及講求經史實學者，類皆先生視學時所拔擢。

（清）陶樑《國朝畿輔詩傳》卷四十一引《紅豆樹館詩話》：

笥河學士閎通博覽，名滿海內。初爲諸城劉文正公所知，目爲奇士。蘭泉司寇與公爲同年友，官京師齊名，人稱爲北朱南王。督學安徽，洪稚存、黃仲則諸君皆延居幕中。而陸副憲錫熊、程太史晉芳、任侍御大椿，又公分校所取士也。

公之學，經經緯史，包孕萬有。金石小學，尤所專力。嘗謂今時學者無師法，不明文字所本所由生，其狃見甚至點畫淆亂，音訓泯棼，何以通先聖之經而言其義？乃出宋版《說文解字》刊布，以詔後學。今所傳朱氏《說文》定本，視毛斧季所刻尤爲精密。自序一篇，斷斷辯證，意在尊經復古，不僅稱叔重功臣也。當校刊《說文》時，命門生某司其事，某重違先生意，多所乾沒，先生待之如初。蓋先生好交遊，稱述人善惟恐不及。卽有過，輒掩覆之天性然也。

（清）李斗《揚州畫舫錄》卷四（節錄）：

馬主政曰璐，字秋玉，號嶰谷，祁門諸生，居揚州新城東關街。好學博古，考校文藝，評隲史傳，旁逮金石文字。南巡時，兩賜御書克食，嘗入祝聖母萬壽於慈寧宮，荷豐貂宮綎之。賜歸里，以詩自娛，所與遊皆當世名家。四方之士過之，適館授餐，終身無倦色，著有《沙河逸老詩集》。嘗爲朱竹垞刻《經義考》，費千金；爲蔣衡裝潢所寫十三經，又刻許氏《說文》、《玉篇》、《廣韻》、《字鑑》等書，謂之馬板。

（清）翁方綱《復初齋文集》卷十六《書宋槧〈說文〉後》：

宋槧《說文》小字本三十卷。按，海虞毛氏扆記所刻《說文》後云：「先君購得《說文》眞本，係北宋板，嫌其字小，以大字開雕之。」此本有毛氏印，或疑卽汲古閣刻本之所從出。然觀其三十卷中「漢太尉祭酒許愼」之名改「許愼」爲「許氏」者凡八處，則其爲孝宗以後刻本無疑，非北宋板本矣。又其中與汲古閣刻本不同處，除一二筆畫之誤是厥氏之失不在所論。至於音

訓、反切之不同，則竟別是一本。蓋宋板亦非一本，而此板本極爲龐疏，訛誤之多指不勝屈，則是宋時坊間麻沙板本，毛子晉豈肯據以登板？如果據以登板，又豈至於若是之參差不合耶？是必非毛氏刻本所從出者也。今姑略舉其大意有資參考者數條記於毛本耳。

同卷《跋何義門手校說文》：

義門先生手校本，大約以小字宋本爲主，而糅以《玉篇》《廣韻》《集韻》《韻會》《類篇》及《漢書》《水經注》諸書。然於《繫傳》不甚詳考，豈先生未見《繫傳》耶？其手記處雖不甚繁言，然大指已明白，使雪坡老人見之，可無正僞之作矣。

蘇泉編修以所藏此蹟裝褫精善，借閱三日而歸之，因題於卷端。其有先生所偶未檢及，而方綱以管窺補正者財十餘條耳。此在義門所校書中最爲簡而賅者。

（清）嚴章福《說文校議議》卷一下「萹」字條：

「苨」，本或作「築」，刓改作「苨」，不誤。《議》依改刻毛本初印，當與宋本略同，故凡篇耑部文都數及部末字數，蔣氏維培所藏本與宋本同而與五次改本異，此最初印本。……若此之類，不勝具舉。蔣氏藏本如此，皆與五次改本異而皆爲改刻之不誤。《校議》所據果在蔣氏藏本前，則所據本亦當如此，《校議》何不一言及之？段氏《說文訂》亦未之及？則所據本亦非初印。惟蔣氏藏本「臭」下、「螫」下、「蜂」下、「五」下皆有空白，「瀾」字說解中「寒泉」下「食」字及《後敘》「神明」上「以」字，「左掖門」下「外」字，顯係刓補，此初刻未印時所修補者，必非次印。《校議》所據當是三印，而以爲初印遠矣。

（清）方東樹《考槃集文錄》卷五《書徐氏四聲韻譜後》（節錄）：

汲古閣刻許氏《說文解字》有二本：一爲徐氏鉉奉勑校定許氏始一終亥本，一爲李氏燾《五音韻譜》本。李氏本元明以來刻者多，流傳浸廣。鉉所校許氏原本，刻者絕少。則豈不以其偏旁奧密，不可意知，學者艱於尋檢也哉！我朝通儒輩出，博綜好古，邁軼前代，而尤崇尚小學。海內攻《說文》之業者，先後不下數十家。於是宋版始一終亥大字、小字本悉出，段若膺《說文訂敘》之詳矣。

吾獨怪諸家刻李氏《韻譜》不用仁甫序而仍以許氏、徐氏序及表冠其書，

遂使承學之士不知此本出於何人。段氏譏顧亭林誤認李書為徐鉉等所定，而不知其失在於刻者。然世攻《說文》之業者，所見此二本而止耳。近人所刻小字、大字本而止耳。

（清）錢泰吉《甘泉鄉人稿》卷九：

錢遵王藏《說文繫傳》，詫為述古庫中驚人祕笈。當明季時，所見《說文》皆李巽巖《五音韻譜》。而始一終亥之本，雖博覽如顧亭林，猶不得見也。自汲古閣大徐本流傳，學者始得見許氏真本。今仿宋之刻已有數本，幾於家置一編。《繫傳》則乾隆壬寅汪氏啓淑刻與石門馬氏巾箱本並行，然觀卷後乾道癸巳尤氏表跋，則宋時已多訛舛矣。

（清）陳康祺《郎潛紀聞二筆》卷十六：

蕭山毛西河，德清胡朏明所著書，初時鮮過問者。自阮文達來督浙學，為作序推重之，坊閒遂多流傳。時蘇州書賈語人：「許氏《說文》販脫，皆向浙江去矣。」文達聞之，謂幕中友人曰：「此好消息也。」

（清）《清詒堂文集·書牘》之《復翟文泉先生書》（節錄）：

今之《說文》，惟大、小徐兩本。筠所見大徐書，汲古閣初印及五次剜補今所行者皆此本、藤花榭、平津館，皆仿宋也。李巽巖《韻補》大小字兩本《龍威秘書》小字本，已有不合。小徐書無善本，汪氏刻，朱文藻《龍威秘書》小字本以朱文遊鈔本校之多不同汪憲《考異》未見。總而論之，汲古初印與藤花、平津多合，然剜補亦多佳處，不得如段茂堂之一概抹殺。藤花楷體得正而多謁文，平津注文不謁而多俗體其「衰」字注之「聲也」，乃各本皆謁者。小徐作「緒（紙）」，尤誤。檢交部自見。其篆文之改定者，輒誤不可從。王懷祖先生戲云「夫人不言，言必有錯」，良不誣也懷祖先生年近九旬尚健在，可幸也。朱竹君先生翻刻汲古五次剜補本，而自云宋本，訌誤後生，不必置論也。

《復翟文泉先生書十一》：

行篋所攜藤花榭刻《說文》一部奉塵座右。惟初校時不記用何本，又止書某一作某，後誤記為毛本，乃將一字改作毛，然改筆顯然可見也。弟尚有手校兩本，此本不必賜還矣。素有《櫛比說文》兩冊，為珊林借去，伊寄來即以呈教，雖謬誤多端，亦可省心力。《韻譜》大字本假之聲甫，字大寸半，未知誰氏刻。小字不足道，其餘諸本諸本亦忘之矣。方赤用十金買汲古本初印與平津、藤花多同，然非初印，與段茂堂《汲古閣說訂》所說尚有不符也段書

都中未有，然持論不平，且間以未改爲改，是其病。俟弟回家有暇，當親賷所校本呈閱。諸書長處大略全矣，不必廣搜耗心神也。且並世而生，而不能識荊，苟外省人聞之，必爲所笑。嘗聞諸城有富商，因不記劉子羽先生桃花流水全首，遂謂江南妓女所逐，亦前車也。

又文一篇，亦呈法鑒。惜前答馬岱陽先生書未帶來，無以呈教。必欲買，則莫如段氏《說文解字注》，伯申先生許之七分書，蓋亦不滿其武斷處。然講《說文》者，未有加於此者也。弟亦有之，但在家中耳。

（清）馮桂芬《顯志堂稿》卷一《重刻段氏說文解字注序（代）》：

讀書者先須識字，故不可不讀《說文》。《說文》多古義奧賾，初學驟難通曉，注家雖多，必以金壇段先生注爲最。故讀《說文》者，又不可不讀段注。數十年來，風行海內，承學之士幾於家置一編，版存元和金刺史寶樹家。刺史爲先公同年殉難吾皖者，公子文榜來，詢及之，則云經亂燬大半。余爲捐千金，屬宮允馮先生桂芬爲之校勘，補刻成完。書版歸蘇郡保息局，售書所贏，以贍窮黎。既又以新舊板不倫，復屬丁雨生中丞籌資，一律易新板，令可垂永久。工訖，問序於予。

余惟六書之學明於漢，循習於魏晉以汔隋唐，晦於宋元，幾絕於明，而復大昌於我朝。叔重生東京全盛時，載籍具在。博訪通人，蒐輯成帙，實爲千古字書之宗。魏晉以來，注書者奉爲科律，往往單詞片義，引用者多至十餘家，他傳注所無也。五代以後寖微，明代幾無傳本。以亭林之淵博，而所見止李燾《五音韻譜》。其始一終亥之本同時汲古閣已刊成，而亭林未之見，可知其書不甚行。

國朝元和惠氏棟始表章是學，成《讀說文記》。厥後大興朱氏筠視學吾皖，梓舊本《說文》於節署，其書乃大顯。於是段先生暨嘉定錢氏、休寧戴氏、曲阜桂氏、歸安嚴氏、陽湖孫氏、高郵王氏，無慮數十家，先後迭興，各闢戶牖。蓋《說文》之學，至乾、嘉間而極盛。諸家所學有淺深，亦互有得失，必推先生爲大宗。先生之注，以形爲經，以聲爲緯，又以說解爲經，以羣經傳注爲緯，融會貫通，虛空粉碎，發一凡、起一例，無一部一文不如網之在綱，珠之貫串，實他人所不能及。惟一家之言，或失之偏，亦自來詁經家通病。如十七部合音，以互訓爲轉注之類，人多訾議之。

同時，鈕氏樹玉《段注訂》、徐氏承慶《段注匡謬》，至勒爲專書，恣其

排擊，實則所學遠不逮先生。雖不至蚍蜉撼樹之譏，汔未能拔趙幟而立漢幟也。

又宮允有《段注考正》十六卷，考者考其引用篇目，正者正其字句譌誤，爲功臣，爲諍友，不爲入室操戈，與鈕、徐書立意不同。曩見其稿極精審，慫恿刻，附各卷末，宮允許之。而引豬肝之嫌，自具資從事焉，是爲序。

（清）張之洞《張文襄公全集》卷二百十二《桂氏說文義證敘》（節錄）：

噫嘻，段、桂兩書奧矣、萃矣，許學備矣。特其卷幅並皆繇重，初學者恆苦其難，而貧士每病其費，莫若取大興朱氏仿汲古閣大字本重雕其文，簡其工省，俾求進於此者得之以爲津梁，而更從事於段、桂兩家之書以窮其堂奧，小學之興庶有冀乎？或謂毛斧季取宋本拓大其字，不守古式，不可用。予謂讀書貴得古人意而已，毛之專輒改易校，還其舊可也。若夫版本尺寸云爾，而亦必斤斤然一瞬一步之不失哉！

同治九年七月既望，提督湖北學政翰院編修張之洞敘。

葉德輝《書林清話》卷八「明以來刻本之希見」條（節錄）：

至同時人刻書，亦有不得見者。如毛氏汲古閣刻始一終亥北宋本《說文解字》三十卷，爲顧亭林所未見，故其箸《日知錄》云：「說文原本次第不可見，今以四聲刻者，徐鉉所定按，此指《說文篆韻譜》。」是亭林不知有毛本也馮已蒼手鈔《汗簡跋》引及始一終亥之《說文》，不知爲毛刻耶，抑別一舊刻本也。

三、名家手批題跋

（一）宋刻《說文》手批題跋

宋刻《說文》丁晏跋

（清）丁晏撰，國家圖書館藏

道光戊戌四月初六日，孟慈戶部以宋槧小字《說文》見示。余究心許書廿年，得見斯書，良可慶幸。其中亦有誤字，然因此可以考見原文，不似近刻，肊改許書，失卻本來面目，是可歎也。山陽丁晏記。

宋刻《說文》阮元跋

（清）丁晏撰，日本靜嘉堂文庫藏

嘉慶二年夏五月，阮元用此校汲古閣本於杭州學署。毛晉所刻，即據此本。凡有舛異，皆毛扆妄改。

宋刻《說文》朱筠跋

（清）朱筠撰，臺灣「國家」圖書館藏

《說文解字》始一終亥者，自汲古閣摹宋本外，絕少他本。安邑宋君葆淳帥初舊得此書，乾隆己亥秋八月持以見示。時余將為閩粵之行，不及以毛氏本校正，輒書此後，以竢他日。是月卅日，大興宋筠竹君跋。

宋刻《說文》葉啓勛跋〔註5〕

（清）葉啓勛撰，湖南圖書館藏

十餘年前，先世父考功君與海鹽張菊生侍郎元濟、江安傅沅叔學使增湘倡印《四部叢刊》，集南北收藏家之秘籍，以供採擇。時先世父正居蘇城，書首、例言皆力任之。於時四部皆備，惟大、小二徐《說文》尚待蒐訪。蓋大徐《解字》宋本見於歸安陸存齋運使心源《百宋樓藏書志》者，其子早已售之靜嘉，海內時無第二本。小徐《繫傳》則宋本殘帙亦且無傳，吳中黃蕘圃主事丕烈《百宋一廛書錄》所載虞山錢遵王曾述古堂影宋鈔本，亦無從蹤跡。

會余因事道經滬上，先世父亦由蘇來申，侍郎以地主之誼，並欲商借余家藏書，招宴於其家。席間談及二徐《說文》苦無善本可印，時江陰繆小山學丞荃蓀亦在座，遂告侍郎以魚山述古抄本小徐《繫傳》今在烏程張適園鈞衡家，可以商借。先世父則告以大徐《解字》陸藏宋本，亦可轉託友人商假。侍郎色喜，即席促學丞致函烏程，先世父致緘友人。未逾月，友人覆函，已得臧主允許，惟書不願出門，且恐印時污損。幾經函商，遂由侍郎備印貲三千金，託臧主自影，以晒片寄申，據以印入《續古逸叢書》，再據以印入《四部叢刊》。而小徐《繫傳》則烏程雖允假印，但須侍郎以宋本《容齋五筆》相讓為交換。蓋其書本由滬估某持示烏程，因議價未諧，為侍郎所得，事後追

〔註5〕按，此跋及下面葉啓發跋均見《二葉書錄》，與此本所附之跋相校，除個別文字略有出入外（如此本「小山」，《書錄》作「篠山」。此本「述古抄本」前有「魚山」二字，《書錄》無），兩本內容大體皆同。

思不忘，故以相要也。余力慫恿之，以《五筆》雖宋槧足珍，使《叢刊》中無驚人秘笈之二徐《說文》，未免減色。而二書孤懸天壤，使其因此湮沒其一無傳，更爲可惜。侍郎頗韙余言，於是二徐《說文》得化身千萬，人手一編矣。

乙亥夏五，湘鄉估人持書一單求售，約余往觀。檢閱頗無黨意者，忽於敝紙堆中揀出大徐《說文》六本，初以爲陽湖糧儲所刻而印以高麗紙者，細審始知爲北宋精刊，亟以兼金得之。全書每半葉十行，每行十八字，小注雙行，行字疏密不均，大致每行二十九、三十字不等。板心有大小字數及刊工李德瑛、詹德潤、孫元、鄭埜、許忠、吳玉、陳寧、楊春、金文榮、曹德新、沈祥、茅化、陳琇、周成等姓名，書中「桓」「貞」二字皆不缺筆。蓋北宋眞宗時刻本，間有南宋補刊之葉。板心標「重刊」二字，「愼」字亦缺末筆。舊藏海虞毛氏、白堤錢氏、海盦查氏、獨山莫氏。有「毛扆之印」四字朱文、「斧季」二字朱文小封方印，「白堤錢聽默經眼」七字朱文小長方印，「吳越王孫」四字白文方印，「慧海樓藏書印」六字白文大方印，「莫友芝圖書印」六字朱方長方印。蓋歷經名家臧庋，硃塗纍纍，更足爲此書增色。《標目》及卷五上、卷八下、卷九上、卷十二下、卷十三上、卷十五末，均剜去標題及二、三、四四行，以墨筆填補。檢第十二卷下下板首四行有大匡印記油蹟，正當上板剜去第七、八、九、十四行之處，蓋上板透過之痕。原書本作四冊裝訂，每冊首尾均鈐有元時官印。賈者懼禍，剜毀滅跡，無他故也。至第四卷下末葉則係後來抄配，故未剜補，而斧季印記鈐於剜補之上，則剜補必在斧季之前矣。

考島田翰《皕宋樓藏書源流考》云：「汴刻《說文解字》，平津祖本，字畫謹嚴，饒具顏、柳筆意。紙則硬皺黃潤，似高麗繭紙，審諦之更不類，當是永豐綿紙矣。」島田爲歸安售書於岩崎之媒介，陸藏皆經寓目，是知歸安藏本紙張與此本同，則此本當亦永豐綿紙所印矣。

又考金壇段懋堂大令玉裁《汲古閣說文訂》所據之宋刻本有二：一爲青浦王蘭泉侍郎昶所藏本，一爲吳縣周漪塘明經錫瓚所藏本。兩本行字雖同而字句間異，故段《訂》引兩宋本同者則概之曰「兩宋本同」，異者則分別之曰「王氏宋本作某」「周氏宋本作某」。大氐此書板刻於北宋，至南宋時已有修補，至元又經續修，故印本非一，字句亦時有異同。

又考嘉定錢潛研宮詹大昕《竹汀日記鈔》云：「黃蕘圃出示小字本《說文》，

與述庵家藏本無異，唯卷末多一行，有『十一月江浙等處儒學』字」云。雖其文不全，殆爲元時補板所加，則蕘圃藏本爲宋板元印矣。

又考明梅鷟《南雍經籍志》：「《説文解字》十五卷，脱者五十五面，存者二百十四面，內半模糊」云，是宋板明時尚存南京國子監中。此本既無「江浙等處儒學」字一行，又無模糊之葉，其爲宋板宋印有可斷言，足以媲靜嘉、傲蕘圃矣。

國初吳中顧亭林炎武不獨未見宋槧大徐《説文》，且不知有始一終亥之三十卷本。先族祖林宗公奕僅有傳抄宋本，已加寶貴。余生後且數百年，得此宋槧精帙，何快如之。或者當日大、小二徐《説文》之得以流遍寰宇，余與有力焉，故以此報余。異日或將再報我以宋刻《繫傳》，以成雙璧，則固余所馨香企盼者矣。

憶余數年前，曾從道州何子貞太史紹基家得汲古閣仿宋本，爲刻成時以舊紙初印，未經斧季剜改者。後有大興徐星伯太守松手跋，已稱爲罕見之秘笈，什襲藏之。今又獲此北宋初刻，益幸翰墨因緣之深矣。惜先世父殉道，未能起而共賞。追維疇昔，感慨繁之。哲人云亡，讀此更有餘痛已。書竟，泫然者久之。

時乙亥多重九日，裝成插架。定父居士。

宋刻《説文》葉啓發跋

（清）葉啓發撰，湖南圖書館藏

許氏之學，晦於元、明，顯於乾、嘉。以元、明兩朝公、私家刻書之盛，而大徐《解字》、小徐《繫傳》曾無一本之翻雕，其明證也。迨明崇禎間，虞山毛子晉始以家藏宋本《説文解字》翻雕，於是大徐始一終亥之十五卷本，得盛行於世，其功固非淺也。毛本後有其子扆跋，稱「先君購得《説文》眞本，嫌其字小，以大字開雕」，結構頗精，知其出當時名手所寫矣。乾隆中，金壇段懋堂大令玉裁據青浦王蘭泉侍郎昶及吳縣周漪塘明經錫瓚兩家所藏宋本，成《汲古閣説文訂》。凡兩宋本同者則曰「兩宋本同」，異者則分別之曰「王氏宋本作某」「周氏宋本作某」。周不知所歸，王本後爲歸安陸存齋運使心源所得，見《皕宋樓臧書志》。其本後有阮氏手跋曰：「嘉慶二年夏五月，阮元用此校汲古閣本於杭州學署。毛晉所刻，即據此本。凡有舛異，皆毛扆妄改」，云云。頗疑文達之言，不盡可據。陸書後歸日本岩崎靜嘉堂，孤懸海外，無從取證也。十餘年前，海鹽張菊生編印《續古逸叢書》，先世父曾

為之從靜嘉借得影行。其書小字絕精，不知毛氏何以為嫌，亦可怪也。

乙亥夏月，仲兄定侯從估人購得此本，取影宋本按之，一一相合。書中有「毛晁之印」四字，「斧季」二字朱文對方印，知即毛氏據刻之底本，刊於北宋眞宗時者也。再取毛刻畧勘，多不相同，因知毛氏刊刻此書，不僅改易字體，盡失宋本眞面，而且竄亂失多，宜其見譏於段、阮諸氏。使非得此本一取證之，方且稱其傳刻孤本之功，瓣香爇奉，又豈意其竄改舊本，貽誤後學，直大徐之罪人也耶？昔黃蕘圃嘗日：「汲古閣刻書富矣，每見所藏底本極精，曾不一校，反多肛改，殊為憾事」，云云。蕘圃佞宋，故有是言。余於毛氏校刻此書，及獲觀其底本而益信。

丙子春初，東明葉啟發誌。

曩年傅沅叔學使增湘南遊衡、岳，道出省垣，觀余兄弟藏書。以余得之道州何子貞太史紹基東州草堂舊藏者為多，因語余日：「道州尚藏有宋刊《說文解字》《漢隸字原》二書，曷蹤跡之？」後學使為仲兄撰《拾經樓紬書錄序》，亦曾言及之。《漢隸字原》余於庚午春間見過，以索值千金，無力購取，交臂失之。《說文》則未經入目，未知其流傳於何所矣。

此本得之湘鄉估人手中，係出湘潭劉姓所藏。書中有「湘潭劉氏蘭竹山房藏書之印」朱文長方印，又有「子霞過眼」朱文方印，非道州藏書也。卷十第七、九兩頁，卷十一第三頁，卷十三第七頁板心有「重刊」二字，蓋南宋時所補刊者。

錢竹汀大昕《竹汀日記鈔》載所見宋板《說文》二部：一為王述庵家藏，一為黃蕘圃所示，云黃本「卷末多一行，有『十一月江浙等處儒學』字，殆元翻宋刻」云云。檢蕘圃《求古居宋本書目》載「《說文》十五卷，殘本，補抄，七冊」。又檢明梅鷟《南雍經籍志》：「《說文解字》十五卷，脫者五十五面，存者二百十四面，內半模糊」云。蓋蕘圃所藏為宋板入明南監後所印，且不完全也。

桂未谷馥《說文解字義證》卷五十《附說》云：「安邑宋君葆淳得《說文解字》小字本，有毛晉印、季振宜印，是元、明間坊本」云。又卷三十四水部「洇，水也，從水困聲，苦頓切」，桂云：「困聲也，初印本作『因』，音於眞切。宋本、小字本、李燾本並同。《集韻》：『洇，伊眞切，《說文》水名』」，云云。檢此本卷第十一水部：「洇，水也，從水因聲。於眞切。」與桂氏所見正同。唯此本無季氏印記，然可知毛藏此書，一為元明補刻宋槧，一為此宋

槧宋印，原有二部也。宋板遞經宋元明補修，字句亦因而有同異。藏書家因字句之不同，往往誤以爲兩刻，故桂氏亦沿誤將宋本小字本歧而爲二，不知實一板刻也。余因學使之言，恐後人之以余藏爲出於道州所有者，特再詳考而志之，以示後人之搜訪者，不致昧其授受源流焉。

丙子初春，東明再筆。

宋刻《說文》徐楨立跋

（清）徐楨立撰，湖南圖書館藏

乙亥歲，定侯得此本，出以示余。展卷歎異，以爲罕見之品。今讀定侯兄弟題跋，皆質實不枝。卷首《標目》弟一行至四行，卷弟五上首葉一行至四行，卷弟八末葉後三行，卷弟九上首葉一行至四行，卷弟十二下末葉後四行，卷弟十三上首葉一行至四行，卷弟十五下末葉弟五行半已下皆剜去。定侯從印痕透處，審爲初裝。四冊首尾皆鈐官印，估人剜以滅跡，其說良是。紙質堅韌緻密，日本島田翰跋陸氏皕宋樓本，謂初觀「似高麗繭紙，審諦之則非，當是永豐綿紙」。定侯引其語，疑此亦當是永豐綿紙，盖頗近理。惜陸本遠隔瀛海，無由並幾對觀，增一佳證。

余今姑取商務印書館影印陸本，與此細校。筆畫波磔，無豪髮殊異，輕重亦同，知爲一板，且時代相去非遠。此本弟一卷首葉板匡下畫盖出筆描，故移上分許。弟十行小注，陸本「牧悲切」，此則以墨筆改「牧」爲「敷非」，板刻如此。此本卷弟九上弟一葉板心有「史伯恭重刊」，及卷弟十弟七、弟九葉，卷弟十一弟三葉，卷弟十五弟七葉，板心有「重刊」字，陸氏皆然。惟卷弟一上首葉首行「漢太尉祭酒許愼記」「愼」字，陸本僅剜去末筆，此則全字剜去。卷弟八下首葉首行「愼」字，陸本亦僅剜末筆，此則改「愼」爲「氏」。他卷首行「愼」字或缺或不缺，或改「氏」字，此本皆與陸本同。惟陸本卷弟十下弟一、弟二葉皆係抄補，其筆畫不足依據。知此本印時較後於陸本。

又於此本卷末尙存餘紙霧，諦觀所刻行格至何處止，與陸氏本皆同此本有墨畫加於其上者，盖易辨也，絕無「十一月江浙荸廬儒學」字者，故可決爲非元以後印本矣。

陸本久爲世所豔稱，此本在吾湘，初不爲人所知。隱晦已久，今乃出爲書林增色。請告域中，不復以不見陸本爲憾矣。

壬辰閏夏，長沙徐楨立識。

趙抄《說文》段玉裁跋

（清）段玉裁撰，日本大谷大學圖書館藏

此本爲趙靈均所鈔。靈均名均，凡夫之子也。舊存何小山所，故小山駁斧季五校剜版之失，有云「趙本」，即此是也。吾友周君漣塘藏弆，余借讀，成《汲古閣說文訂》一編。斧季五校剜版底本亦在漣塘所，余皆得借讀之，亦厚幸矣。宋刻《說文》多小字，獨此本大字，蓋宋刻有此大字本而趙氏影鈔也。斧季云：「先君購得《說文》北宋版，嫌其小字，以大字開雕。」今按，毛版方幅字數正與此本同。未知毛氏有此槧本，抑或當日趙鈔在子晉家，故仿刻也，餘詳《說文訂》中。

嘉慶三年七月廿一日書於枝園，段玉裁。

錢侗影寫宋抄《說文》孫星衍跋

（清）孫星衍撰，上海圖書館藏

此本從王少寇藏祠宋本影鈔。戊辰正月，錢文學侗到德州見付酬，贈工價銀七十兩。時又借得額鹽政宋本粗校一過，大畧相同，惟有一二處少異。如「又」部「叀」，此本作「神也」，額本作「引也」之類，恐是補葉改寫之異。今擬重刊，以額本爲定。宋刻如「蟬媛」「蜉游」之屬，不作「嬋媛」「蜉蝣」，勝於毛本者指不勝屈。吾後人其寶藏之。人日記於平津館。五松居士。

筆者按，《平津館鑒藏記書籍續編》「寫本」著錄，略云：「此王蘭泉少寇所藏，余影寫得之。」《孫氏祠堂書目內編》卷一著錄，云：「《說文解字》三十卷。（漢）許慎撰，（宋）徐鉉校訂。一星衍仿北宋小字刊本，一影寫宋本，一明毛晉刊本，一大興朱氏刊本。」葉德輝《郋園讀書志》卷二「《說文解字》三十卷，影寫宋本校孫氏平津館本」條略云：「孫刻源出王本，而以孫刻相校，時有與段《訂》所引周氏宋本同者。影寫宋本後歸縣人袁漱六太守芳瑛臥雪廬。光緒戊子，袁書散出，影寫宋本落縣人陳梅羹茂才名鼎手中，索值頗貴。余借閱旬日，手校一過，知孫刻卽據此本重雕。……影寫宋本聞歸德化李巡撫明墀，其子盛鐸官編修，惜無從再借一校。」李盛鐸《木犀軒藏書書錄》卷一著錄：「《說文解字》三十卷，影宋抄本。」

（二）《說文》諸刻手批題跋

毛刻校樣本《說文》顧葆龢跋

（清）顧葆龢撰，南京圖書館藏毛扆校跋本末附

汲古閣大字《說文》，翻北宋本之真蹟也。行款、體例一循舊式，中有舛謬，經毛斧季五次修改，始臻完善。曩洪琴西都轉運家藏未刓改《說文》，為斧季第四次手校樣本。光緒七年刊於淮南書局，承學之士翕然頌美。是書乃斧季第三次覆勘者，觀其逐卷糾正點畫，剔其錯誤，眉端字裏朱墨燦然，苦心為此，蓋欲存篆籒之跡以求形類之原，有功小學家洵非淺尟。卷後間附扆藍筆、省庵朱筆各跋，並記年月，慎校讎也。三百年來，名人手澤如新，顯〃在目。得此以誌翰墨奇緣，豈獨書林中之鴻寶哉！

戊午春三月，海虞顧葆龢重裝，後三日識。

此天地間驚人秘笈。余搜羅三十載，庋藏五萬卷，難得此寶貴奇書。淨几焚香，略一展玩，不覺喜極生慨。慨自辛亥國變後，天網爆裂，古籍淪亾，問所謂北宋本何來，斧季真蹟安在，求之海內外諸藏家，未必能四美具而二難並前跋云：「斧季有五次校本」，則是書之獨絕。惟願流傳久遠，永無水、火、蠹食之災。庶耿〃此心，不負保存之始念云。

清和月廿有四日，瀾蟄再記於藕香簃。

毛刻《說文》莫棠跋

（清）莫棠撰，臺灣「國家」圖書館藏莫棠本《說文》所附

此真汲古閣初印未刓本《說文》也，乾嘉老輩業以為希有可貴，況今日乎？惜闕七卷以下，余乃至揚州定印書局繙本補之。局刻蓋亦據未刓本，即段氏《說文訂》所據者，仲武兄綜局事時刻。

光緒甲午冬，得汲古閣刊《說文解字》初印未刓改本，僅存一至六。乙未春，乃從揚州書局配印以下諸卷，局本蓋據斧季手校未改本覆刻者也。

毛刻《說文》題袁廷檮跋

（清）袁廷檮撰，國家圖書館藏題袁廷檮跋本《說文》末附

此《說文解字》乃汲古閣初修印本，同小讀書堆所藏者，較未修初印本

已遜，然比時俗印本遠勝也。顧君千里知予重出，以所校《荀子》易去。時嘉慶戊午季秋既望，袁廷檮記。

毛刻《說文》徐松跋

（清）徐松撰，湖南圖書館藏徐松跋本《說文》末附

此汲古閣初印本極爲難得，末行故有「後學毛晉從宋本校刊　男扆再校」十三字，書賈削去，僞作宋槧，其版心補痕跡亦鑱去「汲古閣」字也。

道光七年，余得此本，因記之。後之作僞者必併去此行矣。大興徐松識於好學爲福之齋。

毛刻《說文》葉啓勛跋

（清）葉啓勛撰，湖南圖書館藏徐松跋本《說文》末附

明毛晉汲古閣刊《說文》始一終亥之本，初印本極善，以其往〃與北宋本、《五音韻譜》等本相同，無改竄也。檢金壇段大令《汲古閣說文訂》，知此書後經晉子扆以小徐《繫傳》羼入，剜改至五次，盡失大徐眞面，故乾、嘉諸儒均稱初印本之難得。

此爲大興徐星伯學使松舊臧。徐手跋云：「此汲古閣初印本極爲難得，末行故有『後學毛晉從宋本校刊　男扆再校』十三字，書估削去，僞作宋槧，其版心補痕跡亦鑱去『汲古閣』字也。道光七年，余得此本，因記之。後之作僞者必併去此行矣。大興徐松識於好學爲福之齋。」下鈐「星伯」朱文小方印。余從道州何氏得之。

考明季臧書家，以常熟毛氏汲古閣爲最著，而其刊刻古籍，傳播士林，觀於顧湘《汲古閣板本考》琳琅祕笈，讀者珍之，誠前古所未有也。即其傳刻此書，使元、明兩朝不傳之本一旦復見於人間，其有功於小學，尤非淺鮮。顧不盡據所臧宋、元舊本，校勘亦多舛漏，貽後來佞宋者之口實也。

此書本從北宋小字本以大字開雕。考歸安陸觀察《皕宋樓臧書志》載宋刊小字本阮氏手跋曰：「嘉慶二年夏五月，阮元用此校汲古閣本於杭州學署。毛晉所刻，即據此本。凡有舛異，皆毛扆妄改」云云。又考嘉定錢宮詹《養心錄》云：「《說文》連上篆文爲句」：「人部『佺』字下云：『偓佺，仙人也。』『偓』字下云：『佺也。』宋槧本不疊『偓』字，汲古閣本初印猶仍其舊，而斧季輒增入『偓』字，古書之面目失矣」，云云。扆，字斧季，精於小學，晉

子最知名者。是此書毛晉有校刊之功，斧季有竄改之罪。何小山煌曾有校本以糾其謬而譏之云：「勸君慎下雌黃筆，幸勿刊成項宕鄉。」信乎，校書、刻書之難矣。

　　戊辰仲夏，葉啓勛誌。庚午補印

　　越月晨起，覆閱前跋，八行「閣」下多一三字，九行「作」下脫「僞」字，可見謄寫書亦不易也。定侯。補印。

　　土部「壂」引《書》「鮌壂洪水」，陽湖從刻之宋本作「鯀壂洪水」，此本同，余臧宋小字本「鯀」作「鮌」。余前跋謂此本與陽湖所舉不同者，自是補版之異文，於此蓋可徵信矣。

　　辛未八月初五日，更生。

毛刻《說文》葉啓發跋

（清）葉啓發撰，湖南圖書館藏徐松跋本《說文》末附

　　明虞山毛晉得北宋小字本《說文解字》，改作大字刊行，世頗稱善，惜經其子斧季剜改五次，羼入小徐《繫傳》之文，使大徐眞面盡失，遂爲乾、嘉諸儒所詬病。金壇段玉裁且撰《汲古閣說文訂》以糾其謬，於是毛本爲人所輕視矣。然其初印本則源於宋槧，毫無竄易，固不愧虎賁中郎，且極希見也。

　　此大興徐星伯太史松所藏汲古初印本，有太史印記及手跋三行，後歸道州何子貞學使紹基，輾轉而歸於余者。

　　檢金壇《說文解字注》水部：「洇，洇水也，從水因聲。此字《玉篇》及小徐皆作『洇，困聲』，《廣韻》『洇』『洇』並收，《集韻》《類篇》引《說文》互異，而今存宋本皆作『洇，因聲，於眞切』，毛斧季改爲『困聲，苦頓切』，非是。」又檢桂未谷明經馥《說文解字義證》水部「洇，水也，從水困聲，苦頓切」云：「『困聲』也，初印本作『因聲，於眞切』，宋本、小字本、李燾本並同，《集韻》『洇，伊眞切，《說文》水名』云。」核之此本，「洇」字注作「從水因聲，於眞切」，知爲汲古閣初印未經剜改之本，與桂氏所見初印同。而段氏初所見者則爲剜改之本，故謂斧季非是也。

　　繼檢陽湖孫淵如糧儲星衍《平津館鑒藏書籍記續編》「寫本」「《說文解字》十五卷」云：「此王蘭泉少寇所藏，余影寫得之。其與毛本異者，玉部『珣』字注，毛本『一曰器玉』，此本作『一曰器』；牛部『牿』字注，毛本

『《周書》曰：「今惟淫舍牿牛馬」』，此本作『《周書》曰：「今惟牿牛馬」』，云云。檢此本玉部「珣」字注，牛部「牿」字注，與孫氏所見毛本不同，而與孫藏影寫宋本相合，又可知孫氏所見毛刻亦爲已經剜改之本，不如此初印之同於宋本者之可貴也。

毛氏所從出之北宋刻本，余亦有之。段《注》則有大興手錄仁和龔定盦禮部自珍批本及先族祖調笙公評本，桂《證》則有靈石楊氏連筠簃原刻本，安邱王籙友筠《釋例》則有其寫定付刻稿本經平定張石舟大令穆及道州評語者。許學之書，粗備翰墨，書緣不可謂淺。愧余無學，不能研讀，插架塵封，徒飽蟫腹，自幸亦自哂爾。

庚午七月，秋燥灼人，有如酷暑，東明揮汗書。

毛刻《說文》紀昀跋

（清）紀昀撰，國家圖書館藏題紀昀跋本《說文》前附，又見《紀文達公遺集》卷十一

自李燾《說文五音韻譜》行於世，而《說文》舊本遂微。流俗不考，或誤稱爲徐鉉所校許慎書。琴川毛氏始得舊本重刊之，世病其不便檢閱，亦不甚行，其板近日遂散失。然好古之士，固寶貴不置也。

此書爲字學之祖，前人論其得失甚具。其相承增改之故，徐鉉所記亦甚詳。惟書中古文、籀文，李燾據林罕之說，指爲晉呂忱所增入，其論頗疏考。慎自序云「今敘篆文，合以古籀」，其語甚明。又云「九千三百五十三文，重一千一百六十三」，其數亦具在。則罕所稱呂忱《字林》，多補許氏遺闕者，特廣收《說文》未收字耳，非增入《說文》也。《字林》今雖不傳，然如《廣韻》一東韻「焜」字、「箜」字，四江韻「噥」字之類注云出《字林》者，皆《說文》所不載，是其明證。燾蓋考之未詳也。

己卯正月二十五日，閱《通考》所載《五音韻譜》前後二序書。

毛刻《說文》吳凌雲跋

（清）吳凌雲撰，上海圖書館藏吳凌雲跋本《說文》前附

金壇段大令玉裁著《汲古閣說文訂》，其所見《說文》本最多，二徐本外有青浦王侍郎昶所藏宋刊本，又有元和周明經錫瓚所藏宋刊本，明葉石君萬所鈔宋本，以上三本皆小字。又明趙靈均所鈔宋大字本即汲古閣所依刻之本

也，又宋刊大字《五音韻譜》本即李燾所撰者，明刊《五音韻譜》本，又汲古閣初印本有毛斧季自署「順治癸巳汲古閣校改第五次本」，以上皆周氏所藏。今兩家所藏凡七本，段氏據此及《集韻》《類篇》，以訂毛氏節次剟改之鉉本，精博可愛，故詳鈔之。　夌雲記。

朱刻《說文》翁方綱跋

（清）翁方綱撰，上海圖書館藏佚名過錄翁方綱跋本《說文》前附

新安吳蘇泉編修所藏何義門先生挍本手跡，借來挍看一遍。中間以愚見補正何說，即錄於蘇泉本內者十一條，凡二日而畢。丙午春二月廿三日　方綱記。

嘉慶元年除夕，以毛刻原板校一遍，與今板不同者共挍出五十二處，其補出篆文下有黑板內注出在某字下。此原本□□字之，蓋今板是後來又經修改者矣。

原板此行小字「有明後學」云之，其十五下之十一至十四此四葉版心末有「汲古閣」字，據此□□是入國朝後其家有改板者耳。

孫刻《說文》吳廣霈手跋

（清）吳廣霈撰，國家圖書館藏吳廣霈校跋本《說文》所批

按，宋本止有坊刻小字本傳世也，即平津館刻此書之所出也。大字宋本止有李燾《五音韻譜》，即毛氏汲古閣繙印所自出也。至大徐奉勅校定宋國子監雕印官本，從未聞藏書家著於目錄，亦未聞諸家治《說文》者有議及一語也。小徐《繫傳》則宋槧久無全本，惟聞有南宋刊印不全之本及諸私家抄錄之本而已。何《說文》既遭歷代改亂之厄，而二徐傳本亦若為造化取焉者？噫，異矣。劍道人書。

東吳浦氏翻刻《說文》許瀚、何紹基跋

（清）高鴻裁過錄，國家圖書館藏高鴻裁跋本《說文》所批

細觀每版中縫字數及人名，知此刻所本果即葉氏所從影鈔本也。毛刻每有擅改，而葉本間有同毛誤者，則不可解矣，印兄謂何耶？

瀚疑先有校改宋本者，葉鈔承之，毛刻又承之耳。段氏見三小字本，非出一槧，葉鈔及王、周所臧也。

余嘗與印林兄言，安得未經李、徐手之《說文》而讀之乎？是誠誕想也。孫刻遠勝毛刻，行款悉仍之。余讀葉石君鈔本，因合毛本以校孫本，又恨不即見周漪堂所藏宋本也，姑竢之。何紹基記。

卹汲古閣毛刻《說文》及孫氏此刻，皆出宋小字本，毛變爲大字耳，而異同甚多。毛本經斧季剜改，又非其舊。道光壬辰夏，何子貞得毛氏未剜本於武林，攜如京師，校其異同，於孫本甚備。又得龔定盦所藏明葉氏鈔本覆校之。葉本亦出宋小字本，惜校未畢而旋浙。癸巳二月瀚偶見之，輒度一過。子貞行復入都，其假葉氏本而卒業焉。他日聚首，瀚將補錄於斯。清卹之夕，許瀚印林氏識。

癸巳嘉平，袁君環之得一本於吳山，不知是誰氏校閱，沾字改字多依小徐及已剜改毛本，亦有鑿空私改者。茲擇其校語之確有依據者錄之，餘悉從薙焉，用赭色筆以別於向所校云。瀚識。

（三）藏家書目所收題跋

百宋一廛賦

（清）顧廣圻撰，（清）黃丕烈注，《思適齋集》卷一

《說文解字》，始一終亥。無手跡于邵陵，有舊觀於東海。隘林宗之重寫，郵斧季之輕改。收儲則一廛已誇，著述則三豕猶朵。

小字本《說文解字》十五卷，中缺者影寫補足。每半葉十行，每行大十八字，大小廿五字不等。嘗別見國初葉林宗奕所藏僅從此刻傳寫者耳。近青浦王司寇昶家乃有之，極加寶貴，幾流一足之譽也。常熟毛氏初刊，頗與相近。後經斧季展節次校改，而大徐氏之舊觀漸以盡失。金壇段茂堂先生玉裁來寓吳中，遂有《汲古閣說文訂》之作。宋本之妙，固已洗剔一新。即遇其誤，亦必反覆推尋，不加遽斥。夫以海內通儒，談其專業，猶且伏膺鄭重，鉛槧疲勞者如此，然則有何末學置喙地哉。客曰：今之《說文》，皆許慎手跡乎？事見《顏氏家訓》。人不通古今，而好爲議論，類如是耳。

《說文》

（清）黃丕烈撰，《百宋一廛書錄》

此宋刻小字《說文解字》，相傳以爲麻沙刻者，即此也。宋刻自「弟一下」起至「弟七下」弟十葉半止皆白紙而印較先者。又，「弟十四上」至「弟十五

下」止皆黃紙而印稍後者俱刻本，餘俱抄補。曾借香嚴書屋中藏本勘之，織毫無異，可知所補亦影宋矣。然此本與他本互有不同，即如香嚴本自二篇下至七篇下與此非一槧，故段若膺先生曾作《說文訂》一書取證於香嚴本并青浦王述菴少寇本，亦時有不同也。王本余曾見之，通體皆黃紙，印本較後，已遭俗人描寫，未及與此刻對勘。而香嚴本自二篇下至七篇下以外皆合余本。缺火部一葉，水部二葉，皆依香嚴本足之。惟最後一葉有「於二月江浙儒學」云〃七字，雖其文不全，各本皆無之，亦足以資考核矣。大抵此書刻於宋而修於元，故印本非一世。以麻沙宋刻未不足寶貴，然歷時既久，又無別行始一終亥之本，故此槧足珍焉。

　　筆者按，錢大昕《竹汀先生日記抄》云：「黃蕘圃出示宋小字《說文》，與述庵家藏本無異，唯卷末多一行，有『十一月江浙等處儒學』字，殆元翻刻也。」

《說文》十五卷　校本

（清）黃丕烈撰，《蕘圃藏書題識》卷一

　　庚戌冬季，從萃古齋主人錢君景開借得手校《說文》善本，與余所儲汲古閣相對，其間頗有異同。蓋汲古閣所刊，但後來曾售於維揚馬氏。今取以對汲古閣初印之書，竟有絕不相類者，不識何人修改，以致亥豕傳訛，顧余竊有疑焉。今人校書多據宋本，而錢君所據以校汲古閣本者又爲麻沙宋本，是二本者，安知不有瑕瑜也。金壇段君玉裁爲之名儒，取錢君校本於宋本之謬者，誠爲有識。然余將近時傳本展閱，亦有一二可據，何必過信汲古閣之本而沒其善也。辛亥正月下澣，先取錢校照錄此本，容取汲古閣初印本及他書之可以證《說文》者覆爲參校，庶云備爾。聽松軒主人蕘圃黃丕烈識。

宋本《說文解字》三十卷六冊

（清）楊紹和撰，《楹書隅錄》卷一

　　道光戊戌四月初六日，孟慈戶部以宋槧小字《說文》見示。余究心許書廿年，得見斯書，良可慶幸。其中亦有誤字，然因此可以考見原文，不似近刻臆改許書，失卻本來面目，是可歎也。山陽丁晏記。

　　近時汲古閣本、平津館本、藤花榭本皆依宋槧開雕，汲古閣本行字不同，而此本毛氏之印纍纍，當亦爲汲古所弆。至《延令書目》著錄之《說文》六本及藤花榭所據之宋槧卽此本也。《百宋一廛》所載小字本，款式無異，不知

同出一板否？但彼多鈔葉，此則完帙耳。向藏江都汪容甫先生家，其哲嗣孟慈太守官豫中，適先公分巡大梁，訂交最密，太守因以此本為贄，時道光之辛丑、壬寅間也。咸豐壬子重裝於南清河節署。越十年，同治壬戌，東郡楊紹和彥合識。

每半葉十行，行大十六字至十八字，大小二十五字至三十餘字不等。有「虞山毛氏汲古閣收藏」「臣晉」「海虞毛表奏叔圖書記」「古吳毛氏奏叔圖書記」「中吳毛叔子收藏書畫印」「御史振宜之印」「季振宜印」「滄葦」「季因是珍藏印」「蘇齋」「桂馥之印」「阮元印」「揅經老人」「姚晼」「姚氏伯山」「新安汪灝藏本」「竹農珍賞」「延令戴大章」「字□□一字南軒」「大章堯聲」「戴大章印」「綠柳橋西」「戴大章」「延令戴大章」「別字南軒」「葉志詵」「東卿過眼」「顧廣圻印」「敬思齋圖書記」「淨香室秘玩」「古秋堂」「額勒布號約齋」「額勒布印」「鄂爾崐徽佳氏藏書記」「約齋鑑賞」「約齋審定」「曾爲徽佳氏約齋所藏」「鄂爾崐徽佳氏五峰寶奎之章」「寶奎號五峰」「五峰珍藏」「五峰藏書記」「寶三書屋」「綠筠」「清畫軒」「許瀚之印」「何紹基觀」「何紹業觀」「汪喜孫印」「孟慈」「揚州汪喜孫」「孟慈父印」「陳慶鏞頌南」「季子慶鏞」「芝叔」各印記。

筆者按，楊氏《宋存書室宋元秘本書目》著錄：「宋本《說文解字》三十卷，六冊。」《季滄葦書目·延令宋板書目》著錄：「《說文》六本。」

北宋槧《說文解字》跋

（清）陸心源撰，《儀顧堂續跋》卷四

《說文解字》十五卷。題「漢太尉祭酒許慎記　銀青光祿大夫守右散騎常侍上柱國東海縣開國子食邑五百戶臣徐鉉等奉敕校定」。宋槧宋印本。後有徐鉉進表，雍熙三年牒。每頁二十行，每行大字二十，小字雙行，每行三十字不等。版心有大小字數、刊工姓名，間有重刻之頁，版心有重刻字。「恒」「貞」等字皆不缺，蓋真宗時刊本也。後有阮文達隸書手跋云：「毛晉所刊，即據此本。凡所舛異，皆毛扆妄改。」愚謂平津館所刊即祖此本，行款、匡格皆同。孫淵如作序，謂毛祖大字本，與阮說不同。以今證之，似以孫說爲是。卷中有「青浦王昶字曰德甫」白文方印，「一字述庵別號蘭泉」朱文方印，「大理寺卿」朱文方印，「經訓堂王氏之印」朱文方印，「阮元私印」白文方印，即《百宋一廛賦》所云「王司寇極加寶貴」者也。段懋堂大令作《汲古

閣說文訂》亦以此本爲據，其善處已詳言之矣。

筆者按，《藝芸精舍宋元本書目》著錄：「《說文解字》三十卷，又三十卷。」島田翰《皕宋樓藏書源流考》云：「《說文解字》，平津祖本，字畫謹嚴，饒具顏、柳筆意。紙則硬皺黃潤，似高麗繭紙，審諦之更不類，當是永豐綿紙矣。」《說文解字詁林前編・敘跋類一》於陸氏跋末有丁福保案語，云：「阮氏謂毛晉所刊，即據此本。孫氏謂毛刊祖大字本，與阮說不同。而陸氏此跋，與孫說爲是。余謂阮說是也。孫、陸二氏未讀毛扆跋語耳。毛氏之言曰：『先君購得《說文》眞本，係北宋版。嫌其字小，以大字開雕。』據此知毛氏之祖本即小字本，特開雕時改大其字耳，非別有一大字本爲其祖本也。」

又，此本描摹甚多，諸家多有討論。黃丕烈《百宋一廛書錄》云：「王本余曾見之，通體皆黃紙，印本較後，已遭俗人描寫，未及與此刻對勘。」孫星衍藏影宋本跋云：「又部『曼』，此本作『神也』，額本作『引也』之類，恐是補葉改寫之異。」國圖藏孫星衍、顧廣圻校跋《說文》於此字天頭上，孫朱筆批：「『曼』，宋本亦作『引也』，蘭泉本『神也』。」顧墨筆批：「描寫之誤耳。自段大令不察，載入《說文訂》而遂成故實矣。」鈕樹玉《說文解字校錄》卷三下於此字下云：「宋本作『神』也，恐非。顧云：『王蘭泉藏本經人描寫，故誤『引』爲『神』。』其實予屢見宋槧，皆作『引』，傳之失眞，不可不辨。」

說文解字十五卷 宋刊宋印小字本　王述庵舊藏

（清）陸心源撰，《皕宋樓藏書志》卷十三

漢太尉祭酒許愼記，唐銀青光祿大夫右散騎常侍上柱國東海縣開國子食邑五百戶臣徐鉉等奉敕校定。

徐鉉等進表。

中書門下牒雍熙三年。

阮氏手跋曰：「嘉慶二年夏五月，阮元用此校汲古閣本於杭州學署。毛晉所刻，即據此本，凡有舛異，皆毛扆妄改。」

按，每葉二十行，每行大十八字，大小二十五字，即《百宋一廛賦》所謂「王司寇極加寶貴」者也。

後 記

　　2011 年碩士畢業以後，筆者有榮幸在恩師周曉文教授主持的「中華字庫——版刻楷體字書項目」之下進行小學文獻的收集與整理等工作。在此期間，為了能夠順利完成任務，我和老友王相帥等一方面從各大圖書館館藏目錄中摘抄小學著作的相關條目，並按照一定的體例整理出一個現存小學文獻表，另一方面又親自去北師大圖書館古籍部核對相關條目，並詳細注明版式等，同時又私下裏自學版本目錄學的知識。自此之後，我就摸索著踏入了文獻學的領域，也漸漸地對這一學問產生了濃厚的興趣。隨著項目組從各大圖書館所採集的古籍（尤其是善本）逐漸增多，我對這些古籍的外在形態（版式等）的著錄和分類也有了較為清晰的認識，同時也逐漸對各大館目和其網絡數據庫等的優缺點有了較好的把握，這為我以後的文獻學研究奠定了較為堅實的基礎。同時，我漸漸產生了一種想把文獻學的知識引入小學研究想法。因為我發現，研究文獻學的學者，雖然他們大談此學科需要容納很多學科的知識，但其實很多人對基本的古籍也沒有讀過幾部，哪能涉及到較為精細地著錄小學文獻呢？而研究小學的學者，雖然對本學科的知識掌握的非常通透，但是在涉及到小學文獻的版本目錄時往往著錄不確，或乾脆避而不談了。鑒於此，筆者自 2012 年讀博的時候，就一直思考著如何將兩門學科融為一體，後來便有意在筆者的博士論文《〈文字音韻訓詁知見書目〉研究》做了多方面的嘗試，也寫了一些相關的論文。三年之後，筆者入職大學，又以「小學文獻學研究」為題申報了國家社科基金，並於次年申報成功。這讓我對此方面的研究產生了很大的信心。在研究過程中，筆者在葛兆光先生《中國思想史》的啟發下，開始將學術史引入了小學文獻學的研究當中。這樣，學術史、文獻學、小學

三者構成了一個整體：學術史是研究前提，文獻學是研究方法，小學文獻（主要是外部形態）是研究對象。

在這種思維的指導之下，筆者首先選擇了被稱爲「字學之祖」的《說文解字》的版本作爲研究的起點。因爲據筆者瞭解，雖然該書自漢代問世以後便陸續有相關的研究。乾、嘉時期小學大盛，是書則受到了極大的推崇。直到現在，對其的研究性成果可謂汗牛充棟。但從整體上看，數百年來基本集中在了對《說文》的本體研究上了，而對其進行文獻學的研究則少之又少，甚至一些基本的問題還處於懸而未解的狀態，如清代中期以後汲古閣本《說文》大行於世，但其刊印的底本、刊印的過程一直是一個謎。學者們日用汲古閣本而不知其來龍去脈，再加上段玉裁《汲古閣說文訂》的影響，所以便出現了一個悖論：凡是不合六書之文字，皆爲毛氏妄改。眞是這樣嗎？顯然並不是。但是我們之後的大多數學者顯然仍舊延續著乾、嘉諸老的偏見，用段氏創造的「剜改本」這麼一個刺耳的詞彙一概抹煞了汲古閣本的刊刻功績。鑒於此，筆者收集了大徐本的所有版本，並親自調查了可以見到的一些版本。在此基礎上，以汲古閣本《說文》爲研究對象，進行一些初步研究。本書各章便是這樣陸續完成的。

這本小書可以說是筆者在近些年來對汲古閣本《說文》的一個小小的總結，也是對筆者所提倡的小學文獻學研究的一次實踐活動。現在看來，本書雖然也解決了一些前輩學者遺留下來的問題，但是仍然有很多疑惑存在著，所以本書各章的結論只是一個階段性成果，並非定論。若僥倖能讓學者從中受到一點啓發，那是本書最大的榮幸了。

最後，非常感謝我的妻子楊琦在生活上對我的全方位的照顧以及恩師周曉文教授、李國英教授在多方面對我的無私的幫助。尤其是恩師，不僅在我研究過程中提供了非常多的便利，而且還與我合作完成了汲古閣本刊印源流的研究。而花木蘭文化事業有限公司的編輯老師爲此書也費心不少，特此表達我最誠摯的謝意。是爲記。